安倍晋三回顧録

安倍晋三（著）
橋本五郎（聞き手）
尾山宏（聞き手・構成）
北村滋（監修）

中央公論新社

なぜ『安倍晋三　回顧録』なのか——「歴史の法廷」への陳述書

２０２２年９月27日、東京・千代田区の日本武道館で安倍晋三元首相の国葬（国葬儀）が行われました。葬儀委員長の岸田文雄首相は、総理大臣とは、溶けた鉄を鋳型に流し込めばできる「鋳造品」ではなく、たたかれて、たたかれて、やっと形をなす「鍛造品」であるという安倍さんの言葉を引いて、「あなたは自らをいっそう強い鍛造品として鍛えた」と偲びました。

約７年９か月にわたって官房長官として安倍さんを支え続けた菅義偉《よしひで》前首相は、２人の深い絆を示すエピソードを語りながら、安倍さんの議員会館の事務所の机の上にあった、読みかけの岡義武著『山県有朋』（岩波書店）にマーカーペンで線が引かれていたことを披露しました。それは、山県が盟友伊藤博文に先立たれ、悲嘆に暮れて詠った歌のところでした。

かたりあひて　尽しゝ人は　先立ちぬ　今より後の　世をいかにせむ

菅さんは「総理（安倍氏）、いま、この歌くらい、私自身の思いをよく詠んだ一首はありません」と、二度も歌を詠んで結びました。挨拶が終わると、式場からは大きな拍手が起こりました。厳粛であるべき葬儀が拍手で包まれるなど、ほとんど前例のないことでした。参列した人たちにとっては、それだけ感動が深かったのでしょう。

同じ頃、日本武道館の近くに設けられた一般向けの献花台には、それぞれ自分で花を持ち寄った人たちの長い列が、夜まで間断なく続きました。一方、「国葬反対」のデモも、全国各地で繰り広げられました。安倍国葬は国民をいっそう分断させるという批判もありました。しかし、そもそも通算8年9か月の安倍政治とは、安全保障関連法はじめ国論を二分する懸案に挑戦し続けた日々でした。その意味では、国葬に対しても賛否が渦巻くのは当然とも言えます。国葬に参列しながら痛感したのは、日本憲政史上最長の政権を徹底分析することは、安倍政治への賛否、好き嫌いはどうであれ、ジャーナリストとしての責務だということでした。

私たちが安倍さんに「回顧録」出版のためのインタビューを申し入れたのは、首相辞任を表明される1か月半前の20年7月10日でした。お願いした一番の理由は、なぜ通算の首相在任期間で戦前の桂太郎を抜いて133年の憲政史上最長の政権になり得たのか、その理由と政策決定の舞台裏、煩悶と孤独の日々をご自身に語ってもらいたいと思ったからです。欧米の指導者は、大統領や首相を辞めると、時を経ずに回顧録を出版します。それが伝統であり、指導的立場にあった政治家の責任だと考えているからなのでしょう。

しかし、日本の場合は違います。「書かれたものが歴史である」というウィンストン・チャーチル英首相の言のように、首相を退いてから多くの著書を残した中曽根康弘氏でさえ、本格的な回顧録『天地有情』（聞き手・伊藤隆ほか、文藝春秋）を出したのは退陣後10年近く経ってからでした。関係者に迷惑をかけてはいけないという配慮や、自らを誇るようなことは慎もうという日本的な美徳の表れかもしれません。

それでも、退任後できるだけ早く振り返ってもらおうと思った第一の理由は、記憶が生々しい状態で語ってもらうことで、より真実に近づくことができると考えたからです。

また、政治家に限りませんが、回顧録には濃淡の違いはあれ、自己正当化が付きまといます。それは避けられないことです。時が経てば、本人は意識しなくとも正当化や美化の度合いがさらに強くなるのは普通です。それを少しでも相対化できるのは、直截的な言い方をすれば、「回顧録」を関係者の前に晒すことです。これが第二の理由です。事実の見方は決して一つではありません。英国の歴史家E・H・カーがいみじくも指摘したように、「歴史とは解釈」（『歴史とは何か』岩波書店）なのです。いくつもの解釈があり得るのです。そのためにも関係者に反論の余地を残しておくことが肝要です。多くの目に晒されることで、当然ながら、語る側にも自制が働きます。すばやく「回顧録」が出されることで、日本の政治に何が起きていたのか、より多角的に光が当てられることになります。

そのことも安倍さんにお伝えして「回顧録」をお願いしました。ただインタビューの時期は、自民党総裁として3期目の任期を全うする21年9月以降だと、安倍さんも私たちも思っていました。ところが、前年の8月28日、突然の辞意表明となりました。しかも健康悪化が理由とあって、いったんはこの企画を諦めざるを得ませんでした。

やがて菅義偉内閣が発足しました。すぐインタビューすることは無理と勝手に思って遠慮している私たちに、安倍さんから申し出に応じることをお伝えいただきました。安倍さんにとっても政治的疾風怒濤の時代をきちんと残しておきたいという気持ちがあったのでしょう。こうして20年10月から1回2時間のインタビューが始まり、21年10月まで18回、計36時間にわたって行われました。

政治記者としての経験から言えば、安倍内閣は極めて特異な内閣でした。第1次政権では、教育基本法の改正や防衛庁の省昇格、憲法改正の手続きを定めた国民投票法の制定など50～60年来の懸案を処理しました。第2次政権では、特定秘密保護法の制定、集団的自衛権の限定的容認と安全保障関連法の整備、テロ等準備罪の制定などいずれも国論を二分する課題に取り組みました。

野党や一部マスコミからは、立憲主義を踏みにじる内閣との批判を浴びました。しかし、安倍首相・総裁のもとで戦われた六つの国政選挙はことごとく自民党が勝利しました。政権選択の衆院選で勝利しても、次の参院選では議席を減らすのが常です。選挙で公約しても、期待したような成果を上げることは短期的にはまず無理です。国民にお灸を据えられることになるからです。

それにもかかわらず、なぜ六度もの国政選挙を勝ち抜き、長期に政権を担うことができたのか。様々な理由が考えられます。幹事長に谷垣禎一《さだかず》氏や二階俊博氏を起用して党内を抑え、内閣の要に麻生太郎氏を据えてにらみをきかせ、菅官房長官で官僚の首根っこを押さえたという人事配置の妙があったことも大きいでしょう。働き方改革など野党の政策まで取り込んだ柔軟性、人事が政治の要諦であるとして内閣人事局を最大限に利用する徹底したリアリストの側面も無視できません。常に物事を戦略的に考えていたことも挙げられます。それらすべてが含まれていることが、「回顧録」を読んでいただければ理解されると思います。

安倍さんには「タカ派」「右寄り」のイメージが付きまとって離れません。しかし、内政問題では、経済界への賃上げ要請をはじめ社会主義的かと思われるほどの柔軟性があります。それは安保改定などで右寄りと言われた岸信介政権で「国民皆保険」など戦後社会保障の基礎が築かれたことと軌を一にしています。金融政策では徹底的な「ハト派」と言っていいでしょう。先入観にとらわれてものを見てはいけないという教訓でもあります。虚心に見なければならないことを痛感します。

この「回顧録」には、長期政権の秘密とともに、「地球儀を俯瞰する外交」を通じて親交を深めた世界の指導者の人物月旦とエピソードがふんだんに盛り込まれています。たとえの妙もあります。中国との外交は将棋と同じというのもそうです。「相手に金の駒を取られそうになったら、飛車や角を奪う一手を打たないといけない。中国の強引な振る舞いを改めさせるには、こちらが選挙に勝ち続け、中国に対して、厄介な安倍政権は長く続くぞ、と思わせる。そういう神経戦を繰り広げてきた気がします」という言葉に、大いなるしたたかさを見ます。

人物月旦では、ドナルド・トランプ、バラク・オバマ両米大統領評は膝を打ちます。秀逸は小池百合子東京都知事評です。「小池百合子ジョーカー」説です。ジョーカーのカードなしでも、トランプの多くは成り立つが、ジョーカーが入ると特殊な効果を発揮し、スペードのエースよりも強くなる。彼女は自分がジョーカーだということを十分認識して行動しているというのです。政治の世界で生き延びるためには、人物観察の的確さが不可欠であることを改めて思います。中国の習近平、ロシアのウラジーミル・プーチン評も味わっていただければと思います。

『安倍晋三 回顧録』は22年1月にはほぼ完成、まもなく出版の運びになっていました。しかし、安倍さんからしばらく待ってほしいと「待った」がかかりました。安倍派会長として本格的に政界に復帰しようとしていました。内容があまりに機微に触れるところが多いので躊躇されたのでしょう。そうしているうちに不幸な事件が起きてしまいました。戦後第一級と思われる「回顧録」を眠らせてはあまりにもったいないと判断、安倍さんの四十九日が明けてから安倍昭恵《あきえ》夫人に出版のお願いに行きました。昭恵さんも安倍さんの机の上に「遺品」のように置かれているところを見つけたそうで、快諾していただきました。心から感謝申し上げます。

中曽根康弘元首相は「政治家の人生は、その成し得た結果を歴史という法廷において裁かれることでのみ、評価されるのです」（『自省録　歴史法廷の被告として』新潮社）としばしば強調しました。政治家たる者、その深い自覚なしに政治に携わってはいけないという強い戒めでもあります。その意味でも、安倍さんの「回顧録」は、歴史の法廷に提出する安倍晋三の「陳述書」でもあるのです。できるだけ多くの人に読んでいただくことを念じて止みません。

2023年1月

橋本五郎
尾山　宏

目次

第2章 総理大臣へ！ 第1次内閣発足から退陣、再登板まで

2003–12

第3章
2013
第2次内閣発足　TPP、アベノミクス、靖国参拝　103

第6章　海外首脳たちのこと　オバマ、トランプ、メルケル、習近平、プーチン　175

第7章

戦後外交の総決算　北方領土交渉、天皇退位

209

2016

第8章

ゆらぐ一強 トランプ大統領誕生、森友・加計問題、小池新党の脅威

2017

第9章
揺れる外交
米朝首脳会談、中国「一帯一路」構想、北方領土交渉

2018

第10章 新元号「令和」へ トランプ来日、ハメネイ師との会談、韓国、GSOMIA破棄へ

2019

資　料

安倍晋三 回顧録

第1章

コロナ蔓延

ダイヤモンド・プリンセスから辞任まで

2020

中国で、新型コロナウイルス感染症（ＣＯＶＩＤ－19）の発生に関する最初の対外的な公式発表が行われたのは、２０１９年12月31日だった。湖北省の武漢市衛生健康委員会が、「当市における目下の肺炎感染に関する状況通報」と題して、原因不明の肺炎患者が相次いで確認されている、と発表した。

それから瞬く間に新型コロナは世界中に蔓延し、経済、社会、人の暮らしを一変させた。各国は、ロックダウン（都市封鎖）や移動の制限、接触機会の抑制といった措置を繰り返すことになる。

歴史上、ペストや天然痘など感染症が大きな災禍をもたらした例はある。だが、科学技術の発達や医療の高度化で、そうした災厄は史実に過ぎないと思っていた人は多かった。目に見えないウイルスの脅威に、安倍政権も翻弄されていく。

章扉写真
２０２０年４月、政府の新型コロナウイルス対策分科会の尾身茂会長（左）。コロナ禍で首相会見にも同席した（写真　内閣広報室）

プロローグ

――2019年11月8日、首相官邸で「新型インフルエンザ等対策総合訓練」が行われました。09年に感染が広がった新型インフルエンザの次の型に備えた訓練で、ある国から出張で帰国した会社員が陽性と確認された、という想定でした。訓練では、基本的対処方針を定め、積極的疫学調査の実施や、患者の入院、濃厚接触者への外出自粛要請などを決めていました。国民に対する手洗い、咳エチケットなどの要請や、学校の臨時休校の要請も含まれています。この演習に、新型コロナウイルス対策で実施したほとんどの対策が網羅されています。

そうです。すべて訓練で想定していました。感染症の専門家は、やがてこうした事態がやってくる、と言っていましたね。

――しかし、その人たちの声は社会に広がりませんでした。

日本は、中国や韓国、台湾が経験したSARS（重症急性呼吸器症候群）や、サウジアラビアなど中東で広く発生したMERS（中東呼吸器症候群）の被害がありませんでした。だから、なかなか危機感が広がらなかったのです。09年に流行した新型インフルエンザも、関西地方を中心に感染が広がりましたが、感染者数はそれほど多くはなかった。だから、私も、新型コロナウイルスだって抑え込むことができるのではないかと思っていました。日本人は衛生観念のレベルが高いですから。

正直なところ、20年1月に新型コロナウイルスの話題を初めて耳にした時、これまでの新型感染症と同様に中国国内で封じ込めができるのではないかという印象を持ったのです。中国が封じ込めに失敗したら、日本の水際を固めればいいと。酷いことにはならないだろうと思いました。そういう意味では、私の認識は一般国民とほぼ同じだったと思います。

国際社会も、自分の国はそんなに不衛生ではないから、感染拡大なんかしない、と思っていたのですね。英国ロンドンの市長選挙の候補者は、東京五輪・パラリンピックの開催が感染拡大で危ぶまれるようならば、代替地としてロンドンで開催すると言っていたでしょう。でも、その後英国は爆発的な感染拡大に見舞われた。欧州も、この感染症の脅威を過小評価していた、ということです。

新型コロナウイルス　ギブ&テイクの邦人退避

――2019年12月、中国湖北省武漢市で原因不明の肺炎の発症が相次ぎ、年が明けて1月5日、世界保健機関（WHO）が「事態を監視する」と警戒感を示しました。安倍さんにはいつ報告があったのですか。

中国中央テレビが20年1月9日、複数の患者から病原体と推定される新型コロナウイルスを検出した、と報道したのを踏まえて、10日に瀧澤裕昭内閣情報官から報告を受けました。中国で発生しているが、ヒトからヒトへの感染は確認されていない、ということでした。実際、中国もWHOも、ヒトからヒトへの感染はないと発表していました。

――厚生労働省は、国内の空港にポスターを貼り、武漢からの入国者や、咳や発熱などの症状がある人には申し出るように呼び掛けていましたが、1月15日、初めて国内で感染者が確認されました。武漢から帰国した神奈川県在住の30代の中国人男性でした。

感染者が1人見つかった段階では、正直それほどの危機感はありませんでした。2人目の患者が確認された後、1月24日に初の関係閣僚会議を首相官邸で開いて、国内の水際対策や検査体制の整備を決めたのですが、この時はまだ淡々と会議を開催していたのです。

ショッキングだったのは、国内の感染より、1月23日に武漢市全域の封鎖を中国が発表したことでした。そこに暮らしている日本人をどう守るのか、と。人口1100万人の都市で、進出していた日系企業は160社以上ありました。中国は、果たしてちゃんと対応してくれるのか、という懸念が大きかったですね。

中国当局は最初、自分の国からどんどん人が逃げ出していくことになる事態を嫌がったんです。でも、都市を封鎖したら、そこに住んでいる住民を見捨てる危険性があるわけでしょう。だから中国を説得して、日本人を救出するオペレーションをやろうと決めたのです。

まず、外務省には、高官レベルで交渉するように指示しました。武漢には領事館がないので、北京の日本大使館職員を武漢市内に入れさせてくれ、と中国に要請しました。一方で大使館員には、とりあえず、車で武漢まで急行するよう指示しました。武漢に入ることが認められるかどうかは分からないけれど、不安に暮らす日々を長期化させるわけにはいかないから、見切り発車で武漢に大使館員を向かわせたのです。茂木《もてぎ》敏充外相には、王毅《おうき》外相と電話会談をして直談判してもらいました。

最初は嫌がっていた中国も、徐々に日本の要求を受け入れるようになりました。日中関係は改善していたし、春に習近平国家主席の来日を控えていた（3月5日延期が決定）ことも影響したのでしょう。

――1月29日から2月17日にかけて、計5回にわたって航空機を派遣した。米国や豪州、韓国なども自国民を輸送していましたが、日本は繰り返し派遣しました。

実は中国との交渉で、日本から武漢空港に向かう時に医療機材や防護服を運んで提供する、その代わり、日本人を帰国させるために何度でも飛ばさせてくれ、と要求したのです。中国側も、医療機材をありがたいと思ったのか、繰り返し便を受け入れたわけです。結局、計828名を帰国させることができました。邦人退避のオペレーションはうまくいったと思います。

ただ、帰国者をどう扱うかは大変でした。厚労省は、法律上、症状のない人に隔離を強制することはできないと言い、自宅に帰そうという方向で話を進めようとしたのです。でも、感染しているかもしれない人を電車に乗せて大丈夫なのか、と官邸内で議論になりました。

結局、帰国者の意向を聞いたら、ほとんどが一時的な施設での経過観察を希望したのです。警察大学校（東京都府中市）や国立保健医療科学院（埼玉県和光市）、税関研修所（千葉県柏市）などで受け入れられるように準備していたのですが、それだけでは足りず、勝浦ホテル三日月（現三日月シーパークホテル勝浦、千葉県勝浦市）にお願いすることになるのです。

長谷川榮一首相補佐官がホテル三日月の社長と知り合いだったので調整に当たってくれて、私が社長に直接電話でお願いしました。社長は若く、国士タイプの方でした。私のお願いを意気に感じ、「やります」と言ってくれました。ホテル三日月はその後、なぜ受け入れたんだ、と地元で誹謗中傷を受けました。社長と従業員の皆さんには迷惑をかけました。でも、大変ありがたかったですよ。

――政府内では、症状のあるなしにかかわらず、一定期間隔離すべきだ、という主張もありましたが、緊急事態に対応する法制がなく、強制はできなかったということですか。

そうです。厚労省は、強制すれば人権問題になってしまう、と言う。だから、あくまでも要請ベースで、宿泊施設での待機や、症状のない人へのPCR検査をやることになったのです。すべてにおいて強制はできない。それでいいのかという議論は、この後ずっと続きました。

ダイヤモンド・プリンセスを「病院船」と位置付ける

――クルーズ船「ダイヤモンド・プリンセス」で集団感染が起こりました。1月20日に横浜港を出港し、香港で下船した男性の感染が発覚しました。2月3日に横浜港に帰港する前には感染が広がっていたと見られます。英国船籍で、運行会社は米国でした。国際法上、日本は公海上の船に対し感染症対策を行う権限はなく、また入港を受け入れる義務もありませんでした。

だからといって、入港を受け付けないという考えはなかったですよ。乗員・乗客は3700人以上にのぼりましたが、このうち日本人は1000人以上と圧倒的に多かったわけです。日本がクルーズ船を受け入れるのは当然だと思っていました。問題は、感染の疑いがある3700人もの人に、どう対処するかという点でした。

――厚労省は2月5日、乗客らに原則2週間、船内の個室で待機するよう要請しました。結果的に700人以上に感染が広がりました。検査や医療機関の受け入れ体制が整っていなかったからですか。

厚労省の待機要請を、外国メディアは激しく批判しました。なぜ日本は下船させないのか、とね。乗客に感染が広がるじゃないか、かわいそうだ、と。この時はまだ、欧米では感染が広がっておらず、「言いたい放題」といった状況でしたね。

日本から各国政府に対しては、外国人の下船を認めるから、帰国の手配をするように要請していたのです。ところが、どの国も「待ってほしい」という考えでした。感染の可能性があるから、受け入れたくないということだったのでしょう。あまりの無責任さに驚きましたよ。だから外国人の乗員・乗客には待機を要請せざるを得なかった。

公海において船舶は旗国の管轄権に服する、という旗国主義があります。日本の領海に入っていたとはいえ、本来は英国が対処すべきでした。だが、英国の反応は極めて鈍かった。

英国メディアなどは、船内に人を残したために感染が広がった、と報道していましたが、それは違う。感染は横浜港に入港する前に、すでに広がっていたのでしょう。WHOが1月30日、緊急事態を宣言した後も、船内ではパーティーが開かれていました。

日本人についても下船させないという判断はやむを得ませんでした。下船後、日本人が電車で自宅に帰ることを認めるのですか。それは無理でしょう。

検査もままならず、医療機関の受け入れ態勢も不十分な中、3000人以上をどこに収容するのですか。それが難しいから、私はダイヤモンド・プリンセスを「病院船」のように扱うという考え方で臨んだのです。

――武漢からの邦人退避、クルーズ船への対応では、誰が司令塔になったのですか。

官邸が司令塔になりました。3月26日、改正新型インフルエンザ等対策特別措置法（改正特措法）に基づく政府対策本部を設置しましたが、それまでも、公的位置づけのある新型コロナ対策会議で対応を決定していました。このほか連日、連絡会議と称して官邸幹部が一堂に会して厚労省や外務省などと打ち合わせをしていました。

感染者が見つかった初期は、ウイルスの実態が分からないから、どう対処すべきか、意見が割れたのです。私たち素人の意見が割れるのだったらまだしも、専門家の意見が異なるので、私も判断に迷いました。

厚労省の医系技官は、断定的なことは一切言わない。日本と世界の感染者数など数字の説明だけして、「こういう見方もあるし、こういう意見もあります」と言う。私が「では、結局どうするの?」と聞くと、「官邸で決めてください」と返答してくる。厚労省幹部からは、絶対に責任は負わないぞ、という強い意思を感じました。責任を取るのは首相なのだから、そんな心配する必要はないのですが、あきれてしまいました。

厚労省は、思考が停止していました。ダイヤモンド・プリンセスのある乗客が、重症化してその後、治ったのだけれど、別の疾患が悪化し、脳梗塞で入院してしまっているという。でも、もともとはコロナが原因だから、重症者にずっとカウントし続けていたのです。脳梗塞の人をコロナの重症者に永遠に含めるのは、さすがにおかしいでしょう。申し訳ないが、この方は重症者数から外してもらいました。

――2月16日、新型コロナウイルス感染症対策専門家会議の初会合が開かれました。専門家会議の座長は、脇田隆字《たかじ》国立感染症研究所所長、副座長は尾身茂地域医療機能推進機構理事長が就きました。専門家組織の人選には関与しましたか。

いや、人選は事務レベルで決まっていました。そもそも専門家会議は、新型インフルエンザの流行に備えた会議をベースにしてつくったものです。医療分野であり、首相といえども素人が意見を差し挟む余地はありませんでした。

すべてに責任を負わなければいけない最高指揮官が言い訳をしてはいけませんが、事実は事実として言わなければなりません。正直、この頃は、武漢オペレーションとダイヤモンド・プリンセスの対応で頭がいっぱいでした。クルーズ船に乗っている外国人をどうやって帰国させるのかという外交交渉があり、かつ、水際対策もやらなければなりませんでした。2月1日には、武漢のある湖北省、13日には感染が広がっている中国・浙江省も入国拒否の対象としました。

専門家会議はその後、様々な感染対策を発信していくわけですが、中でもWHOなどで経験を積んだ尾身茂さんの人選は良かった。専門家、学者でありながら、コミュニケーションの取り方がうまいですよね。

——専門家会議の議論を踏まえ、2月17日、「風邪の症状や37・5度以上の発熱が4日以上続く」場合などには、保健所など全国536か所に設置した「帰国者・接触者相談センター」に相談するよう求めました。

専門家は、感染者の行動を追究し、感染が拡大するのを抑えていくという考え方でしたね。このクラスター対策は、感染者が少ない段階ではそれなりに効果を上げたのですが、感染者が増えると、すべての行動を追えなくなり、あまり意味がなくなる。ただ、当初は十分なPCR検査の体制が整っていなかった。当時は1日200件でした。大規模な検査ができない以上、クラスター対策で感染の封じ込めを目指すしかなかったということです。

——ドイツの例を見ると、感染症対策を担う政府機関のロベルト・コッホ研究所は1月初旬に作業

グループをつくり、2月には従来のインフルエンザの10倍も感染の危険があると結論付けて、対策を策定していました。医療従事者による十分な検査体制などが含まれていました。専門家がほとんど仕切っているのが特徴です。

感染症は、一義的に専門家の世界の話ですからね。日本も、国立感染症研究所が司令塔としてありますが、現状分析まででした。感染研は、具体的なオペレーションまでは手を出しませんでした。

進まぬＰＣＲ検査　目詰まりの正体は何か

——日本は長年、感染症対策の体制構築を怠ってきました。厚労省の有識者会議は２０１０年の段階で、ＰＣＲ検査の体制拡充などを訴えていたが、政府は全く準備していませんでした。新型コロナの大規模な検査体制を構築するとともに、病床確保を進めるべきだといった声は非常に多かったが、一向に改善されませんでした。

ＰＣＲ検査の数については、そもそも根本的に用意が足りなかった。厚労省は、ＰＣＲ検査を増やすことに消極的でした。私は厚労省幹部に、「民間の検査会社でできているのに、どうして行政検査を増やせないのか。何とか改善できないか」と言いましたが、厚労省幹部の答えは「検査を増やせば、陽性者が増えるだけです」とか、「民間の状況は刈り取ってきます」といったものでした。話を刈り取ってくる、とは、調べてくる、ということです。その結果報告はありませんでした。私は官僚を怒鳴ったことは一度もありませんが、この時ばかりは、言葉はきつくなりましたよ。まさに隔靴掻痒という感じでした。

厚労省幹部は私に対して、口には出さないけれど、「素人が何を言っているんだ」という感じでしたね。

――検査を増やせば陽性者も増えるだろうが、そもそも十分な体制を築くのが政治の役割のはずです。

厚労省は、クラスター対策で凌げると思っていたのでしょう。私の元に、各都道府県のクラスターの地図を持ってきて、「ここに感染者集団があります。だからここを中心にＰＣＲ検査を行います」と説明していました。ダイヤモンド・プリンセスの乗員・乗客を検査しようとしても、「そんな（ＰＣＲ検査の）数はありません」と言い切っていました。

――ＰＣＲ検査を全国で網羅的に実施するという発想はなかったのですか。

そこまでは考えていませんでした。一斉にやっても、偽陽性がどんどん出てしまいます。コロナの症状があり、検査が必要な人がしっかり受けられる体制を構築できないか、と考えていました。もちろん、厚労省にも気の毒な面はありました。検査の情報を持っていないのです。検査を行う保健所は自治体の所管なので、国のグリップが利かない。保健所には、国に対する報告義務がない。だから実際にＰＣＲ検査がどこでどの程度行われているかさえ、政府は把握できていなかったのです。

――「官邸一強」と呼ばれた体制が、新型コロナへの対応では迷走しました。検査や病床確保の「目詰まり」の正体は何だったのでしょう。

感染症への対処は国の責任ですが、権限的にも予算的にも国が介入できる手段が少なかったということに尽きると思います。指示する権限や仕組みがないので、自治体や保健所、医療機関を国が動かせない。その壁は厚かった。

民主党政権時代の12年に制定された新型インフルエンザ等対策特別措置法（特措法）は、自治体に多くの権限を委ねています。首相が緊急事態を宣言しますが、具体的な外出自粛の要請や、営業時間の短縮要請、医療施設の確保などは知事に委ねている。国の役割は、総合調整です。こんなの欺瞞でしょう。政府の責任で感染抑止に当たるように書くべきです。民主党ができの悪い法律をつくってしまったのです。

例えば、1999年の茨城県東海村のJCO臨界事故を踏まえて制定された原子力災害対策特別措置法には、原子力災害対策本部長である首相が、緊急事態には知事らに指示をできる、と定めているのです。災害時には首相に権限を集中させる仕組みになっているのです。だから国の責任も明確です。それに比べて、現実の対策を地方に委ねた特措法は責任の所在が曖昧です。

3月13日に特措法が改正されましたが、法案を国会提出する前に、私権制限をもう少し強め、時短要請に応じない事業者などに対する罰則を設けてはどうかと、官邸内で議論したのです。欧米では、非常事態に政府が国民の権利を制限できる法制を備えていますから。

でも、内閣法制局に、「これ以上の行動規制に踏み込むと、憲法の基本的人権の尊重に抵触しかねない」と反対された。野党も、安倍政権が拡大解釈し、憲法を改正して緊急事態条項まで創設しようとしている、とありもしない批判を強めていました。結局、強制力を強めようとしたら、法改正に時間がかかってしまうから、断念せざるを得なかったのです。

――危機管理の要諦として、法整備が間に合わない場合は政治決断で進める手もあったのではないですか。

確かにそうですが、私権制限は国民への影響が大きい。法改正の手続きを省略するわけにはいきません。私権制限を強める法案を提出する場合、国会は、極めて重要だとして慎重に審議する重要広範議案にするでしょう。そうなったら、私や官房長官、厚生労働相が連日、国会の委員会に9時から17時まで拘束されてしまう。そんな余裕はない、まずは新型コロナを特措法の適用対象にするのが優先だという判断をしたのです。

私が辞めた後の21年2月、菅義偉前内閣は改正特措法をさらに改正し、時短要請に応じない事業者などに行政罰を適用することにしました。感染拡大が長引き、厳しい措置をとることへの理解がようやく得られたということでしょう。

理想としては、感染症対策に関する国の責任を明確化した方がいいと思います。でも、権限を奪われる知事は反対するでしょう。地方分権の否定になりますから。ただ、権限を持ち続けたいのであれば、知事は国の批判をしちゃだめですよ。責任をとらなくては。制度上、感染拡大防止の責任を負っているのは首長なわけですから。

武漢からの邦人退避や、ダイヤモンド・プリンセスへの対応は、法解釈よりも現実を見据えて進めてきたのですけれど、特措法で地方に渡された権限を国に吸い上げることまではできませんでした。

「目詰まり」とは何なのか。様々な要因があると思います。ただ、官邸の力が、知事や厚労省の技官、さらに医師会には及ばなかったという側面は大きいと思います。

厚労省と医師会が動かなかったワケ

――抗ウイルス薬の「アビガン」は、新型コロナの治療薬として承認を目指しましたが、実現しませんでした。安倍さんは5月4日の記者会見で、5月中の承認を目指す考えを表明していたにもかかわらず、承認されませんでした。


アビガンは、富士フイルム・富山化学が開発した薬で、インフルエンザの治療薬としては承認されているわけです。新型コロナの患者に使うとしても、未承認の薬を使うわけではない。現場の医師から、軽症の新型コロナ患者に使いたいという要望が強かったので、まず臨床研究という形で広く投与を進めてもらったのです。防衛省の自衛隊中央病院でも顕著な成果が出ていました。

しかし、次の段階の治験で立ち止まってしまったのです。治験薬の有効性を科学的に証明するには、有効成分を含んだ治験薬と、効果の無い偽薬を投与してその差を調べる必要があるのですが、厚労省は、統計上の差が顕著ではない、と結論づけました。臨床研究では相当の効果があったにもかかわらず、です。

結局は、動物実験の結果から、妊娠中の女性が飲むと、障害がある赤ちゃんが生まれる恐れがあるので、広く使用することにたじろいでしまったのです。だったら、そうした人に処方しなければいいだけの話なのですがね。

5月4日の記者会見で表明する前に、厚労省の局長は「アビガンを承認します」と話していました。しかしその後、薬務課長が反対し、覆ったのです。後日、「難しくなりました」と言われました。厚労省は、私の考え方が甘い、という感じでした。でも、それほど危険だったら、インフルエンザの薬としてなぜ承認したのか。危険ならば、新型コロナの臨床研究でも使うはずがないでしょう。

薬事承認の実質的な権限を持っているのは、薬務課長です。内閣人事局は、幹部官僚700人の人事を握っていますが、課長クラスは対象ではない。官邸が何を言おうが、人事権がなければ、言うことを聞いてくれません。

ドイツでアビガンが効いたという症例が数多く出たため、アンゲラ・メルケル独首相が私にアビガンを送ってほしいと言ってきたのです。私が「では輸出しましょう。我が国では承認していないけれど」と言うと、メルケルは驚いていましたよ。実は、北朝鮮の高官もアビガンをほしいと言ってきました。人道的な問題で、微妙な案件でしたが、その後の対応については、ご想像にお任せします。

――なぜ、薬務課長は頑なだったのでしょうか。

1980年代の薬害エイズ事件では、非加熱血液製剤を輸入していた製薬会社トップと、使用した医師、さらに、エイズウイルス（HIV）に汚染されている危険性を知りながら、回収を指示しなかった厚生省の官僚が罪に問われました。

当時の厚生省薬務局長は、事務系のキャリアだったので、不起訴になったのです。一方、有罪が確定したのは、当時の生物製剤課長でした。薬務系の技官です。局長がハンコを押して承認しているにもかかわらず、課長だけが有罪というのは、薬務系の官僚には不満でしょう。

そうした歴史があり、多くの薬務系の技官は、「責任を取るのは私たちなんだから、私たちで決めさせてもらう」という意識が強いのです。

厚労省内もバラバラなんです。医系技官、薬務系技官、キャリア（事務官）に分かれていて、医系やキャリアは次官までポストがあり、局長も多い。一方、薬務系技官は、課長か審議官止まりです。でも、薬とワクチンを承認する権限を握っています。組織が全体として円滑に回っていないのです。

――病床の逼迫は、政府や自治体が国公立病院の削減を進めてきたことが影響しているのではないでしょうか。削減を進めた背景には、競争相手を減らしたい医師会の意向があったとされています。自民党の支持組織が、日本の医療体制を弱体化させてしまったと見ることもできます。

公立・公的病院が非効率的で、医療費を押し上げているのは事実です。実際、自治体病院の9割は赤字でした。ただ、保健所の削減も含め、自民党政権が長年かけて行政改革を進め過ぎた面はあるでしょう。

医師会の協力が得られなかったことは反省しています。彼らは「圧力に屈しない医師会」を掲げていますが、病床を増やそうとせず、国民に圧力をかけているのは、医師会側とも言えます。医療現場でコロナ患者を受け入れ、汗を流している医師は多い。でも、医師会とは距離を置いている人もいて、機能しているとは言えないでしょう。

リスクを取った一斉休校

――政府は2月25日、大勢が集まるイベントについて、全国一律の自粛要請は行わないという方針を発表しましたが、安倍さんはその翌日、「2週間の中止、延期または規模縮小」を要請しました。学校の休校も、文部科学省は当初、自治体の判断に委ねていましたが、安倍さんが2月27日、一斉休校を要請する考えを表明しました。感染拡大を受けて、先手先手で対応したいと思ったのでしょうが、朝令暮改だという批判の方が強くなってしまいました。

一斉休校を決めた2月27日に報告があった感染者数は、全国で23人で、多いとは言えませんでした。ただ、その直前に千葉県市川市のスポーツジムでクラスターが発生し、健康観察が必要な人の中に、学校の先生が数人含まれていたのです。教師の感染は、どこで起きてもおかしくない。

当時は、子どもが重症化した例はありませんでしたが、喘息など基礎疾患を持っている児童生徒もいるわけです。万が一、小さな子どもが重症化、あるいは死亡という不幸なことになったら、国民的なショックは計り知れません。パニックにつながっていく可能性もあるわけです。

また、人流は、通学をなくせば減るでしょう。休校にはそういう利点もあります。感染者がゼロの県もありましたが、休校を要請するのであれば、全国一斉で思い切ってやった方が、国民の意識も変わるだろうと思ったのです。

子どもの教育権を奪うという指摘もありましたが、教育を受ける権利と命と、どっちが重要ですか、ということを考えた上での決断でした。

――調整不足だったのは事実でしょう。

走りながら考えたのです。1週間後に休校しましょうと言って、その間、ウイルスにちょっと待ってね、と言うわけにはいかないでしょう。その間に、1人でも子どもが亡くなったら、国民はものすごいショックを受けますよ。そんなことになるくらいなら、やり過ぎだ、という批判は喜んで受けます。休校を決めるだけのエビデンスがないとも言われましたが、世界中、初めて感染する病なのだから、そんなものがあるはずがない。だったら政治家がリスクを取るしかないでしょう。マスコミからは、メチャクチャなことをやっていると言われましたが、国民に危機感を持ってもらう上では、今でもあの判断は正しかったと思います。その後の世論調査で、いくつかのコロナ対策は評判が悪かったけれど、一斉休校は評価が高かったです。

――子どもが家にいるから、仕事に行けないという親の声が広がりました。

親御さんの意見は、もっともです。だから、一斉休校をきっかけに、様々な支援に関する取り組みが政府内で始まったのです。

――一斉休校の評判が悪く、思い切った政策が取りにくくなった結果、感染が拡大していた欧州などからの入国制限が遅れた、という政府内の証言があります。イタリアやスペインなど38か国に入国制限の対象を広げると発表したのは、3月18日でした。

私にそういう意識はありませんでした。むしろ、欧州からの入国を止めるということは、その前に、そこにいる日本人の退避オペレーションをやらなければいけないのではないか、と気にかけていました。武漢だけなら800人で済んだが、ヨーロッパ全土から帰国させたら大変なことになる。ホテル三日月を確保するだけでも苦労したのに、どこに隔離するんだ、とね。結局、そこまではしませんでした。

――安倍さんは2月29日、初めて新型コロナに関して記者会見しました。国のトップとして国民に直接語りかけ、理解を求める機会が少ない、しかも時間が短いと批判されました。2月29日の記者会見は36分間でした。

記者会見を途中で切り上げた、と言われたけれど、延々と話すのもどうなんですかね。緊急事態宣言の発表や解除の際には、しっかり1時間はかけて丁寧にやりましたよ。

秘書官や事務方は、基本的に、私が記者会見をする以上、新しい「玉」(具体的施策・政策の意）を探さなければならないと必死になるのです。新たな発信や対策、ニュースがなければ、やるべきではない、という考え方でした。

確かに、首相の記者会見は鬼門です。大失敗になる危険性が常にある。秘書官たちは、非常に正確性を重んじる。私の答えの中には、厳密に言うと必ずしも正しくないものもあるわけです。それをできるだけ少なくしたいから、記者会見は少ない方がいいと彼らは考えていました。

私は、「別に『玉』がなくたっていいじゃないか」と言っていたのです。正確ではない答えでも、答え方によっては問題にならないでしょう。

でも、記者会見をするとなると、事務方は入念に準備するから、彼らに負荷がかかるのです。そこはチームとしての仕事だから、彼らの負担も考えなければならない。連日のように記者会見をするわけにはいかないのです。

プロンプターを使って原稿を読んでいる、とも批判されましたが、海外の首脳だって皆がそうですよ。しかも、海外の首脳は質問を受け付けず、一方的に発信するだけのケースも多い。新聞が記者会見のやり方まで非難するから、インターネットで発信するだけにしようかとも考えたのだけれど、さすがにそこまでは、と周辺から諫められました。

中国全土の入国制限、法解釈がカベに

――水際対策について聞きます。2月1日に中国湖北省、13日に浙江省を対象に、滞在歴のある外

国人らの入国拒否を決め、中国、韓国全土を対象に入国制限を始めたのは、3月9日でした。米国は1月31日、中国全土を対象に原則入国拒否を決めていました。4月に予定していた中国の習近平国家主席の国賓来日や、インバウンドへの影響を考えたために、入国制限の決断が遅れたのではないですか。

そんなことはありません。武漢オペレーションが終わる2月中旬には、習氏の国賓来日は難しいと思っていました。

中国は、パスポートが省ごとの発給なので、中国全土を対象にしなくても、感染者が多い地域を入国制限の対象にすれば、十分コントロールできると考えていたのです。実際、浙江省と湖北省を除けば、当時、それほど感染は広がっていませんでした。効果的に対策を打っていたつもりです。

——しかし、中韓全土からの入国制限の決定は、習氏の来日延期の決定と同じ3月5日でした。誰だって関連付けて考えます。

同じ日になったのは全くの偶然ですよ。中国から楊潔篪《ようけっち》共産党中央政治局委員が来日し、私や茂木外相と会った2月28日には、習氏の国賓来日は延期すると合意していたのです。でも、中国共産党の決定が遅れて、発表が1週間ずれ込んだ。これは臆測ですが、習氏に正式に知らせるのに時間がかかったんじゃないかな。

入国制限には、法律上のカベがあったのです。出入国管理・難民認定法（入管法）で入国を禁じている対象は、個人なんです。だから、国全体、地域全体を指定して入国者を拒否できるのか、という法律解釈の問題がありました。日本にとって好ましからざる外国人の入国を禁じることはできるのだけれども、その対象は、「何の誰兵衛」と指定しなければいけなかった。それまで全土とか地域を指定して、入国を拒否したことがなかったのです。

日本に危害を与えるという根拠がない人まで、入国を制限するのは難しいというのが、内閣法制局の見解でした。私をずっと支えてきてくれた杉田和博官房副長官でさえも、この時は入国制限に慎重だったのです。「もし全土からの入国を拒否するのであれば、入管法の改正が必要ですね」と言っていました。

でも、法改正なんてしている暇はなかった。だからこれも政治決断で、対象者なしの入国制限を決めたのです。

――超法規的措置ということですか。

超法規的措置ではありません。このスキームの入国制限については、法制局に随分と粘られました。水際対策の関係閣僚会議に、法制局長官が遅刻してきたのです。安倍内閣は法制局を蔑ろにしている、という不満の意思表示だったのでしょう。法制局の立場も分かる。だけど、緊急時には、政治が過去の法解釈や先例をオーバーライト（上書き）しなければいけないことはあるのです。

五輪、延期へ

——3月24日、国際オリンピック委員会（IOC）のトーマス・バッハ会長と電話で会談し、2020年東京五輪・パラリンピックの1年延期で合意しました。3月13日にはドナルド・トランプ米大統領と電話会談し、1年延期への支持を取り付け、16日には先進7か国（G7）首脳とのテレビ会議で、各国に理解してもらうという段取りを踏んでいました。IOCが延期に応じるかどうか、考えが読めなかったということですか。

バッハ会長がどう考えているか分からず、手探りだったのは事実です。IOCに対する米国の影響力は圧倒的だから、1年延期について、まずはトランプの支持を取り付けようとしました。「延期したい」と率直に言うと、彼は「1000%支持する」と言ってくれました。次にG7でした。私も長くメンバーだったので、安倍が言うならそれでいい、という感じでした。

バッハ会長との窓口は、五輪組織委員会の会長だった森喜朗元首相にお願いしました。IOCは当初、予定通りやりたいという意向でした。でも、世界の感染状況が見通せず、延期はやむを得ませんでした。

政府内には、22年まで2年延期する案もありました。その場合、24年のパリ大会の時期に近過ぎます。20年の五輪に向けて選ばれたアスリートは、別のメンバーになってしまうかもしれません。やはり1年延期が現実的だろうという考えになりました。2年延期するくらいなら、中止しろという声も出ていましたしね。

バッハ会長との電話会談は、1年延期を呑んでくれるだろうという予想はあったのですが、確信はなかったのです。首相公邸で電話して、バッハが同意した時は、同席していた森さんも小池百合子東京都知事もホッとしていました。

――五輪の主催は東京都です。国は支援する立場です。にもかかわらず、延期論をリードしたのはどうしてですか。

小池さんは、延期の是非について明確な考えを言いませんでした。世論がどう反応するか分からなかったからでしょう。ただ、こうした調整は、首相がやるのが自然でしょう。16年リオ大会の閉会式に、私がスーパーマリオに扮して登場した責任もありますし。

アベノマスクは需給を安定させた

――4月1日の政府対策本部で、布製マスクを国内の全世帯（約5000万世帯）に2枚ずつ配る方針を表明しました。政府の対策はこの程度か、という批判を浴びました。いわゆる「アベノマスク」の背景はどういうことだったのですか。

いろいろ言われましたが、私は政策として全く間違っていなかったと自信を持っています。当時マスクは圧倒的に品薄で、価格が高騰していた。インターネット販売で買おうとしても、あり得ないような高値でした。販売事業者に流通をお願いしても、市中に出てこないのです。

そこでまず、3月初めに医療現場や介護施設、障害者施設に2000万枚を配布することを決めました。経済産業省がミャンマーなど東南アジアと交渉し、布製ならば確保できそうだとなったので、発注したのです。布製ならば洗って繰り返し使えるし、いいじゃないかとね。

その後、全世帯への配布を決めました。とにかく市中にマスクを流通させ、需要を抑制するという判断です。全世帯への配布決定後、マスク製造大手のユニ・チャームの社長とテレビ電話で話した時も、これで需給バランスが取れる、と賛同してくれていました。

サイズが小さいとか、すぐに届かないとか、中には黄ばんでいるものがあるといった批判はありましたが、あの布製マスクが流通したことで、業者は抱えていた在庫を出し、店頭やネットの値段が落ち着いたのは事実でしょう。すべてポストに入れるという手法が粗っぽかったのは認めます。でも、若い子があのマスクをプレゼントに使ったり、刺繡をしたりして、結構評価もされましたよ。プレゼントにしないで使ってよ、とは思いましたが。

——外出自粛を呼びかける星野源さんの動画とともに、総理大臣が自宅でくつろぐ映像をツイッターなどに発信しました。誰が考えたのですか。

官邸の広報チームが、若い人たちにどうすれば外出自粛のメッセージが届くか、と考えて、私に登場してくれというので、乗ったのです。「生活がかかっている国民がいるのに、一国のリーダーが優雅にくつろいでいる」といった悪口もありましたが、政策的な失敗ではないので気にしていません。世の中の、特に中高年の方の一部が叩こうとしただけだと思いますよ。むしろ、若者にメッセージが届いている側面もあるのだから、良かったでしょう。悪評も評判のうちで、再生回数はすぐさま100万回を突破しました。批判した人たちには、それだけの再生回数の動画をあなたは撮れるんですか、と言ってやりたいと思ったぐらいです。

緊急事態宣言

――4月7日、初の緊急事態宣言を東京、神奈川、埼玉、千葉、大阪、兵庫、福岡の7都府県に発令しました。専門家会議は1日、医療体制が切迫しているので抜本的な対策を政府に提言していました。一方で、感染者数は欧米に比べて圧倒的に少なかった。迷いはありませんでしたか。

迷いはしませんでした。ただ、調整には苦労しましたね。

小池さんは3月23日と25日に記者会見し、ロックダウン（都市封鎖）の可能性に言及し、「感染爆発の重大局面」や「NO!!3密（密閉、密集、密接）」といった発信を繰り返していました。感染防止のために危機感を煽ったのでしょうが、その影響でドラッグストアからトイレットペーパーが消えてしまいました。感染防止とは全く関係のない品物の買い占めが起きたわけです。

政府が、改正特措法に基づく政府対策本部を設置したのは3月26日でした。これが、緊急事態宣言を発出しますよ、と世の中に知らせるための予鈴だったのです。でも、小池さんの発言直後にすぐさま緊急事態宣言を出したら、パニックになってしまいます。だからまず、政府としては「欧米のようなロックダウンは日本ではできません。生活必需品の供給は問題ないから、買い占めは控えてください」という発信を優先させることにしたのです。

当時の菅義偉官房長官も、経済への影響を心配して「緊急事態宣言は必要ないでしょう」と言っていたので、菅さんも説得しました。

4月7日の緊急事態宣言の発出は、タイミングとしては良かったと思います。小池さんが煽ることで、国民が政府に「お願いだから早くやってくれ」と急かすムードになりました。国民がそういう気持ちにならないと、自粛の効力は上がらないのです。強制力がないにもかかわらず、繁華街や通勤電車がガラガラになったのは、国民が宣言を要望していたからだと思います。

――お願いベースの措置でも、良識ある日本人ならば従ってくれると思っていましたか。

結果は出せると思っていました。だって一斉休校も強制力はないけれど、結構多くの自治体が応じてくれましたからね。

――コロナ担当となった西村康稔《やすとし》経済再生相が4月11日、「休業補償として一定割合の損失補塡を行っている国は、世界で見当たらない」と述べ、経済活動への悪影響が心配されました。

補償の意味が難しいんですよ。例えば銀座のクラブならば、一晩で売り上げが1000万円になる店もある。そこに丸々1000万円を出しますか？　それはできませんね、ということを西村さんは言いたかったのです。説明の仕方が硬かったのは事実ですが、別途、ありとあらゆるメニューを揃えました。

事業者の売り上げ減少には持続化給付金、人件費については雇用調整助成金の補助引き上げ、このほかにも無利子融資や借金返済の猶予、家賃支援給付金もやりました。

節操がないとも言われましたが、先が見通せない局面では、何よりも国民の不安を払拭することが大事です。特に、売り上げが半減したすべての業種を対象にした最大200万円の持続化給付金は、画期的だったと思いますよ。持続化給付金や様々な貸し付けで助かったという声は、飲食店や美容院、スポーツジムなど多くの業種から寄せられました。雇用調整助成金の補助上限の引き上げを含め、あらゆる対策を取ったから、失業率を悪化させずに済んだのです。

迷走の末に決まった一律10万円給付

――国民1人当たり一律10万円を給付する措置は、迷走の末に決まりました。4月7日にいったん、低所得世帯への30万円の支給を盛り込んだ20年度補正予算案を閣議決定しましたが、16日の緊急事態宣言の全国拡大に合わせて、一律10万円に変更されました。閣議決定した予算案の組み替えは異例でした。安倍さんはそもそも一律10万円論者だったようですが、なぜこんな経緯をたどったのですか。

一律10万円は最初、甘利明税制調査会長に相談し、迅速に届き、かつ消費にもつながれば経済にもプラスになるという考え方で一致したのです。私の経済のアドバイザーも皆、賛成でした。反対したのは財務省です。

――麻生太郎副総理は、首相だった2009年にリーマン・ショック後の景気対策として、国民1

人当たり1万2000円の定額給付金を支給しましたが、多くが貯蓄に回ったとされ、ばらまき批判にさらされました。だから一律10万円にも慎重でした。

そうです。それもあって、財務省は、低所得世帯を対象に1世帯当たり10万円という案を出してきたのです。非常に渋い。

――岸田文雄政務調査会長が、低所得世帯への30万円を提案し、安倍さんが了承しました。官邸でお膳立てをして岸田氏に華を持たせようとしたのでしょうが、結果的にこの30万円案は消え、岸田氏を持ち上げる策は失敗に終わりました。

岸田さんには申し訳ないことをしました。でも、感染状況が変わったのですね。地方でもクラスターが散発し、ゴールデンウィークの帰省や旅行を懸念する声が広がったのです。だから緊急事態宣言を全国に拡大することにしたのですが、この時、多くの国民が困っているのだから、等しく安心してもらった方が良いという声が上がったわけです。新聞の論調にもそういう主張がありました。

一律10万円は、もはや理屈ではないのです。気持ちの問題です。一律10万円がどれくらい消費に回るかという経済合理性は考えず、国民に寄り添う政策を実行すべきではないかと思いました。自粛ばかり求められて国民に憤懣が鬱積する中、不安を払拭する責任が政治にはある、と考え直したのです。

一度決めた予算案を変更するというのは、責任を問われかねない極めて危険な行為なのですが、公明党と二階俊博幹事長にも進言され、では思い切ってやろうとなりました。公明党の山口那津男代表は、決意を固めて官邸に乗り込んできましたよ。「一律10万円を支給しないと、政治的に大変なことになる」と言っていました。

例えば、年金はコロナの流行で減っていないのだから、年金受給者に支給する必要はないのだけれども、10万円を支給することになる。また、富裕層に配って意味があるのか、というのも分かっているのだけれど、すべての人に外出自粛を要請し、我慢してもらっているわけです。もらえない人がいるのは良くないという考え方に立ったのです。

――迷惑料を払ったということですか。

迷惑料を国が支払うのはおかしいかもしれませんが、それも国民から集めた税金ですから。

――いろいろ理屈はありますが、一律10万円は、ポピュリズム（大衆迎合）でしょう。

そうかもしれません。でも、安倍政権は、ずっと大衆に迎合してきたわけではない。特定秘密保護法や、テロ等準備罪を創設する組織犯罪処罰法の改正など、非常に反対の多い政策もやってきたわけです。パニックを回避し、強制力のない政府の要請に付いてきてもらうためには、民の歓心を買わなきゃいけない政策だってあるわけです。経済を止めれば死者も出る。それは絶対に避けなければならない。

財務省の発信があまりにも強くて、多くの人が勘違いしていますが、様々なコロナ対策のために国債を発行しても、孫や子に借金を回しているわけではありません。日本銀行が国債を全部買い取っているのです。日本銀行は国の子会社のような存在ですから、問題ないのです。信用が高いことが条件ですけどね。

国債発行によって起こり得る懸念として、ハイパーインフレや円の暴落が言われますが、現実に両方とも起こっていないでしょう。インフレどころか、日本はなおデフレ圧力に苦しんでいるんですよ。財務省の説明は破綻しているのです。もし、行き過ぎたインフレの可能性が高まれば、直ちに緊縮財政を行えばいいわけです。

北朝鮮による拉致問題と横田滋氏の死去

――安倍さんが秘書時代を含めて最も尽力してきたのが、北朝鮮による拉致被害者の救出だったと思います。拉致被害者・横田めぐみさん（拉致当時13歳）の父で、家族会の代表だった横田滋さんが2020年6月5日に亡くなり、「断腸の思いで本当に申し訳ない」と、痛切な思いを語りました。

横田さんの苦労は計り知れません。13歳の娘を拉致され、北朝鮮に人生を狂わされてしまった。めぐみさんに限らず、すべての拉致被害者の救出のためにずっと頑張っておられました。家族会の代表になったのも、妻の早紀江さん共々、人柄が信頼されたからです。

自社さ政権（自由民主党・日本社会党・新党さきがけによる連立政権）が1995年、人道的観点からだとして北朝鮮に有償35万トン、無償15万トンのコメ支援を行いましたが、横田さんはこの時、自民党本部前で反対運動を繰り広げていました。私は横田さんに「申し訳なかった」と謝りに行きましたが、汗をかきながら一生懸命運動している横田さんの姿が印象的でした。私が北朝鮮への経済支援の条件に拉致問題の解決を掲げるのは、被害者家族の必死の活動を見てきたからです。

2002年9月の小泉純一郎首相の訪朝時に、北朝鮮は、めぐみさんは入院先の病院で自殺したと主張しました。04年11月には、めぐみさんのものだとする遺骨まで日本側に手渡した。遺骨は、日本側の鑑定でめぐみさんとは別人のものと判明します。ただ、北朝鮮はその後、横田夫妻と孫娘となるキム・ヘギョンさんの面会を平壌で行うことを提案してきたわけです。

この提案を受けるかどうか、横田さんのご家族と相談するため、当時あった赤坂プリンスホテル（現ザ・プリンスギャラリー東京紀尾井町）でお会いしました。私は「北朝鮮はどうしても経済支援がほしい。2人を平壌に呼び、金正日《キムジョンイル》国防委員会委員長が出てきて、「めぐみさんはすでに亡くなっている、ごめんなさい」と謝罪して、一件落着させようとする可能性もある」と説明したのです。でも、滋さんは孫に会いたいと言われ、早紀江さんは「北朝鮮の思惑に乗るべきではない」と反対される。そして最後に息子の哲也さん、拓也さんが「我々が救い出さなきゃいけないのは姉ちゃんであって、ヘギョンちゃんじゃない」と言って、最終的に滋さんが折れたんです。

その後、14年にまた北朝鮮が球を投げてきた。それが平壌ではなく、ウランバートルでの面会でした。横田夫妻もご高齢になり、私の力及ばず、被害者を取り戻すことはできていない。ならばこの機会を逃さず、ご両親が希望するならば、実現しようと段取りを進めたのです。

当時のツァヒアギーン・エルベグドルジ・モンゴル大統領には、オープンな形だと北朝鮮に利用される恐れがあるので、秘密裡に会えるようにとお願いし、しっかりと対応してもらいました。拉致問題の解決について、在任中に結果を出せなかったことは大変に申し訳ないと思っています。

批判広がり、検察庁法改正案を断念

――検察官の定年を63歳から65歳に引き上げる検察庁法改正案について聞きます。世論の批判を受け、5月18日に通常国会での成立断念を表明しました。内閣や法相の判断で、検事総長や検事長の定年を最長3年延長できる特例規定が問題視されました。事の発端は、1月に従来の法解釈を変更し、当時の黒川弘務東京高検検事長の定年延長を閣議決定したことです。黒川氏は法務省官房長や事務次官として官邸との調整役を長く務め、「官邸に近い人物」とされてきました。このため、改正案が黒川氏の定年延長と整合性を取り、検事総長就任への道を開くのが目的のようにみえたことも影響しました。

検察庁法改正案は、国家公務員の定年を65歳に引き上げる法案とともに国会に提出した法案でした。検察庁が、高齢にさしかかる職員を最大限活用したいと要望していたわけです。

検察幹部の定年延長の特例は、法相を含めて内閣全体で人事を判断する内容でした。検察官とはいえ公務員ですから、定年延長を内閣で判断するのは当然でしょう。

黒川さんの定年延長を求めたのは、辻裕教《ひろゆき》法務事務次官と、当時の稲田伸夫検事総長ですよ。稲田検事総長が2020年4月に京都で開かれる国際会議に出るので、後任含みの黒川氏の定年を延長したいという説明でした。だから1月に黒川さんの定年延長を決めたのです。そもそも改正案の施行は、22年4月1日の予定でしたから、黒川さんのための法改正という批判は、全く的外れなのですが、野党はそういう印象を与えたかったのでしょう。

国会議員は、法務省とはあまり付き合いがありません。むしろ私が法務省でよく存じ上げていたのは、林眞琴氏（後に検事総長）です。組織犯罪処罰法を改正して、テロ等準備罪を創設する時の刑事局長で、一緒に汗を流してくれました。

17年の国会で改正組織犯罪処罰法を審議する直前、テロ等準備罪の分かりやすい事例を出してくれと法務省にお願いしたら、その内容が私ではなく、なぜか民進党に渡ってしまったのです。単なるミスだったのか、法務省が私を困らせようとしたのかよく分からないのですが、霞が関では時々、こういうことが起きるのです。野党だけに資料が渡っていたので、国会審議が始まった時、答弁席で窮して「林さん頼む」と言ったら、林さんは「申し訳ありませんが、総理が答弁してください」と言われました。この法律では、林さんといろいろ苦労した思い出があります。

黒川さんも、行政手腕の高さは聞いて知っていました。2人はよくあるライバルだったのでしょう。林さんは18年1月、名古屋高検の検事長となりましたが、私は「え、林さん、名古屋行っちゃうのか」と驚いたくらいです。これは上川陽子法相の決めた人事でした。そして黒川さんは

19年に東京高検の検事長になった。

――5月15日には、検察OBが改正案に反対する意見書を政府に提出しています。検察の捜査は政界中枢に及ぶこともあり、政治からの高い独立性が担保できないという主張でした。批判をどう受け止めましたか。

検察OBは、政治が我々の領域に入ってくるな、と言いたかったんでしょ。役所のOBはどこも、人事は自分たちで決める、とはき違えていますから。そもそもトップの検事総長や最高検の次席検事、全国8か所の高検検事長の任命権は、内閣が持っています。

――法案へのこだわりが強かったのは、人事を重視する菅官房長官と杉田和博官房副長官だったと言われています。

黒川氏の定年延長が批判を浴びたので、私は「検察庁法改正案は一呼吸置いて冷ましてからやればいいんじゃないか」と言っていたのですが、菅さんや杉田さんは強気でした。私は正直、思い入れがある法案というわけではなかったけれど、通常国会でやるべきだ、という2人の考えを全面的に否定するわけにもいきませんでした。

――5月18日、二階幹事長と協議し、検察庁法改正案の成立見送りを決めました。その直後、21日発売の週刊誌の報道で黒川氏が賭け麻雀をやっていたことが発覚し、辞任しました。

麻雀の一件がなければ、黒川さんは検事総長になっていたでしょうね。賭け麻雀といっても、レートは1000点100円のテンピンだったんでしょ。普通のサラリーマンでもやっています。

検察審査会は起訴相当という判断を下しましたが、過酷に過ぎる気もしますね。人を取り締まる検事という立場だということで、こういうことになったのですかね。

河井夫妻逮捕

――6月18日、河井克行前法相と妻の案里参院議員が公職選挙法違反（買収）で逮捕されました。その後、2人とも議員辞職した。そもそも2019年参院選で、改選定数2の広島選挙区に、溝手《みぞて》顕正《けんせい》氏と案里氏の2人を擁立したのはなぜですか。

広島は、自民党と野党で議席を分け合ってきたでしょう。2人区は与野党で1議席ずつとなりがちで、選挙運動も緩慢になってしまいがちなのです。ただ、実際19年は3人区の千葉では2人を擁立し、2人とも当選しました。北海道も3人区ですが、自民党が2人当選しました。安倍政権になってから、こういう厳しい戦いを地元にお願いして、勝利してきたのです。

――溝手氏は過去、安倍さんを厳しく批判していました。第1次内閣当時、参院選で自民党が惨敗すると、首相続投に慎重な考えを示したり、民主党政権時代には安倍さんを「もう過去の人」と評したりしていた。広島県が地元の岸田さんに対しては、菅官房長官が対抗心を燃やしていました。「溝手・岸田憎し」のような感情も、河井案里氏の擁立につながったのではないですか。

広島は、池田勇人首相や宮澤喜一首相を輩出した自民党の金城湯池です。2人当選が無理だというのは、甘えでしょう。溝手氏は落選しましたが、直前の世論調査では案里氏に勝っていましたよ。負けた責任を自民党執行部に押しつけるのは、筋違いでしょう。

——自民党本部が案里氏側に提供した1億5000万円の使途は明らかになっていません。誰が案里氏側に1億5000万円を提供すると決めたのですか。

自民党広島県連は、参院選に向けてパーティーを開いて、集めたお金をすべて溝手氏のために使っていました。河井氏側にはゼロでした。街宣車も河井氏には使わせなかった。だから党本部が支援するのは当然なのです。政党本部から支部への政治資金の移転は何ら問題がありません。

金額が多いという指摘はありましたが、1選挙区で1億円以上出費した例はいくらでもあります。小泉政権時代の2004年の参院選で、私は幹事長として資金を差配しましたが、もう少し頑張れば勝てそうだ、という選挙区には多めに渡しましたよ。事前の調査で全くダメな人と、圧勝している選挙区には、ほとんど出しませんでした。

1億5000万円は、党本部から複数回に分けて振り込まれています。決裁は党の幹事長と経理局長です。逃げるつもりは全くないですが、私は幹事長時代、小泉首相（総裁）にお金の報告をしたことは一度もありませんでした。自民党幹事長というポストは、それだけ重いポストなのです。

防衛省のミスでイージスアショアは頓挫

——コロナ禍の休校による学業の遅れを懸念し、4月に複数の知事が9月入学・始業を提案し、政府内でも検討しました。安倍さんも前向きだったようですね。

今や多くの学生が海外に留学しているし、海外から日本に人材が来る時代ですから、9月入学を導入すれば、より留学しやすくなり、かつ就職の時期も外国に合わせられると思ったのです。今までも教育再生会議で9月入学の検討は議題になっていました。国際社会と平仄を合わせるちょうど良い機会なのかなと思ったのだけれど、後ろ倒しの入学や始業は無理がありました。今の学年の生徒は17か月になってしまうわけで、それはあまりにも非現実的でしょう。半年前倒しするならば良かったのですが、コロナによる学業の遅れを取り戻すことと矛盾してしまいます。

日本と、9月入学を導入している国では、仕組みがいろいろと違うのですよね。日本は4月に一斉に新卒が入社しますが、米国は時期に関係なく適宜採用する。ただ、国際化が進む中でどう考えていくか。多くの人が、9月入学が良いという気持ちにならないと、なかなか実現しないかもしれません。

——北朝鮮の弾道ミサイル攻撃への対処能力を高めるため、政府は2017年に秋田、山口両県にミサイル迎撃システム・イージスアショアを配備する方針を決めていましたが、20年6月に断念しました。迎撃ミサイルを発射した際に切り離す「ブースター」と呼ばれる推進補助装置を、必ずしも演習場内に落下させることができないことが分かり、地元の反発を招いたからということでしたが、技術的な問題が断念の一番の原因ですか。

防衛省は、推進装置のブースターを自衛隊の敷地内に落とすと、地元に説明していたのです。

計画を決める前に、私もそう説明を受けていたのですが、その前提が崩れてしまった。

　イージス艦の迎撃ミサイル「SM3」で撃ち落とせなかった弾道ミサイルは、地上の地対空誘導弾「PAC3」で撃ち落としますが、その際も、ミサイルの破片は日本の国土に落ちてきます。しかし、破片がどこかに落ちるから、迎撃ミサイルは撃ちませんという発想はないでしょう。

　でも、イージスアショアの場合、ブースターは自衛隊の敷地内に落ちる、と防衛省が地元住民に説明してしまっていた。その方が受け入れてもらいやすいと考えたのでしょうが、イージスアショアを開発した米国の企業や国防総省は、そこまで確定的な説明を防衛省にはしていなかったのです。米国は、核ミサイルを撃たれ、迎撃ミサイルで反撃する時、ブースターが米国内のどこに落ちるかまでは考えていません。広大な土地があるから、気にしないのですね。日本とは基本的な認識にギャップがありました。

　住民に説明していた前提が崩れた以上、私の地元の山口県と、菅官房長官の出身地の秋田県であっても、配備は難しいと思ったのです。配備ありきで、都合の良い話をしていた防衛省のミスです。現地を調査せずにグーグルアースを使って測量ミスを犯したり、防衛省職員が地元説明会で居眠りをしたりと、不祥事も重なっていました。

　問題は、断念を決めた後でした。河野太郎防衛相が相談に来たので、配備の中止は了解したのですが、米国とは全く調整していなかったのです。だから、配備計画は中止するけれど、当面はサスペンド、つまり吊した状態だという苦しい説明をしなければならなかった。

イージスアショアは、米企業製の装備品を同盟国などに有償提供する対外有償軍事援助（FMS）制度の枠組みで最新鋭の装備として購入する予定でした。私は、それまでのトランプ大統領との首脳会談で、FMSを通じてF35戦闘機を147機購入する、イージスアショアは2基導入する、と強調してきました。「これだけあなたの国の兵器を買うんだ」と言って、米国の軍事力増強の要求をかわしてきたのです。「ありがとう、シンゾウ」とトランプに言われてきたのに、配備中止で「なんだ、買わないのか」となったらまずいでしょう。だからこの話題はトランプには言わないでくれ、と米政府に働きかけたのです。とにかくその後の米国との調整は、政務においても、司《つかさ》司《つかさ》においても大変でした。

——国会閉会を踏まえた6月18日の記者会見では、イージスアショア配備計画の中止を受けて、新たな安全保障戦略を国家安全保障会議（NSC）で議論し、「新しい方向性を打ち出す」と表明しました。これが9月11日に発表した安倍さんの「内閣総理大臣の談話」につながっていきます。敵基地攻撃能力の保有を念頭に、ミサイル阻止に関する「あるべき方策」を次の内閣で検討するという内容でした。

世界中でミサイル防衛にこれだけのお金をかけているのは、米国と日本だけです。例えば、イージス艦から発射する迎撃ミサイルは、相手のミサイルをピンポイントで撃ち落とすための精密な兵器となります。日米で共同開発している高性能ミサイルの「SM3ブロック2A」は、1発数十億円になると言われています。これは結構な投資でしょう。ただ、ミサイル防衛自体が抑止力なので、予算を認めました。

一方、敵を叩く能力、打撃力を保持することも重要です。そのための巡航ミサイルは、迎撃ミサイルほど高価ではありません。米国が開発したトマホークならば、1発2億円程度で済みます。それならば、トマホークを配備した方が効率的とも言えるでしょう。しかも、実際に撃たなくても、敵に対して「日本を攻撃するなら撃つぞ、居場所は分かっているぞ」と思わせることができる。だから私は打撃力の検討を求めていたのです。

――ただ、ミサイル防衛の談話を「内閣総理大臣談話」ではなく、「内閣総理大臣の談話」としたのは、分かりにくい。なぜ閣議決定しなかったのでしょうか。

政府内にしか通じない「霞が関文学」みたいなもので、「の」が入ると、首相が個人的に出した談話になり、「の」が入らないと、政府の正式な文書になるのですね。「の」が入る場合と、入らないケースでは、公明党の受け止め方が違うのです。公明党は、閣議決定した文書を重く見るので、その点に配慮し、「内閣総理大臣の談話」に落ち着いたわけです。また、次の内閣の政策を、辞めていく私が縛っていいのかという問題もあったので、閣議決定は避けたのです。

公明党との連立の意義

――1999年に自民、自由、公明の3党で連立を組み、2003年に自公両党の連立体制となった。公明党との連立の意義をどう見ていますか。

私はよく「風雪に耐えた連立」と言っているのです。民主党政権時代の3年3か月間、公明党が野党・自民党とタッグを組むのは、相当のチャレンジだったと思いますよ。よく乗り越えたと思います。

選挙での公明党の力は大きい。国政選、地方選ともに、公明党が自民党の候補に推薦を出すと、どっと支持が増えるのです。推薦が出る前と比べると、2割くらい上がる。とてつもない力ですよ。公明党を支持する創価学会幹部から、「総理どうです？　相当上積みしたでしょう？　うちの支持者はちゃんと投票所に足を運んでいますからね」と言われると、もう平身低頭するしかない。残念ながら、明らかに自民党支持者より組織力が強いですね。

ただ、こちらも公明党に協力しているわけで、その協力関係で政権を安定させてきた。政策テーマについては公明党の意見も取り入れてきた。特に社会保障分野では、いいコンビネーションができているでしょう。自民党は保守政党だけれど、根幹には「瑞穂の国」の発想があります。水を分かち合い、お互いに草を取るのも田を耕すのも協力する。秋には天皇陛下を中心に五穀豊穣を祝ってきた。自民党も助け合いの精神や分配政策を否定していません。そういう意味では公明党と親和性があると思います。

でも、安全保障分野ではぶつかるのです。平和はもちろんみんなが求めているのだけれど、それを達成するための手段、考え方が異なる。その点は互いに綱引きをしながら一致点を探ってきたわけです。安全保障関連法にはよく協力してくれたと思います。

持病の再発、弱気になった瞬間の辞任決断

——辞任に至る経緯について聞きます。6月13日に検査を受けたところ、潰瘍性大腸炎再発の兆候が見られ、7月に体調が悪化し、8月に再発が確認されたということですが、6月の段階ではどの程度危機感を持っていたのですか。

私の病気には完治がありません。症状が安定している寛解期を維持していくために、ずっと薬を続けています。薬から解放されたことは過去40年くらいない。長年病と闘ってきて、相当まずいというのは、感じとして分かるわけです。腹痛が酷くなるし、体がだるくなるという症状も出ます。政権運営に当たった7年9か月の間も、そうした状況になったことはあったのですが、その時よりも強い症状が出てしまった。そこで、6月の検査後、アサコールという薬を最大量まで増やしました。

体内に炎症反応が起きると、蛋白質の一種であるCRP（C－リアクティブ・プロテイン）が増えるのですが、血液内を調べたところ、やはり基準値を超えていた。その超え方が、最初はそう大きくはなかったのですが、だんだんそれが増えていってしまいました。

——報道の「首相動静」によれば、2回目の検査は8月17日です。6月以降、何の治療や検査も行わなかったのですか。

8月上旬に医師に来てもらって、血液採取と触診をしてもらいました。確たる原因は分かりま

せんが、再発の理由は、精神面も含め、いろんな疲れがたまってしまったからだと思います。

——8月12日に1時間近く会談した甘利明元経済再生相は、16日のフジテレビ番組で、「(安倍総理には)ちょっと休んでもらいたい」と述べていました。甘利氏には体調不良は伝えていましたか。

体調が悪いという話はしていました。でも、政治家は、辞任の話は最後の瞬間までしません。

——8月6日、広島の平和記念式典への出席が大変だったと聞きます。

腸の状況が悪い中で、式典にしっかりと出て、挨拶を読んで帰ってくるのは、きつかったです。しっかりこなせるか、というプレッシャーがあるし、途中でトイレにも行けない。

——身を引いた方がいいという考えが芽生えたのはいつですか。

この平和記念式典の頃です。新型コロナの対策は、秋から冬に向けて万全を期す必要がありま す。首相が陣頭指揮を執らなければいけないですから、対策に支障が出てはいけない、と考えたわけです。

2007年に辞任した時は、国会開会直後で混乱を招いてしまった。そうした状態は避けたい。なるべくスムーズにバトンを渡したいという思いもありました。

首相は常に最前線で風を受けているわけです。逆風を受けても、前に進んでいくんだ、という強い気持ちが必要です。これはダメかもしれないと弱気になった瞬間には、もう交代すべきなのです。辞任理由として病気を前面に出すのはどうか、という意見はありましたが、正直に話す方が責任を果たすことになると考えたのです。

——菅官房長官には辞任の考えを伝えていましたか。

官房長官は、首相の体調を把握している必要があるでしょう。官房副長官や今井尚哉《たかや》補佐官、北村滋国家安全保障局長、秘書官など官邸の中心メンバーには、辞任の記者会見の段取りなどを準備してもらわなければなりません。いきなり記者会見当日に知らせる、ということはないです。

——8月24日に連続在任日数が佐藤榮作首相を超えました。歴代最長になるまでは辞めないという意識はありましたか。

それどころではありませんでした。もし佐藤榮作氏の連続在任日数を超える日が9月初旬だったとしても、8月中には辞めていましたね。新型コロナのきちんとした対策をまとめて、秋から冬にかけての道筋をある程度付けたら辞めようと考えていました。

——長期政権でしたが、成し遂げられなかった課題も多くあります。一番の心残りは拉致問題解決に道筋を付けられなかったことですか。

私は、拉致された方のご家族の姿をずっと見ているし、交流もさせていただいてきた。家族の皆さんとは同志のつもりなんです。よく、安倍さんしかいないのだから、と言われました。そのたびに拉致の重さをぐっとかみしめてきた。皆さんが私に期待してくださったにもかかわらず、解決できなかったことは、本当に申し訳ない。外交交渉なので相手があるとはいえ、何とか動かそうと、あの手この手でやってきたのですが、実りませんでした。

——総裁4選という考えは全くありませんでしたか。

病気が悪化していなくても、4選に挑戦することはありませんでした。二階俊博幹事長からは強く薦められましたが、ものには潮時があるでしょう。

総裁選

――9月8日告示、14日投開票の日程で自民党総裁選が行われた。菅義偉官房長官、岸田文雄政務調査会長、石破茂元幹事長の3氏が出馬しました。岸田氏に外相を5年も任せ、頼りがいがあるとして「ポスト安倍」にも岸田氏を推していましたが、総裁選では菅氏を支持した理由は何でしょう。

首相にふさわしいか、ふさわしくないかを考える時、私は、国を守る最後の砦である自衛隊の最高司令官が務まるかどうか、が重要だと思うのです。岸田さんは、そうした点で非常に適任だったと思います。ただ、この総裁選では本当に申し訳ないことをしました。

菅さんは、私のことを7年9か月間、縁の下で支えてくれた。妻の昭恵には、「あなたは官房長官時代、小泉さんをそこまで支えたのか」と言われました。菅さんの恩は大きかったのです。

――菅氏支持は、党内第2派閥を率いる麻生副総理とも相談して決めたのですか。

ええ。相談しました。

――2020年9月16日付の読売新聞朝刊では、「岸田氏では人気のある石破氏に勝てない」として、菅氏支持を決めたと報道されています。「反安倍」の石破氏にはしたくなかったということですか。

総裁選全体の構図を見て、どうすべきか考えたのは事実です。周辺の信望があるかないか、難しい決断ができるかどうか、閣僚時代の官僚の評判はどうか、そういう点も考慮しましたよ。

——安倍内閣は9月16日、総辞職しました。首相としての在任日数は、12年12月の第2次安倍内閣発足から連続で2822日、第1次内閣を含めると通算3188日となり、いずれも史上最長でした。

8月28日の辞任表明後の世論調査では、第2次内閣以降の7年9か月について、読売新聞で74%、朝日新聞で71%、共同通信で71・3%が評価してくれました。病気による辞任という効果もあったとはいえ、相当高い数字です。

自分でいうのも変だけれど、それなりに冷静な評価をしていただいたと思います。新型コロナを巡って厳しい批判に晒されましたが、終わってみれば、まあまあ頑張ったんじゃないの、ということでしょうか。「安倍政治は許さない」という立場の朝日新聞の世論調査で7割が評価してくれたのは、驚きでしたね。総辞職する時は、もう十分やったという感慨でいっぱいでした。

第2章

総理大臣へ！

第1次内閣発足から退陣、再登板まで

2003−12

２００６年、昭和の激動を知る岸信介元首相を祖父に持ち、父親が安倍晋太郎元外相という稀代のプリンス・安倍晋三氏が宰相の座に就いた。第２次世界大戦後生まれの初の首相で、52歳での就任は戦後最年少だった。

「戦後レジームからの脱却」を掲げた安倍政権は、教育基本法の改正、防衛庁の省昇格、国民投票法の制定と、50～60年に一度ともいわれる重大な法改正を相次いで行い、一定の実績を残した。しかし、閣僚の度重なる失言や政権運営の稚拙さから、わずか1年で幕を閉じることになる。辞任に際し「政権投げ出し」と猛バッシングを受けた安倍氏だが、地元支援者の声に耳を傾けながら、静かに再起の道を歩み始める。

章扉写真
２００６年9月26日に召集された第１６５回国会の首班指名選挙で内閣総理大臣に指名され、第90代内閣総理大臣に就任した（写真　読売新聞）

宰相を目指すまで

――2003年9月、小泉純一郎首相が自民党総裁選で勝利し、官房副長官だった安倍さんを幹事長に据えました。衆院当選3回での幹事長就任は、自民党の長い歴史の中でも異例です。幹事長就任は高みを目指すきっかけとなりましたか。

私は父・晋太郎の秘書を務めていたし、政治家一家です。いろいろな議員が党のヒエラルキー（階層）をどう上がっていくかを見てきたわけです。その中で、自分もいつの日かとは思ってはいましたが、オーソドックスに階段を上っていくことを想像していました。

03年当時、幹事長というポジションは、全く望んでいなかった。例えば、抜擢されて閣僚になることはよくある。閣僚の相手は役所です。役人は通常、従ってくれる。しかし、国会議員はそれぞれ一騎当千の武将ですから、私が幹事長だと言っても、そう簡単には従ってくれないわけですよ。党の場合、当選回数やキャリアを重視しますから。

幹事長になる前日、小泉さんから電話があり、「君のポストを考えている。絶対断るなよ」と言うわけです。ポストは示さずに。その時は初入閣かな、という考えが頭をよぎりましたが、幹事長とは思いもよらなかった。

翌日、自民党執行部人事の日の昼、派閥の領袖だった森喜朗元首相から電話があり、「小泉君は君を幹事長にしようとしている。断ったら人事の構想が崩れる」と仰った。私は「幹事長は受けかねます。みんな、私の言うことなんか聞かないですよ」と断ったのです。その後、しばらく押し問答をしていたら、テレビのテロップで「幹事長に安倍晋三」と出てしまった。それで断れなくなってしまいました。全く嬉しくはなかったです。しかも、その後決まった副幹事長の方々は、ほとんど衆院当選4回以上なのですから。

将来は首相に、という考えを持っている政治家は永田町にいっぱいいます。私も幹事長当時、現実味が増したなとは思いましたが、そんなに猛スピードで駆け上がることは考えていませんでした。経験を積んで実力をしっかりと蓄えてからでなければ、首相の仕事は務まらないと思っていました。

――幹事長の経験は首相になる上で必須と考えますか。

必須かどうかは別にして、非常に重要です。それまで党務は国会対策副委員長や社会部会長、青年局長くらいしか務めていなかった。国対副委員長といっても、当選当初で下っ端でした。

幹事長時代は、党改革に取り組みました。年末に配る「餅代」と、夏に配る「氷代」を振り込みに変えた。それまでは、幹事長が経理局長室に積んであるお金をみんなに順番に渡していた。あまりに前時代的ではないですか。

苦労したのは、中曽根康弘元首相らベテランへの引退勧告です。小泉首相は03年衆院選から自民党に比例代表候補の「73歳定年制」を導入したのですが、一方で、中曽根さんは1996年の衆院選以降、比例北関東ブロックで「終身比例1位」を約束され、当選を重ねていた。小泉首相から中曽根さんには事前に話しておいたそうですが、2003年の選挙直前、いよいよ比例名簿を決める際に、正式に引退をお願いすることになった。私は小泉さんに「中曽根さんは大宰相ですから、小泉総理が直接行かれた方がいいです」と言ったのですが、小泉さんは「君が行けばいい。君が行くんだ」と言う。

仕方がなく、砂防会館（東京・平河町）の中曽根さんの事務所に行ったら、お一人で座っている。私に、「橋本龍太郎総裁（首相）、加藤紘一幹事長が、終身1位を保証すると書いているんだよ」と言って、2人の署名がある書類を見せるのです。「君はどういう理由でこれを反故にするんだ。50年以上にわたる議席を返上するに当たって、私を納得させてくれたまえ」と仰った。

納得させろと言われても、いい理由が思いつかない。「いよいよ選挙になりますが、自民党は大変厳しい。小泉総理が決断し、定年制を導入することを約束しました。どうか自民党を助けると思って、ご協力をいただけないでしょうか」と話したら、中曽根さんはしばらく黙っていて、私の顔を見て、フッと笑われた後、「君も貧乏くじ引いたな」と仰った。そこで私は救われた気持ちになりました。中曽根さんは「幹事長の役目は選挙に勝つことだ。応援するよ、頑張りたまえ」と。涙が出るほど嬉しかったですね。

――定年制の導入で引退勧告をした議員の中に、抵抗した人もいましたね。

宮澤喜一元首相、林義郎元蔵相は抵抗しなかったですが、杉山憲夫衆院議員には「君みたいな若造が、ふざけるな」と延々と怒られました。私は「すみません、決めたのは私ではなく、小泉総理です」と平謝りでした。

――幹事長として迎えた03年の衆院選、04年の参院選で自民党が振るわなかったのはなぜだと思いますか。

当時、小泉政権は構造改革を進めていましたが、改革の成果が国民に実感されていなかったのでしょう。参院選では、直前に小泉さんが会社員時代の厚生年金の話を国会で追及され、「人生いろいろ、会社もいろいろ」と述べたことも響いたと思います。当時すでに国民の間に民主党へのほのかな期待が芽生え始めていたのも事実です。

――その後、幹事長代理を経て、官房長官に就任しました。

衆院選の結果が芳しくなく、私は「責任を取る」と小泉さんに言ったのですが、幹事長代理として党執行部に残りました。その後、05年に官房長官として初入閣したわけですが、幹事長として党の人事や選挙を担当し、それなりに党内に基盤をつくることができていました。そのおかげで、官房長官として様々な政策を進める時、事前に党の誰に話を付けておかないといけないか、ということを気にかけることができました。

――安倍、菅義偉両氏とも官房長官を経て首相となりました。官房長官の重みが増しています。

橋本行革で内閣官房には総合調整権が与えられ、官房長官の仕事は重くなりました。省庁をまたぐ政策案件が増え、官房長官は各省の調整に当たります。総理を目指す上で、訓練になりますよね。

――06年9月の総裁選に初めて出馬し、麻生太郎外務大臣、谷垣禎一財務大臣と総裁の座を争いました。出馬を決断したのはいつ頃ですか。

出馬するかどうか結構迷ったのですが、幹事長も官房長官も経験し、次は総裁をと期待する声がある時に手を挙げなければ、政治の世界では「なんだその程度の男か、度胸がないな」と思われます。だから決断しました。報道各社の世論調査では、次の首相にふさわしい人として私に対する期待が高かったですし、引くわけにはいかない、と。そういう意味では勢いに任せるだけで、準備や心構えができていたとは言えなかったかもしれません。

――総裁選の事前の予想では、安倍さんの得票は7割を超えて圧勝するとの報道もありましたが、実際は66%の得票でした。

それは自民党のいいところでしょう。あまり取りすぎは良くないんです。一つの方向に全部が寄るのではなく、バランスをとるわけです。

――この総裁選が、麻生氏と盟友関係を築くきっかけになったと言われていますね。

私が官房長官の時に麻生さんは外相で、06年に北朝鮮に対する非難決議をやる際に協力したのです。外務官僚は腰が引けていた。「中国が拒否権を行使して、否決されて日本は恥をかくのではないか。とても無理だ」と、ある外務省の局長は言っていました。「政治家は常任理事国の怖さを全く知らない」とまでね。

私は、「もし決議を中国が否決したら、追い詰められるのは中国だ」と言ったのです。拉致、核、ミサイルの問題で世界中から非難されている北朝鮮の味方を中国はするのか、と国際社会はなるでしょう。だから「決議案を提出して、拒否権を中国に行使させたらいいじゃないか」と言いました。中国が常識のある国かどうか、国際社会と一致結束できる国かどうかを示す機会になるのではないか、と考えたのです。

当時、米国のスティーブン・ハドリー大統領安全保障担当補佐官が私に電話してきました。ハドリーは「日本は最後まで厳しい姿勢で臨めるのか」と心配していました。最終的に決議は採択されましたが、この時、何度も麻生さんと連絡を取り合ったのです。麻生さんも一歩も引こうとしなかった。これが麻生さんと信頼を深めるきっかけでした。

——谷垣氏は総裁選で消費増税の必要性を訴えていた。安倍さんとは考え方が異なりました。

谷垣さんとはあまり縁がなかったのは事実です。政策的にも、いわゆる宏池会、財政規律重視、ハト派という立場でしたし。

第1次内閣発足　靖国と尖閣は「冷凍庫路線」で乗り切る

——2006年9月26日、第1次安倍内閣が発足し、最初の外遊先として10月8日に中国を訪問しました。

中国は当時、「靖国神社に参拝しない、と日本の首相が約束しない限り、首脳会談は開かない」という姿勢でした。小泉氏が靖国神社への参拝を繰り返していた影響です。また、小泉氏よりも「右寄り」の安倍さんが首相に就任したら、日中関係はさら悪化するという見方さえありました。中国訪問を決めたのはいつですか。

首相に就任する半年程前から、秘密裡に谷内《やち》正太郎外務次官に準備を始めてもらっていたのです。谷内さんの中国側の交渉相手は、後に国務委員になる戴秉国《たいへいこく》でした。

私の基本的な考えは、会うために何か条件を呑むことはない。恋人に会いたいと言っているわけではない、仕事で会うだけです、というものでした。谷内さんにもそう伝えていました。

――最初の訪問国を、外交で一番難しい中国に選んだ理由は何ですか。

小泉政権は華々しい外交を展開しました。01年の米同時多発テロの後、テロ対策特別措置法を制定し、海上自衛隊によるインド洋での米艦艇への給油を実現したし、イラク戦争でも特別措置法をつくってイラク本土に陸自を派遣しました。日米関係は、小泉政権でブッシュ（ジョージ・W・ブッシュ米大統領）・小泉の良好な関係ができていたから、継続すればいいでしょう。一方で、日中関係をどう改善するか、という課題が残ったので、まずそこから取り組もうと考えたのです。

――靖国問題も、沖縄県・尖閣諸島の問題も、互いに歩み寄れない難しさがあります。どういう解決方法を考えたのでしょうか。

「冷凍庫路線」です。靖国問題を日中で協議すれば、話が平行線をたどることは分かっている。

だからこの問題は冷凍庫に入れて、凍結しようと。ただ、私は「靖国に行かない」とは絶対に言わない。雰囲気として「安倍は行かないだろう」と中国には思わせればいい。中国はそれ以上、靖国に関して日本にとやかく言わない。そうした暗黙の了解ができれば、関係改善は可能だと思ったのです。中国も国内での権力闘争があります。日本との交渉は、割と危険なカードなのです。そのカードに手をつけて、関係を改善して首脳会談をやった直後に、日本の首相に靖国神社に行かれたら、中国首脳も政治的に持たないんですよ。

中国側は「靖国には行かない」という私の言質がほしかったのだと思います。でも、私は約束しない。そのために会談ができないのであれば、それはそれで仕方がない、と思っていました。谷内さんと中国側が、どういう交渉をしたのか100%理解しているわけではないですが、谷内さんも様々なリスクを取りながら、中国と交渉してくれました。

――06年に安倍首相と胡錦濤中国国家主席との間で合意した「戦略的互恵関係」は、巧みな命名ですが、誰の発案だったのですか。

当時の外務省中国課長秋葉剛男《たけお》氏です。彼は「チャイナ・スクール」ではなかったのですが、あえて中国課長に据えたんです。チャイナ・スクールは中国の顔色ばかり窺っていましたから。秋葉さんが「戦略的互恵関係」という表現を初めて使ったのです。私も「それいいな」と思った。それまで日中関係は、友好至上主義のようで、情緒的だった。しかし、友好は手段であって、目的ではない。友好のために国益を損ねることがあってはならない。関係を改善し、緊密な関係をつくることが両国の利益になる。これが戦略的互恵関係です。

――日中首脳会談は、その後の日中関係を規定する会談となりました。中国側にも、日中関係を改善しようという熱意を感じましたか。

経済関係を強化したいという中国側の熱意は大きかったですよ。中国の一党独裁体制の正統性は何か。それは、中国共産党のおかげで、国民生活が良くなる、と思わせる点です。加えて言えば、中国の国民を守ってきたのは、中国共産党であるという正統性でしょう。

全面突破の政権運営

――2006年11月、郵政民営化に反対した「造反組」11人の復党を認めたことで、有権者を騙した、と批判され、内閣支持率は大きく下がりました。「古い自民党に戻ることはない」と述べていましたが、なぜ復党を認めたのですか。

郵政民営化は、小泉政権にとっては一丁目一番地であり、改革のシンボルだった。小泉さんが郵政民営化を掲げて衆院選で大勝したのは事実です。

小泉さんは、法案に反対した議員の公認を外し、新たな公認候補者として「刺客」まで送り込んだ。刺客を送り込むというのは、私は、日本的な方法ではなかったと思います。そして安倍内閣が発足して、これは決着が付いた問題だと思ったのです。彼らは、郵政民営化の確実な実施を約束し、誓約書まで出して頭を下げてきた。そうであれば、もう潮時なのではないかなと。復党した11人それぞれ能力は高い。今、国対委員長で活躍している森山裕《ひろし》さん、拉致問題に懸命に取り組んできた古屋圭司さん、総裁候補とも言われる野田聖子さん。こうした人たちは、戻すべきだと判断した。世論調査では厳しい評価を受けるだろうな、と覚悟していましたけどね。

――有権者には、甘過ぎると映りました。非情の宰相にはなれなかったということですか。

私は、相手を完全に打ちのめす殲滅戦はしません。マイナスもありますが、これは性格というか、生き方ですから。第2次内閣以降は、私情は捨てるようにしていましたが、私は割と、情を引きずってしまうところがあります。

――第1次内閣は、教育基本法の改正、防衛庁の省昇格、国民投票法の制定と、50~60年に一度の重大な法改正を相次いで行いました。通常、「1内閣1課題」と言われます。無理をしたという思いはありますか。

安倍政権は「戦後レジームからの脱却」を掲げていました。例えば教育基本法は、日本が米国の占領下にあった時代につくられたものです。憲法と同じで、指一本触れるな、と言われました。確かによくできた法律ですが、どこの国の基本法か分からない。日本の香りがしない法律だったわけです。だから国を愛する心、公共の精神を盛り込んだのです。

教育基本法の衆院採決は、06年の11月、野党が欠席する中で行われました。一方、採決を予定していた週末には、沖縄県知事選があったのです。知事選に悪影響があるから、採決を延ばすべきだというムードが党内に沸きました。しかし、いったん時期を延ばせば、モメンタム（勢い）

を失う。みんなの気持ちがそうなれば、結局、臨時国会で採決できなくなってしまう。だから思い切ってやった。沖縄の選挙に勝ったという報告を、その週末、ベトナムに外遊に行く機内で受けました。

もう一つ、防衛庁は、年間５兆円の予算を使っている実力組織を持つ役所です。それを庁にしているというのは、異常な国家体制ですよ。これを防衛省にする。

防衛庁長官は、軽いポストのように見られていましたが、海外でそんな国はないです。省に昇格したことで、防衛省にも優秀な人材が入省するようになりました。

07年に成立した議員立法の国民投票法は、国民が憲法改正という大事な権利を行使する上で不可欠な法律です。それを蔑ろにしてきたということは、国民を信頼していないことになる。初代衆院憲法調査会長の中山太郎さんには汗をかいていただいた。強引に採決したから、その後、憲法論議が進まなくなった、という指摘がありますが、それは、ためにする議論です。やはりどこかで自民党総裁である私が判断しないと、ずっと店《たな》ざらしにされていたと思います。

一点集中突破ではなくて、あらゆる課題を全面突破しようと考えていたのです。それは、若さゆえだったと思います。そのために相当、国会には負荷をかけてしまった。

私は、就任当初の菅義偉首相に、「総裁選に勝って政権ができた時、内閣が誕生した時が一番、力がある。社会にもご祝儀相場のようなものがある。自分が一番精神的に高揚している時にできる限りのことをやるのがいい」と言いました。実際それは間違っていないと思います。ただ、私はあまりにも急ぎすぎたかもしれません。

相次ぐ閣僚の問題発言と不祥事

——第1次内閣では、柳澤伯夫厚生労働相の「女性は子どもを産む機械」など閣僚の失言も相次ぎました。

柳澤さんの発言は、女性蔑視ではなく、少子化問題を分かりやすく言おうとしたのですよね。私も結構、際どい話をするのだけど、いわゆる失言はしていない。危険なのは、たとえ話とジョークです。たとえ話で分かりやすくすることによって、政治的に正しくなくなってしまう危険性があります。ジョークは、毒を持たなきゃいけないから、危険です。女性と子ども、高齢者と障害者に関する発言は、とにかく口に出す前に、頭の中で一回、考え直してみろと若手議員には言っています。

久間《きゅうま》章生《ふみお》防衛相の「原爆投下はしょうがない」というのは、日本人の感覚として、そうやって自分に言い聞かせるしかなかった、という意味なんですね。柳澤さんにしても久間さんにしても、それまで不適切な発言などしたことがないベテランでした。

こういう流れになると、何かに憑かれたように悪いことが連続して起こってしまう。松岡利勝農相が自ら命を絶つという悲しい出来事もあった。年金記録問題も発覚しました。

年金記録問題は、発覚したのが安倍内閣だったのですが、まるで安倍内閣の時に起きたかのようにされてしまった。さらに赤城徳彦《のりひこ》農相の絆創膏問題ですね。事務所費の扱いに問題があったが、なぜか不自然に顔に貼り付けた絆創膏に焦点が当てられてしまった。

――赤城氏を更迭した理由は何だったのでしょうか。

事務所費の問題です。実家を主たる事務所と届け出ていたが、実態がないと言われ、説明できなかった。だから、まずは事務所を立て直した方がいいんじゃないの？　という話をしました。様々な負の連鎖を止められなかった。いかんともしがたい状況だった。

――第1次内閣は経済への目配りができていなかったのではないでしょうか。

経済政策は弱かったですね。あの当時は景気が良く、税収もあったからですが、本当は、もう少し経済に照準を当てておけば良かった。そうすれば、様々な面で成果を上げている、というふうに感じてもらえたのでしょう。今思えば、戦後レジームの脱却に力が入りすぎていた面がありました。

――「お友達内閣」とも批判されました。

誰が友達なの？　ということですよ。例えば、塩崎恭久官房長官や根本匠首相補佐官は友人関係ですが、松岡さんは、お友達という付き合い方はしていなかった。久間さんだって柳澤さんだって伊吹文明《ぶんめい》文部科学相だって、全然違うではないですか。要するに、ネーミングによってレッテルを張られた。

ちなみに、過去の政権を振り返れば、首相は官房長官には気心の知れた人を置いています。例えば大平正芳首相だって、無二の親友と言われた伊東正義氏を初入閣で官房長官にした。これもお友達ですよ。要は、その友達が良い友達なのか、悪い友達なのかということだと思います。

——根本氏や小池百合子氏を首相補佐官に起用した狙いは何だったのでしょう。

首相官邸の政治家が、首相、官房長官、官房副長官2人の計4人だけでは少ないでしょう。党側との調整も難しい。だから増やそうとしたのですが、残念ながら機能したとは言えませんね。

第2次内閣以降は、いわゆる「官邸官僚」という言葉が批判的に使われましたが、官邸で時の政権のために仕事をする官僚も必要です。いわば安倍政権の官僚。もちろん国の官僚だけど、どこかの役所に属しているから、役所に戻った後のことを考えて、常に出身省庁に情報を上げて、顔色をうかがっている。それでは重要な仕事を成しえない。今この政策をやる、ということに殉じる人がいないと、難しい政策は実現しないのです。

——様々なことを決めるに当たって、滑り出しの時も含めて誰かに相談しましたか。

森喜朗元首相には相談しました。中曽根元首相にも心構えを教わりました。中曽根さんは、「総理大臣というのは一回弱気になったらもう駄目だ、自分が正しいと確信がある限り、常に間違ってないんだという信念でいけ」と仰っていた。「常に前方から強い風が吹いてくる。それに向かっていくという信念があって、初めて立っていられる」と最初に言われました。そうなのかなと思ったら、実際そうでした。

参院選惨敗と退陣

——2007年7月29日に行われた参院選で、自民党は改選64議席に対して37議席しか獲得できず、歴史的な惨敗を喫しました。宇野宗佑内閣の1989年参院選での36議席に次ぐ大敗を、どう総括していますか。

消えた年金問題や、政治家の事務所費の問題がクローズアップされる中で参院選を迎えましたが、序盤は世論調査でも十分に勝てる数字が出ていたのです。しかし、だんだんと厳しくなっていった。

ただ、地方で選挙遊説をすれば、人が集まっているから、それなりに盛り上がるのです。だから、そんなに負けるはずはないとどうしても思ってしまう。結果は、非常に厳しい37議席となってしまった。選挙戦の最中は何とか立て直したいと思っていましたが、かないませんでした。

——参院選後の代議士会では、石破茂元幹事長や中谷元《げん》・元防衛相から辞任を迫られました。身内から退陣を求められても、続投しようと思った理由は何ですか。

政権選択の選挙は衆院選ですから、参院選で首相が交代していたのでは、政治が安定しないと思ったのです。野党からではなく、仲間から、しかも多くの議員の面前で辞めるように言われたのは精神的に苦しかった。ですが、この局面ではやり続けなければいけないと考えていました。

日本の首相は、野党ではなく、党内抗争で倒されるのです。第2次内閣の時に英国のテリーザ・メイ首相と、大統領制と議院内閣制の違いについて話したことがあるのです。「大統領は反対党によって倒され、首相は、与党から倒される」。そう話したら、彼女は、その通りだ、と言っていました。彼女自身も、自らが所属する保守党に倒される形となりました。

――参院選後、インド訪問で体調を崩したと言われています。

体調が悪くなったと感じたのは、2007年8月上旬です。8月19日から25日の日程で、インドネシア、インド、マレーシアを訪問し、帰国して2日後の8月27日には内閣改造を行うという非常にタイトなスケジュールになっていました。

訪問先2か国目のインドに行った頃から体調を大きく崩しました。下痢と胃腸障害が酷く、持病の潰瘍性大腸炎を悪化させてしまった。

改造後の9月7日からアジア太平洋経済協力(APEC)のためにシドニーに行き、10日の朝6時に帰国して、公邸で3時間休んだ後、臨時国会初日の所信表明演説を行った。とにかく厳しい日程だったのですね。

他方、臨時国会の焦点は、11月1日で期限切れとなるテロ対策特別措置法の延長でした。テロとの戦いのため、海上自衛隊がインド洋で米軍などに補給活動をしていた。この根拠となるテロ特措法を延長するには、直前の参院選で参院第1党になった民主党の協力が必要だったわけです。だから、職を賭す考えをシドニーでの記者会見で述べ、民主党の小沢一郎代表に党首会談を申し込んだのですが、残念ながら理解を得られなかった。辞任表明は9月12日でしたが、11日の段階で、麻生太郎幹事長には、これは続けられないかもしれない、という話をしていました。

――なぜ病気を隠して辞任を表明したのか。きちんと病状を言えば、投げ出したという批判を招かなかったのではないですか。

当時は国政のトップが肉体的な弱みを見せるべきではないと考えたのです。結果として大変厳しいお叱りをいただきました。

――誰かに相談していましたか。

政治の世界では、辞めるかもしれないという相談をした段階で、辞めることになります。だから相談はしにくかったのですが、支えてくれていた当時の井上義行政務秘書官には話していました。妻の昭恵は、その体調では一日も早く辞めた方がいい、と言っていました。

――8月27日に内閣改造・党役員人事を行い、麻生氏を幹事長に、与謝野馨氏を官房長官に据えました。

もう一度巻き返そうとしたのです。麻生さんは幹事長を望んでいたし、与謝野さんの起用は、内閣の安定感が増すことを期待しました。お友達内閣と言われていたから、そのイメージを変えるために、ベテランに党と内閣に座ってもらおうと思ったのです。

臥薪嘗胆

――9月12日に退陣を表明し、25日に総辞職しました。退陣表明後、福田康夫氏が総裁選で麻生氏

に勝利しましたが、総裁選の行方をどう見ていましたか。

麻生さんは当時から人気があったので、福田先生は総裁選で手を挙げられないだろうと思っていました。麻生さんにやっていただければいいと思っていました。その後、福田先生が出馬するということになり、一気に党が福田さん支持に流れるわけですよね。私の政権が不安定だったので、次は安定を求めたのだろうと思います。

——違うタイプ・主張の人が総理・総裁となる「振り子の原理」で福田氏になったものの、期待外れだという評価となり、2008年には麻生氏が総裁の座を射止めました。ここ十数年は、世論調査で次の首相にふさわしいと思われた人が、実際に首相になるケースが多いです。人気重視で良いと思いますか。

小選挙区制では、党首の人気が自分の選挙の結果に大きな影響を与えます。中選挙区時代は、総裁の人気はあまり関係ない。もちろん人気があることに越したことはないけれど、自分の努力で選挙区内の15％から20％の票をまとめれば良かったのですから。だが、小選挙区になったら過半数を得なければならない。党首の影響力は大きいです。

——首相在任中、内閣支持率など世論調査の数字は意識していましたか。

第1次内閣当時は、昼と夕方にぶら下がり取材があったのですね。そこで世論調査が出るたびに聞かれるのは負担でした。一喜一憂しない、と同じ答えをするのですが、各社がそれぞれ聞いてくる。小泉政権の支持率が高かったため、どうして落ちたのか聞かれる。でも答えようがないでしょう。支持率ばかりを気にしていると、何もできなくなってしまうので、あまり気にしないようにはしていました。

――退陣後は何を目標にしていたのでしょう。

辞めた後はまさに茫然自失で、謹慎期間でしたので、多くの議員や学者、経営者と会って様々な話をしていました。ただ、体力が回復するにつれ、まだ当時50代の前半ですから、このままで終わるわけにはいかない、やり残したことがあるのではないか、と考えるようになっていきました。そもそも政治家として目指したものは、憲法改正であり、拉致問題の解決でした。その問題が残っているのだから、政治家を続けていこうと。だが、総理経験者として永田町に残るのではなく、もう一度、総理として問題の解決に挑戦したいという気持ちが湧いてきました。

ミニ集会で足元を固める

――再起を期すきっかけとなった出来事はありましたか。

第1次内閣で内閣広報官を務めていた長谷川榮一氏の誘いで、2008年春に高尾山に登ったことが大きい。そこで多くの人から声をかけられました。「安倍さん元気になったんですか」とか「頑張ってください」と激励されました。それが自信を回復することにつながりました。厳しくマスコミに叩かれ、自信も誇りも砕け散った中から、だんだんともう一度挑戦しようという気分が湧いてきました。

まず、次の衆院選山口4区で圧勝できれば、首相をもう一度狙うことができるのではないか、と。だから、自分の地元の選挙運動に没頭しました。楽な運動ではありませんでした。「一生懸命応援したのに、途中で投げ出して」と言われ、とにかくおわびから始めたのです。大きな集会をやらずに、20人以下のミニ集会を09年の衆院選までに計300回やりました。

ミニ集会では自分はあまり話さず、来てくれた人に話してもらう。随分文句を言われました。また、そこでは「ケーブルテレビが受信できないので何とかしてくれ」といった話があるわけです。国会議員というより、地元の市会議員に陳情するような話題も多かった。しかし、そういう話を聞くことで、皆さんが何に興味があって、何に困っているのかということが分かり、非常に役に立った。もう一回、地に足をつけることができたのかなと思います。

例えば200人の大会をやると、参加者は、「安倍の話を聞いた」という。だが、20人の会合では、「安倍と話した」というようになる。20人で効率が悪いように見えるけど、この20人が運動員になってくれる。200人の集会で、私の話に共感して運動員になってくれる数は分かりませんが、このミニ集会は大きな意味を持ちました。

第1次内閣退陣後、衆院選は09年と、総裁に返り咲いた後の12年、首相としては14年、17年を戦いました。私の選挙区・山口4区の成績について言えば、得票数が最も多いのは09年です（09年＝12万1365票、12年＝11万8696票、14年＝10万8829票、17年＝10万4825票）。自民党が野党に転落した時の得票数の方が、総裁や首相として選挙を戦った時の得票数を上回っているのです。多くの人が、このまま落選させたらかわいそうだ、と思ってくれたのですね。
政治活動の一環として、支持者のお宅にも謝罪して回りました。昼間に行っても多くは共働きだから、夕方から出かけるのですが、団地に行くと、周囲に子どもがいる。「あれ、安倍さんじゃないか」と言って、子どもたちがついてきて、私の代わりにピンポンと押してくれるんですよ。雰囲気が和らぐ効果がありました。多くの人から、「子ども手当を自民党にもやってもらいたい」と言われました。第1次内閣は非常に理念的な政策が多かった。地域を回ることで、有権者の関心は、やっぱり日々の生活なんだなと気づかされた。だから、そこにも重点を置くべきだと感じました。このとき支援者の声にじっくり耳を傾けたからこそ、第2次内閣では経済政策を重視するようになったのです。

日銀と財務省の誤りを確信する

――謹慎中は、反省ノートをずっとつけていたようですね。

反省だけでなく、鬱憤晴らしも含めて書き込んでいました。時間がたっぷりあったので、毎日ではないが、書き続けていました。いろんな政治家の名前が出てくるから、外には出せません。

――民主党政権をどう見ていましたか。

民主党政権の間違いは数多いが、決定的なのは、東日本大震災後の増税だと思います。震災のダメージがあるのに、増税するというのは、明らかに間違っている。高橋是清蔵相は昭和金融恐慌時、モラトリアムで債務の支払いを猶予し、200円札を大量に刷って安心させようとしました。増税は真逆でしょう。

そういう思いから、浜田宏一エール大名誉教授、本田悦朗静岡県立大教授、高橋洋一嘉悦大教授、岩田規久男学習院大教授といった経済の専門家に会って何度も議論しました。また、第1次内閣で経済産業副大臣だった山本幸三氏にデフレ脱却の勉強会の会長を頼まれて、勉強会を発足させました。

そうした中で、日銀の金融政策や財務省の増税路線が間違っていると確信していく。そこでアベノミクスの骨格が固まってくる。こうやって安倍政権は、産業政策のみならず金融を含めたマクロ経済政策を網羅することになるのです。極めて珍しい内閣だったと思います。

――消費税率を2014年4月に8%、その1年半後に10%に引き上げることにより、社会保障の給付と財政健全化を両立させる法整備で、12年8月10日に関連法が成立しました。民主、自民、公明の3党で合意した社会保障と税の一体改革には、反対だったのですか。

一体改革には慎重でした。デフレ下に加え、震災の影響を受けている時に消費税を上げるべきではない。一体改革は、税金を上げて社会保障に回すのではなく、むしろ借金の返済に充てるのが狙いでした。政局的に見ても、自民党が政権を取り戻す上で、民主党が掲げた増税と真っ向から勝負すべきではないかと思っていました。

当時の谷垣禎一総裁は、社会保障の財源を確保するには消費増税はやむを得ない、と説明していました。政局よりも政策を優先する良心的な谷垣さんらしい考え方で、立派だったと思いますが、その結果、首相になるチャンスを逸してしまったような気がします。

社会保障と税の一体改革は、財務省が描いたものです。当時は、永田町が財務省一色でしたね。財務省の力は大したものですよ。

時の政権に、核となる政策がないと、財務省が近づいてきて、政権もどっぷりと頼ってしまう。菅直人首相は、消費増税をして景気を良くする、といった訳の分からない論理を展開しました。民主党政権は、あえて痛みを伴う政策を主張することが、格好いいと酔いしれていた。財務官僚の注射がそれだけ効いていたということです。

総裁再登板へ

――民主党政権への批判が高まる中、野党自民党の総裁選が9月14日告示、26日投開票の日程で行われました。安倍さんは9月12日、首相再登板を目指して総裁選に出馬すると表明しました。日本の戦後政治史で再登板というケースは、混乱期の吉田茂氏を除けば、例がありません。

吉田さんは1946年から1年だけ首相をやって、辞めています。その後、片山哲内閣、芦田均内閣ができますが、いずれも短期間で瓦解し、吉田さんは48年に第2次内閣をつくって復活したわけですね。ほぼ1年で辞めて、その後再登板という点では、私も似ているのですが、吉田さんは、辞めていた間も民主自由党の総裁をやっていて、そこは私とは違う点です。再登板は、ある種の混乱期でなければ起きない、とも言えるかもしれません。

民主党には統治能力がなく、未成熟なまま政権を取ったため、迷走しました。首相は鳩山由紀夫、菅直人、野田佳彦の3氏。その前の私、福田さん、麻生さんを含め、毎年1年おきに首相が交代するという不安定な政治が続いていました。

経済はデフレ不況が進み、リーマン・ショックを引きずっていました。そうした中で、東日本大震災に見舞われ、東京電力福島第一原子力発電所の事故も起こりました。外交では中国が台頭し、尖閣諸島への圧力を強めてきました。内外の課題が山積する中で、自民党が政権を奪還できるかどうか。それが問われる総裁選でした。

私のことを思ってくれる人の多くが、出馬には慎重でした。「政権を放り出したのはまだ5年前の2007年で、そのダメージから回復していない。出馬すれば、必ずまた批判にさらされることになる」と心配してくれました。私の母も妻も兄も、まだ早いという考え方でした。森元首相も「今度戦って負けたら、二度と出馬できないぞ」と仰っていた。

――慎重論が大勢の中、主戦論を唱えたのは、菅義偉、甘利明両氏だったと言われています。

主戦論は菅さんです。甘利さんが加わってくれたのは、少し後です。私も迷っていて、09年の春には、第1次内閣で金融相を務めてもらった山本有二氏に「総裁選はどうするのか」と聞かれたので、「私は出ません」と答えていたのです。それで山本さんは「では石破茂さんを応援する」と。その後、私が出馬し、「話が違うじゃないか」と山本さんは怒っていましたが、春の段階では出馬するつもりはなかったのです。

やる気になったきっかけは菅さんの言葉です。12年の終戦記念日の前後に私の自宅に来て、「ぜひ出るべきだ」と言うのです。「万が一、勝てなくても、総裁選で全国を回り、安倍晋三に党員の支持があるということを示せれば、必ず次につながる。そもそも自分は、安倍さんが勝てると考えている」と、強く出馬を促されました。菅さんが私の家に来たのは、あの時だけですね。

――菅氏の勝算は何だったのでしょう。

彼は、国会議員票をうまくとりまとめられれば、広がりが出るという考え方でしたね。10年に尖閣諸島周辺で中国漁船が海上保安庁の巡視船に体当たりする事件があった。その後、中国船は接続水域への入域や領海侵入を繰り返すようになりました。国民の怒りは大きく、自民党内でも、中国には強硬な姿勢で臨むべきだ、という声が増えていました。そういうムードを菅さんは感じ取り、保守派の私が総裁選に立候補すれば、支持が広がるのではないか、と思ったのでしょう。地方では石破さんの人気が高かったが、国会議員票だけの決選投票に持ち込むことができれば、私が勝つというのが菅さんの読みでした。これ、当たりましたね。

――麻生太郎氏の総裁選へのスタンスは？

麻生さんと、第2次内閣発足時に副総裁をお願いすることになる高村《こうむら》正彦さんは、谷垣総裁を推していました。私は、菅さんから出馬を促されても、麻生さんの支援がなければ勝てないと思っていたので、8月下旬の深夜、麻生さんの行きつけのバーに相談に行った。その段階では、谷垣さんの態度はまだ分からなかったけれど、私は「総裁選で保守政党としての姿を明確にしなければ、次の衆院選で勝てないのではないか」と私への支持を頼んだのです。しかし、麻生さんは「野党転落後の3年間、谷垣総裁は自民党を引っ張ってきた。瑕疵もない」と。確かに麻生さんの考え方にも一理ある。だから、谷垣さんの判断を待ちましょうとなった。私は「麻生さんの支持が得られなければ、出馬しません」と言いました。

――自民党総裁選には安倍晋三、石破茂、町村信孝、石原伸晃、林芳正の5氏が立候補しました。

谷垣総裁は、かつて所属していた宏池会の支持が得られず、出馬を断念しました。情勢は当初、石原氏が有力でしたが、「谷垣下ろし」に動いたと見られて、支持を失いました。

伸晃さんは、谷垣さんに反旗を翻した、という構図にされちゃったんですよ。例えば、福田赳《たけ》夫《お》総裁と大平正芳幹事長が争った総裁選でも、大平さんは幹事長を辞めていません。それほど大きな問題じゃない。

伸晃さんは、陰謀を企てたり、人を陥れたりという人ではないですよ。あの総裁選で、伸晃さんは様々なことが悪い方向に行ってしまった。

――石原氏には失言もありました。総裁選討論会では、尖閣問題について「(中国は)攻めてこない。(尖閣には)誰も住んでいないから」と述べ、安全保障観に疑問符がついた。テレビ番組では、福島第一原発の事故を巡る汚染土処理に関して、オウム真理教の教団施設である「第1サティアンに運ぶしかない」と語り、波紋を広げました。

単なる勘違いの発言でしょうが、総裁選には響きましたね。

私が苦労したことは、私が所属していた清和政策研究会（清和研）の領袖、町村さんとの関係です。出馬を目指す町村さんとは2人きりで長時間話し合いました。町村さんは「自分は年齢を考えてもこれが最後のチャンスになる。君にはまだ先があるよね」と私に自重するよう求めてきました。そう言われると、私も困ってしまった。

そこに、清和研を率いてきた森元総理が仲裁に入ってくれた。森さんは最初、派閥の後輩である私や町村さんが出馬しないと思い、伸晃さん支持だったのですね。伸晃さんの父親の石原慎太郎東京都知事と懇意にしていたこともあったのでしょう。青木幹雄元参院幹事長、古賀誠元幹事長とともに伸晃さんを推そうとした。でも、私と町村さんが出馬を目指すことになって、清和研を一本化しようとした。

森さんは町村さんに「どちらが出ても清和研はまとまるだろうが、それだけでは勝てない。派の外の支持では、安倍君の方が多いだろう」と語り、町村さんを思いとどまらせようとしていました。それでも町村さんは出馬するのだけれど、神戸市での街頭演説会の帰りの機中で、体調を壊してしまった。

――町村氏は最後まで総裁選を戦いましたが、健康問題を抱えていては難しいと思われてしまいました。

清和研は、町村さんと私に支持が分かれていましたが、私に一本化してくれたのは、町村さん本人です。１回目の投票は町村さんに投票するが、私が決選投票に残った場合は、私を支持する、と派内で言ってくれた。町村さんとしては面白くなかったでしょう。でも、決選投票での勝利は町村さんのおかげです。

――14年の衆院選後、町村氏を衆院議長に推したのは安倍さんだとされています。

恩義は忘れられませんよ。総裁選後はお見舞いに行ったし、その後の衆院選では町村さんの応援演説に行きました。15年に亡くなられて、翌年の衆院北海道5区の補欠選挙には町村さんの女婿の和田義明氏が出馬しましたが、選挙区の有力者に片っ端から電話して、和田さんへの支持をお願いしました。その時は町村さんの奥様にも感謝されました。町村さんには三権の長も務めていただいた。恩義を返せたかなと思っています。

――総裁選の結果、党員投票と国会議員票合わせて1位が石破氏で199票、2位に安倍さんが141票で続きました。過半数を獲得した候補者がいなかったため、国会議員票だけで争う決選投票となり、安倍さんが逆転勝利を収めました。

政治って、いろんな偶然と巡り合わせの結果でしょう。小泉さんは以前、私に「安倍君、政治は運だよ。俺を見ろよ」と仰っていました。

ただ、第１次内閣を振り返って思うのは、運は、自分で手放してしまうこともある。手放したものを握り返そうとしても、砂を握るみたいに、手の中でぼろぼろ落ちていくのです。潮目は、一瞬で変わる。そうならないように、常に最善を尽くすことが大事なのです。

――自民党総裁には返り咲いたものの、当時はまだ民主党政権下にありました。民主党の野田佳彦首相は12年8月、民主、自民、公明3党の党首会談で、「近いうち」の衆院解散を約束していた。解散がいつになるかが焦点でした。

野党自民党の総裁就任後は、「野田首相は、社会保障と税の一体改革を実現するため、谷垣さんを騙したのではないか」という一点に絞って、野田政権と対峙しました。野田首相は12年8月、「近いうちに国民に信を問う」と約束して、自民、公明両党との合意を取り付けた。にもかかわらず、なかなか解散しようとしないので、国会の質問では「民主党は嘘つきか」と強調したこともあります。

――野田首相は11月14日の安倍さんとの党首討論で、2日後の解散を表明しました。あの場での表明は知っていましたか。安倍さんは、野田さんの発言を聞いて、狼狽《うろた》えたように見えました。

民主党内でも徐々に解散ムードが高まっていたので、総務省や、投票所を確保する地方自治体をひそかに取材して、大体の衆院選の日程はここかな、という予想はしていたのですよ。でも、党首討論の2日後に解散するとは思いもよらなかった。野田首相は11月18日から東南アジア諸国連合(ASEAN)首脳会議のためにカンボジアに行く予定だったので、解散は、てっきりその帰国後ではないかと思った。だから、党首討論2日後の解散は正直、驚きました。

でも、自民党としては、いいタイミングでしたよ。党の事前の情勢調査では、衆院選で270前後は取れそうだという結果が出ていたのです。

――衆院選で消費税増税を含む社会保障と税の一体改革の見直しを掲げる考えはなかったのですか。

経済に関する私のアドバイザーのほとんどは、一体改革を放棄すべきだと言っていましたが、自民党として一度決めた合意です。それをひっくり返したら、党内で私が支持を失う可能性がありました。だから衆院選の公約にはできませんでした。

――社会保障と税の一体改革関連法が成立した直後の8月解散だったら、どうなっていたと思いますか。野田首相の決断を評価する声もあったかもしれませんね。

もう少し違う結果だったかもしれませんね。民主党は大敗しなかったかもしれません。いつならば勝てるか。それは、時の首相の勝負勘にかかっています。

第3章

第2次内閣発足

TPP、アベノミクス、靖国参拝

2013

脱官僚、地域主権、コンクリートから人へ、……。「反自民」を掲げて政権交代を果たした民主党政権だったが、あえなく自滅。安倍氏が再びチャンスを手にした。

第2次内閣では、多くの自民党議員が反対する環太平洋経済連携協定（TPP）交渉の参加に躊躇なく突き進み、「財政出動」「金融緩和」「成長戦略」によって長期デフレからの脱却を目指す「アベノミクス」を打ち出した。有権者の大きな関心事である経済再生に取り組む一方、内閣法制局長官を挿《す》げ替えるなど、集団的自衛権の行使容認に向けて着実に地歩を固めてゆく。

再び安倍政権が幕を開けた。

章扉写真
2012年12月26日に召集された第182回国会の首班指名選挙で、再び内閣総理大臣に指名された（写真　内閣広報室）

第2次内閣発足

――2012年12月16日の衆院選で、自民党は294議席を獲得し、政権に返り咲くことになりました。12月26日には、国会で首相指名を受け、第96代の首相に就任しました。第2次内閣の人事に当たって、どういう基本方針で臨んだのでしょうか。

9月の総裁選の結果、野党自民党の総裁として、幹事長は石破茂さん、政調会長に甘利明さん、総務会長に細田博之さんを充てましたが、このメンバー、割と固い布陣ですよね。だから、内閣は少し華々しくしようと思いました。

また、総裁選で争った人とは、もうこれでノーサイドにしたかったので、石原伸晃さんに環境相、林芳正さんに農相として入閣してもらった。病に倒れた町村信孝さんをのぞけば、みんな要職に就いてもらいました。さらに、アベノミクスの推進役として、かつ環太平洋経済連携協定（TPP）交渉を進めるために甘利さんに経済再生相をお願いしました。

TPPは、太平洋周辺の国々の間で人、物、金、情報、サービスの移動をほぼ完全に自由にしようという国際協定です。原則的に100%の自由化を目指し、加盟国間で全品目の関税を段階的に撤廃することを目指すという協定なので、消費者は恩恵を受けますが、農業や畜産業への影響が大きい。多くの自民党議員も反対ですから、万全の態勢で取り組まなければなりません。その点、第1次内閣で経済産業相を務めてくれた甘利さんは党内きっての政策通で、全面的に信頼できますから、適任でした。

副総理兼財務相は、麻生太郎さんの希望でした。高村正彦さんにも入閣をお願いしたけれど、「内閣には入りたくない。もう国会答弁は嫌だ」と仰ったので、副総裁に就いていただいたのです。

高村さんは、名副総裁でした。その後の安全保障関連法の審議を含め、いろいろなメッセージをタイミングよく、気の利いた言葉で発信してくれました。立場は保守なのだけれど、ニュートラルな雰囲気を醸し出すんですよね。官房長官は当然、菅義偉さん。この内閣は改造をせず、2年近く続きましたが、何の問題も起きなかった。閣僚の答弁も安定していたしね。

もう一つ、この内閣のポイントは、谷垣禎一法相です。12年の総裁選後の両院議員総会で、総裁を辞める時に谷垣さんは、「百里の道も、九十九里をもって半ばとす。この一歩こそ、乗り越えなければならない。安倍新総裁は、この最後の一歩を乗り切れる」という挨拶をしたのだけれど、この時の万雷の拍手を見て、もし私が首相に返り咲いたら、谷垣さんには絶対に入閣してもらわないといけない、と思いましたから。だから、谷垣さんには衆院選後、真っ先に「どのポストでも用意します」と伝えたのです。そうしたら、法相を希望なさった。多くの政治家は財務相や外相など花形とされるポストを希望されますが、法相になりたいといった人は後にも先にも谷垣さんだけです。やっぱり法律家だなあと思いました。

――柱となるポストは、その後も基本的に変えませんでした。

変えてはいけないと思っていました。柱を動かしても、こちらが消耗するだけですよ。これが安倍内閣の基本方針ですから。党人事では最初、野田聖子さんを党の総務会長にしました。ただ、党内を抑えられるか、ちょっと不安があったので、ベテランの二階俊博さんには本当に失礼ながら、総務会長代理をお願いした。でも、しっかり支えていただいた。

TPPで突っ込む　政権の体力があるからこそ

――第2次内閣の最初のテーマとして、TPPがありました。自民党は2012年の衆院選政権公約で「聖域なき関税撤廃を前提にする限り、TPP交渉参加に反対」と掲げていました。「聖域なき関税撤廃」が前提でなければ、交渉に参加すると読める巧妙な表現でした。

よく考えられているでしょう。これは野党時代、高村さんが中心となって考えた文言なのです。

――13年2月下旬に訪米し、バラク・オバマ米大統領と会談します。安倍さんがTPPについてどういう態度を表明するかが焦点でした。

訪米を控えて、政権内で侃々諤々《かんかんがくがく》の議論があったのです。自民党内の半分はTPPに反対だし、農業協同組合（農協）も反対。だから、交渉参加の表明は7月の参院選後でいいのではないか、という人が多かった。でも、私は、曖昧な説明では政権が持たないし、むしろ、日本が早く交渉参加を表明した方が、交渉国の中で有利な立場に立てるのではないかと思いました。交渉参加を堂々と打ち出していけば、経済成長には必ずプラスになると消費者に思われる。参院選で農協に「TPPに賛成ならば落選させてやる」と脅されるより、「補償が必要ならば予算で対応します」と訴えた方が得策ではないかと考えたのです。麻生さんはこの案に、おーっとのけぞっていました。菅さんも、早期の交渉参加表明に反対でしたが、最後は分かってくれました。

問題は、日米首脳会談で、聖域を設ける余地がある、という約束を得ないといけないことでした。でも、行く寸前まで米側と結構もめたのです。会談しても、オバマの言質を得られるかどうか分からない、と米国の高官がさんざん牽制してきた。

だから直接やるしかないということで、訪米してまず、テタテ（外交用語で、通訳のみを入れた一対一の会談）で私の考え方を述べた。ここが勝負所だと見ていました。

テタテではまず、「戦後、独立してから日本の首相として二度目を務めるのは、私が初めてだ。日本では、一度失敗すると、チャンスは与えられなくなるのが普通だが、私は何度でもチャンスをつかんでみせる」と言いました。さらに、オバマ好みのダイバーシティ（多様性）に絡めて、「すべての人にチャンスが与えられる多様な価値観がある社会をつくりたい。同時に、外交・安全保障に不安を抱いている国民は、日米同盟を強化したいと思っている。そこで、同盟を強化するため、集団的自衛権の行使に関する憲法解釈を変更する方針だ」と述べました。米軍普天間飛行場の名護市辺野古への移設という約束を必ず守るという話もしました。オバマは淡々と聞いている感じでしたね。

――この時点で、すでに集団的自衛権の行使容認の方針について米国側に話をしていたのですか。

そうです。13年1月に通常国会が始まった時、私は集団的自衛権の行使は「改めて検討する」と答弁していて、あまり旗幟鮮明にはしていなかったのです。行使容認に慎重な公明党に配慮したためですが、オバマとの会談では踏み込みました。自衛隊の役割を拡大し、同盟国として相応の負担を担う決意を示そうと思ったからです。

安全保障の話をした後で、TPPの話題を出したのです。昨年末の衆院選で、自民党は「聖域なき関税撤廃を前提にする限り、TPP交渉参加に反対」と公約している。日本がTPPに参加すれば、TPP全体に大きな意味を持つはずだ。これまで事務方が熱心に交渉してきたが、大統領に直接お願いしたい。日本には一定の農産品、米国には一定の工業製品というように、貿易上のセンシティビティ（慎重に扱うべき事柄）がある。センシティビティを除くことができれば、TPP交渉に参加できる。最終的な結果は、交渉の中で決まっていくということでどうか、と。そうしたらオバマは「自分はそれで差し支えない。comfortable（気にならない）。総理の言葉に同意する」と言ってくれた。

――この時、交渉参加の表明を共同声明に盛り込んだのは、党内を説得するためだったのでしょうか。

反対論も大きかったので、いろいろ前提条件を設けなくてはならなかったのですね。まずは交渉への参加表明、そして実際の交渉参加、その後、参加するかどうかの判断と、３段階くらい踏むことになっていたのです。

――訪米後の13年3月15日の記者会見で、「国家百年の計」として交渉参加を正式に表明しました。その直後の読売新聞の世論調査では、「ＴＰＰ交渉参加へ」の支持は60％あり、その後もＴＰＰには高い支持が続きました。

ＴＰＰとは関係なく、参院選には勝てるという自信がありました。６年前、私が首相の時に民主党が勢力を拡大して自民党は大敗しているわけですから、６年前に比べれば、議席が増える可能性は大きかった。それと、政権発足間もないうちは、推進力があります。こちらの体力が強いうちに、米国との交渉や、国会審議を進めていく方がやりやすいと考えていました。交渉参加を決め、参院選では一致結束して戦いたかった。そうしないと、自民党の公認候補が勝手に「ＴＰＰ断固反対」などと公約してしまう可能性があった。そんな公約で当選した議員がいたら、参院選後、党内を引き締められなくなっちゃうじゃないですか。

――首相が大きな方針を決めず、自民党内で徹底的に議論させる手法もあります。米国が日本に牛肉とオレンジの輸入自由化を求めていた交渉が１９８８年に決着した際、党内の賛成、反対双方の議員は、延々と論戦を戦わせました。多くの議員が疲弊したところで、最後に当時の竹下登首相が自由化を決めました。

そのやり方は、スピードが求められる国際化した時代には通用しません。私は、ＴＰＰに関してはその方法を採らなかったから、米国の信頼感を取り戻せたと思っているのです。日本の「決められない政治」を、米国もよく知っていましたから。

アベノミクス始動

――アベノミクスについて聞きます。野党総裁だった2012年11月15日、読売国際経済懇話会での講演で、経済再生のための金融緩和や公共投資の拡大を表明したのが始まりでした。「日本銀行と協調して物価上昇率を示し、その目標達成のため、無制限に緩和していく」と表明しました。この講演がアベノミクスの初めての表明となりました。

07年に首相を退陣し、12年まで5年の間に、リーマン・ショックがあり、東日本大震災が起きた。雇用情勢も悪く、有効求人倍率は0・6程度に落ち込んでいた。デフレもずっと続いているわけです。なぜ物価が継続的に下がって社会全体の経済活動が縮小していくのか。もちろんデフレには、賃金低下やイノベーションの問題など複合的な要因はありますが、基本的には貨幣現象の問題です。社会に出回る貨幣が多いとインフレになり、少なければデフレになります。そう考えれば、長年の金融政策が間違っていたのは明らかでしょう。私が官房長官時代、小泉純一郎首相と一緒に福井俊彦日銀総裁に量的緩和の解除は時期尚早だから辞めてくれ、とお願いしたにもかかわらず、06年に解除してしまったこともありました。

経済政策について私にアドバイスをしてくれていた浜田宏一エール大名誉教授や岩田規久男学

習院大教授らとやり取りを続けていく中で、金融政策に問題があるという認識を強めていきました。特に復興増税は、集めたお金を後から使うとはいえ、一時的に吸い上げるわけですから、デフレを加速させてしまう。これは明らかに間違っている。だから金融政策を変えて円高を是正すべきだという主張を衆院選の軸に据えることにしたのです。

米国の連邦準備制度理事会（ＦＲＢ）の議長だったベン・バーナンキも、金融緩和でリーマン・ショックという危機を乗り越えようとした。ところが、日本では当時、非主流の考え方なのですよ。私の金融緩和論は最初、いろいろなエコノミストからさんざん叩かれました。当時の日本経済団体連合会（経団連）会長からも、無鉄砲な政策と言われてしまいました。自民党総裁の掲げた政策をそこまで言うか、と思い、経済財政諮問会議の議員から外れてもらいました。

――かつてなく日銀の立ち位置に踏み込んだため、日銀の独立性を侵す、という批判が出ました。

世界中どこの国も、中央銀行と政府は政策目標を一致させています。政策目標を一致させて、実体経済に働きかけないと意味がない。実体経済とは何か。最も重要なのは雇用です。２％の物価上昇率の目標は、インフレ・ターゲットと呼ばれましたが、最大の目的は雇用の改善です。マクロ経済学にフィリップス曲線というものがあります。英国の経済学者の提唱ですが、物価上昇率が高まると失業率が低下し、失業率が高まると、物価が下がっていく。完全雇用というのは、国によって違いはありますが、大体、完全失業率で２・５％以下です。完全雇用を達成していれば、物価上昇率が１％でも問題はなかったのです。

――第2次内閣発足時には、大胆な金融緩和、機動的な財政政策、民間投資を喚起する成長戦略を「三本の矢」と位置づけて、経済財政政策の方向性が固まりました。

金融緩和と同時に財政出動を行う。成長戦略も推進するという三本の矢も、最初は相当批判されました。株価が暴落するだの、円高になるのではないかと、いろいろ言われましたが、そうした当時の指摘が間違っていたことは、証明されたと思いますよ。

――13年1月4日の年頭の記者会見では、「経済再生に向けてロケットスタートを切りたい。日銀の政策決定会合が決定的に重要だ。責任を持って対応してもらいたい」と述べて、2％の物価目標の結論を出すよう求めていました。政策決定会合は1月21、22日に迫っていました。

白川方明《まさあき》日銀総裁は、2％のインフレ目標も、そのための金融緩和も呑んでくれたのですよね。でもすぐに辞任しちゃいましたね。

――白川氏は2月5日に安倍さんに首相官邸で会い、辞任の意向を伝えました。4月8日の任期満了を待たずに、2人の副総裁の任期が切れる3月19日での途中辞任を表明しました。政府の圧力による辞任という見方もあったが、実際に交代を求めたのですか。

そんなことはしていません。白川さん自身が、もう辞めようと思ったんじゃないかな。財務省は、OBで大和総研理事長だった武藤敏郎氏に交代させようとしていましたしね。財務省は、金融政策には関心がない。ただ単にポストがほしかっただけです。

――白川氏の後継の日銀総裁人事で、黒田東彦《はるひこ》アジア開発銀行総裁が浮上した理由は何ですか。

私が野党の総裁として金融緩和を掲げ、マスコミや経済学者からさんざん批判されていた時に、黒田さんは、私の政策を評価していたのです。国際機関とはいえ、政府側の立場の銀行総裁が、当時、野党だった党首の政策を、ですよ。その度胸があれば、そして私と政策が一致できれば、と考えました。しかも、財務省出身ではないですか。だから、財務省も受け入れざるを得ないと思いました。

――池田勇人内閣の所得倍増と同様、アベノミクスは、政権が掲げる政策として戦後史の中でも印象に残る言葉となりました。誰が命名したのですか。

アベノミクスという言葉は、私が言い出したのではないですよ。私は、「三本の矢」と言っていたのだけれど、ロナルド・レーガン米大統領の経済政策の総称、レーガノミクスにかこつけて、一部のマスコミが言い出したんですよ。そうしたら、田村憲久厚生労働相が記者会見での質問に、「それがいわゆるアベノミクスです」と答えて、広がったのです。株価は上がり、円は1ドル100円前後になる。経済指標は、みるみる良くなっていく。だから、私も自信を深めて、13年の通常国会では、衆院予算委員会の集中審議をどんどん受けました。

でも、財務省が準備する答弁資料は、全く話にならないのです。「財政の健全化に向けて、歳出・歳入改革を進める」とか、私の政策を全く理解していないのです。だから経済ブレーンに毎晩のように電話し、相談していました。野党はいろいろ批判してきましたが、経済の実態は上向いているわけで、「何を言ってんだよ」という感じで、言わば「上から目線」で答弁していましたね。予算委員会というのは、基本的に野党の見せ場なので、審議をやればやるほど、内閣支持率は下がるのですが、この時は、予算委をやるたびに支持率が上がっていった。それが参院選での圧勝、ねじれの解消につながりました。

内閣法制局長官交代、集団的自衛権の憲法解釈変更へ

――参院選後の2013年8月、内閣法制局長官に小松一郎駐仏大使を充てました。集団的自衛権の憲法解釈変更の布石でしたが、法制局長官人事は、首相に返り咲いた当初から考えていたのでしょうか。

いや、前任の山本庸幸《つねゆき》法制局長官とは、憲法解釈を変更して集団的自衛権の行使を可能にする話を随分としたのです。でも、堅かった。集団的自衛権は国連憲章第51条で加盟国に認められています。日本も国連加盟国ですから「国際法上、日本にも権利がある」と私が言っても、山本さんは、「憲法上認められません」と主張を変えず、ずっとすれ違いでした。ならば代わってもらうしかないと思いました。12年の衆院選で、自民党は行使容認を公約していましたから。法制局長官人事は、人の好き嫌いではなくて、政策目標として国民に選挙で訴えたことを実現するためだったと言えます。

私は、小泉純一郎内閣の時に集団的自衛権の行使容認を何とか実現できないかと思っていたのです。小泉首相に、05年の郵政民営化関連法が成立した後、残り任期の最後の1年で行使容認を

やりましょう、と言ったら、小泉さんは「君の時にやれよ」と仰った。

時間的な余裕はあったのですが、小泉さんは郵政民営化が終わったら、後はゆっくりしたい、という感じでした。『あしたのジョー』のラストシーンで、ライバルと戦い終えたジョーが真っ白くなっちゃった状況と同じです。

それでも当時、官邸の官房長官室で、私と外交評論家の岡崎久彦さん、外務省国際法局長だった小松さんと何度か勉強会をやっていたのです。集団的自衛権を行使できない範囲は確かにあるが、限定的ならば許容される、という議論をしていました。14年に閣議決定した限定的な行使容認の骨格みたいな話です。小松さんは国際法の専門家で、確固たる信念があった。小松さんならば国会答弁を乗り切れると思い、交代を決めたのです。

内閣法制局といっても、政府の一部の局ですから、首相が人事を決めるのは当たり前ではないですか。ところが、内閣法制局には、長官を辞めた歴代長官OBと現在の長官が集まる参与会という会合があるのです。この組織が、法制局では絶対的な権力を持っているのだそうです。そこで、法制局の人事や法解釈が決まる。これは変でしょう。国滅びて法制局残る、では困るんですよ。第1次内閣の時も、法制局は私の考えと全く違うことを言う。従前の憲法解釈を一切変える気がないのです。槍が降ろうが、国が侵略されて1万人が亡くなろうが、私たちは関係ありません、という机上の理論なのです。でも、政府には国民の生命と財産に対して責任がある。法制局は、そういう責任を全く分かっていなかった。阪田雅裕元法制局長官は、集団的自衛権の行使を容認するならば憲法を改正すべきだ、と言っていましたが、憲法改正の方がはるかにハードルは高いでしょう。

北朝鮮の金正恩《キムジョンウン》国務委員会委員長が、核のボタンに手をかける可能性がゼロだとは言えない。1か月後かもしれないし、1年後かもしれない。それを躊躇させなければいけないのが、政治の責任です。でも、そんなことは憲法解釈とは関係ありません、というのが法制局の姿勢だったのです。だから、これは堂々と人事で示した方がいいと思いました。

――小松氏はがんを患い、行使容認の閣議決定直前の14年6月に他界しました。

戦後長く続いた憲法解釈を変更するわけですから、小松さんにはものすごい負荷をかけてしまった。小松さんの存在抜きには、実現できなかったと思いますよ。奥様から「本人は、ここまで素晴らしい仕事ができて悔いはない、と言っていた」という話を伺いました。命を懸けて仕事をしていただいたと思っています。

――人事の手法には、意図を隠して登用するケースと、明確に分かるようにする場合があります。小松氏の人事は後者と言え、結論ありきだとの批判も出ました。

公明党に、私の確固たる決意を示す必要もあったのです。山口那津男公明党代表は、党首会談で私の決意が堅いかどうかを探るのです。それほど堅くないと見ると、山口さんは、譲らない。加えて、自民党内も集団的自衛権の行使容認にすべての議員が賛成ではなかったのです。その人たちに、私の姿勢を見せる意味が法制局長官人事にはあったのです。

五輪招致決めた皇室の力

――2013年9月、20年の東京五輪・パラリンピック開催が決まりました。東京都は16年の五輪招致に失敗しており、その原因として、政府が前面に出なかったことや、ロビー活動の不足が理由に挙げられていました。国際オリンピック委員会（IOC）委員の票集めには力を入れたのですか。

20年に五輪を東京に招致するかどうかは、必ずしも盛り上がっているとは言えませんでした。私が首相に返り咲いて最初の外遊で、13年1月にベトナムとタイ、インドネシアを訪問しました。事前の勉強会の席上、外務省幹部に「この3か国にIOC委員はいるの？」と聞いたら、外務官僚は何も答えられなかった。せっかく各国首脳に会うのに、何をやっているのかと思ったら、「五輪は文部科学省の担当なので」という答えでしたね。これが日本政府の実態でした。

東日本大震災からまだ間もないし、沈んだ日本の空気を変えるチャンスだな、と思っていました。私が子どもの時の1964年の東京五輪は、多くの人に勇気を与えました。震災でまだ沈んだムードにある中、もう一度、日本はあの経験をすべきだと考えたのです。ただ、招致活動をやった結果、ダメだったら批判を浴びるという政治的なリスクもある。招致を目指すならば、徹底的に活動しなければならない。これ、選挙ですからね。

その後も、ロシアや中東訪問、アフリカ開発会議（TICAD）などで各国首脳に会うたびに、支持をお願いした。ロシアは20年の万国博覧会に名乗りを上げていたので、ウラジーミル・プーチン露大統領には、万博は協力するから、五輪は日本を支持してくれとお願いしました。

――東京招致を決定付けたのは、皇室の力もあったと言われています。東京開催が決まった13年9月のブエノスアイレスでのＩＯＣ総会で、高円宮《たかまどのみや》久子妃のスピーチが素晴らしかった。ただ一方で、皇室の政治利用という批判も一部から出ました。

皇室の政治利用とは、牽強付会《けんきょうふかい》の議論ですね。欧州ではどこの国も王族が前面に出ていますよ。まず13年3月に、ＩＯＣの評価委員が視察名目で東京に来たんです。ＩＯＣって、訪問した国々で大歓待されているのですよね。それもどうかと思うのですが、その時の晩餐会に、高円宮久子妃に来ていただきたい、とお願いしたのです。亡くなられた高円宮憲仁親王は、非常にスポーツに造詣が深かったから。首相主催の晩餐会ですが、こういう社交の場は、私なんかではダメで、やはり皇室の存在感が圧倒的だろうと。でも、宮内庁は、五輪招致に利用されると慎重だった。そこを何とかお願いして、高円宮妃にスピーチしていただいたのです。

さらに、東京に決まるブエノスアイレスにも来ていただきました。総会前夜のレセプションが見事でした。高円宮妃は、各国の要人を次々に回り、親愛の情を示していくのです。自然に右手をすっと前に出して、手の甲へのキスを求める。ああした所作は、一般人ではとてもできません。どこの国の委員も、「プリンセスが来ている」と言って、ものすごく喜んでいた。フランス語でのスピーチも含め、高円宮妃の存在がとどめになりました。マドリード招致を目指していたスペインも、当時の皇太子夫妻が来ていましたよ。

――ＩＯＣ総会で、東京電力福島第一原子力発電所の汚染水問題について、安倍さんが「The situation is under control」（状況は管理下にある）と述べたことが波紋を広げました。

コントロール下にある、というのは問題ないでしょう。汚染水を専用港内で仕切っているのは事実です。

――13年10月1日、消費税率を予定通り5％から8％に引き上げることを決定しました。実施は翌14年4月1日から。増税見送りも考えたはずですが。

実は、8％への引き上げを覆すのは難しいと思っていました。閣内には、民主、自民、公明の3党合意を決めた当時の総裁、谷垣法相と、幹事長だった石原伸晃環境相がいる。当事者が閣内にいる中では、既定路線でやるしかないと。財務省はこの時、「いったん景気は下がってもすぐに回復する、谷が深ければ、それだけ戻ります」と説明していたのです。だけど、14年4～6月期のＧＤＰ（国内総生産）は年率で6・8％減となって、なかなか戻らなかった。財務省不信は一層強まりましたね。

焦点となった特定秘密保護法

――秋の臨時国会では、特定秘密保護法が焦点になりました。安全保障にかかわる機密情報を外部に漏らした国家公務員らへの罰則を強化する内容ですが、戦前の治安維持法の再来だという批判が出ました。

特定秘密保護法が治安維持法と全く関係なく、無意味な批判だったことは、その後の日本の状況を見れば分かるでしょう。

安全保障のための情報をしっかり収集するためには、海外から入手する機密情報を、日本が守っていることが前提でなければならない。一口に防衛秘密と言っても、武器の性能や画像などいろいろあるのです。ところが、何が特定秘密に当たるか、体系的になっていなかったのですね。それに、罰則も、国家公務員法で懲役1年以下だったり、自衛隊法で5年以下だったりと、整合性がとれていなかった。だから、最長で懲役10年、諸外国と同じ水準に合わせただけなのです。秘密を守るレベルを上げて、初めて海外から情報が入ってくる。で、実際に格段に情報収集できるようになりましたから。

民主党政権時代の10年に、尖閣諸島周辺で中国漁船が海上保安庁の巡視船に衝突し、その衝突映像がインターネットに流出しました。国益にかかわる動画を公開するかどうかの判断は、本来、首相がすべきですよ。それが漏洩してしまう状況は厳しく罰する必要がある。

例えば、日米間の核の持ち込みに関する密約だって、知っている総理もいれば、知らなかった総理もいる。米国は、米軍の艦船や航空機が日本に立ち寄っても核兵器の所在について否定も肯定もしない、という内容です。この密約を、時の総理に知らせるかどうか、外務官僚が勝手に決めているというのは、おかしいでしょう。実際、私は第1次内閣では知らされていなかった。野党は「それは安倍首相が信頼されてなかったからだ」と言っていましたが、そういう問題ではないでしょう。

――第2次内閣発足直後の13年1月、アルジェリアで人質事件が起きました。日本人10人が亡くなりました。テロの情報は十分に収集できていなかったのではないですか。

情報は少なかったと思います。自国の民を救うために、他国の情報機関を頼らざるを得ない、これはやはりおかしい。国家として問題です。海外の情報機関も、命を懸けて情報収集に当たっているわけですよ。その情報をください、というのは簡単なことではない。

靖国参拝

――2012年9月の自民党総裁選で勝利した後、第1次内閣で靖国神社を参拝しなかったことを「痛恨の極みだ」と述べていました。そして13年12月26日、首相に返り咲いてちょうど1年後に参拝し、「二度と再び戦争の惨禍によって人々の苦しむことのない時代をつくるとの決意を込めて、不戦の誓いをした」と語りました。8月15日の終戦記念日や、春、秋の靖国神社の例大祭を避けた理由はあったのですか。

総理大臣が、国のために戦い、尊い命を犠牲にした英霊に尊崇の念を表する。これは国家の基本だと思うし、私の信念ですから。外交的に摩擦を引き起こしても、行くべきだと思いました。本当は、神様が集まってくる春季、秋季の例大祭に参拝すべきですが、この時は、現実の国際政治を考えて最も影響がない時期にしようと考えたのです。それが政権発足から1年後の年末だったというわけです。今井尚哉首相秘書官には、参拝するならば秘書官を辞める、とまで言われました。官邸内は大騒ぎでした。

——中国や韓国だけでなく、米国も「失望」を表明しました。

でも、一度は通らなければならない道だったんですよ。私は、これでやるべきことが果たせたと思いました。総理在任中の二度目の参拝はできない、と思っていました。あの時、中国は私に、二度と行かないことを約束しろ、と水面下で言ってきたのです。私は、絶対に約束はしない、と断ったのです。首脳会談ができないのであれば、できなくていい、と答えました。

——先の大戦で亡くなった人の死を悼む気持ちはみんな持っていますが、1978年に東條英機元首相らA級戦犯が合祀されたため、靖国参拝が問題視されてしまっています。

靖国参拝が、いわゆる戦犯を崇拝する行為だというのは、矮小化した見方に基づいた批判です。そもそもA級、B級、C級という区別は、公式に行われていたわけではありません。極東軍事裁判所で審理された戦争犯罪人を、そう呼ぶようになっただけでしょう。

合祀は、福田赳夫内閣の時代に行われましたが、その後、大平正芳、鈴木善幸、中曽根康弘の3代にわたって首相が参拝しています。でも、中国はクレームを付けていませんでしたよ。歴史問題を外交カードとして使おうと思ったから、問題提起をしてきたのでしょう。

第4章

官邸一強

集団的自衛権行使容認へ、国家安全保障局、内閣人事局発足

2014

中国は強引な海洋進出を続けていた。南シナ海を無法に埋め立て、尖閣諸島周辺にはしばしば中国漁船が大挙するようになる。日本を取り巻く安全保障環境が厳しさを増す中、安倍政権は、従来の憲法解釈を変更して集団的自衛権の行使容認に道を開き、戦後政治の一大テーマに風穴を開けた。

外交・安全保障政策の司令塔となる「国家安全保障会議」と、国家公務員幹部職員の人事を一元的に管理する「内閣人事局」が始動し、官邸主導の基礎を固めたのもこの時期だ。消費増税延期を掲げ、衆院選で大勝することにより、財政再建を急ごうとする財務省や自民党の増税派を封じ込めた。

「官邸一強」政治が定着していく。

章扉写真
2014年1月、国家安全保障局の看板を掛ける安倍首相ら（写真　内閣広報室）

国益重視の国家安全保障会議（ＮＳＣ）

――２０１４年１月６日、伊勢神宮を参拝後に年頭の記者会見に臨みました。例年、年の初めに伊勢神宮を参拝する意味をどう考えていましたか。

お正月の凜とした空気の中で参拝すると、精神がある意味で浄化され、次に向かって頑張ろうという気力がみなぎってくる。伊勢神宮は、長く積み上げてきた日本の伝統と、日本人の精神を改めて認識させる場所だと思いますよ。

――年頭の記者会見では、野球にたとえて「１年前、ノーアウト満塁でマウンドに立った私は、自分の信じる球を目いっぱい投げ込み、危機を何とか乗り越えることができた。今年はデフレ脱却という勝利に向けて攻める」と述べています。強気になっていたのではありませんか。

１年で終わってしまった第１次内閣を超えることができた。大胆な金融緩和、機動的な財政出動、成長戦略という三本の矢の効果で、経済は好転しつつありました。そういう自負はありましたね。ただ、まだ高卒の就職や有効求人倍率は厳しかった。雇用環境を改善し、働く人の収入アップにチャレンジしないといけないという思いでした。

――この年から、首相が経済界に賃上げを要求するという異例の手法が始まりました。「官製春闘」という呼び名が定着したが、社会主義的な振る舞いとも言えます。

景気が厳しいとは言っても、企業には内部留保があるわけです。流動性のある現預金は少ないという主張もありましたが、余剰資金があるのは事実です。社会に染みこんでしまったデフレマインドを払拭するためには、給料を上げることが大きな力になると思ったのです。当然、雇用状況の改善が優先なのですが、それと同時に賃金が上がっていくという環境をつくりたかった。政府が賃上げを主導するなんて、通常ないことだし、社会主義的に見えるかもしれませんが、ここはお願いしようと判断しました。

雇用を増やした後、給料を上げるにはしばらく時間がかかることは十分承知していました。だけど、企業にとって六重苦（円高、高い法人税率、厳しい解雇規制、経済連携協定の遅れ、温暖化ガス削減目標、電力不足の六つを指す）と言われた状況をだいぶ改善しつつあったわけですから、賃上げには協力してもらいたい、という思いでしたね。

まずは賃金を上げろ、という民主党的なアプローチではクビ切りが起きかねない。だから、企業の経営環境の改善を最優先で行ったのです。1ドル80円前後という民主党政権時代の行き過ぎた円高は、安倍政権で100円超になっていたわけです。企業はその後、最高の収益を上げていく。でも、賃金がなかなか上がっていかない。だから賃上げを要望し続けたんです。

――1月には、13年末の法整備に基づき、内閣官房に国家安全保障局（NSS）が発足しました。外交・安全保障の司令塔で、首相が議長を務める国家安全保障会議（NSC）の事務局です。設置

には相当のこだわりがあったようですね。

国家安全保障会議は、第1次内閣の積み残しです。官邸が外交政策をリードしようにも、外交は外務省、軍事は防衛省、情報は警察庁にもある。もうバラバラなのです。本来、外交・安全保障戦略というのは、これらを一体不可分として考えなければならない。戦後70年近くもよくここまで、縦割りのままでいられたな、という気持ちでしたよ。だから一元化して、官邸に組織を置いたわけです。首相が判断し、外交を展開していく環境が整ったわけです。13年末には、局の設置に先立って国家安全保障戦略も策定しました。

外交で重要なのは、ルールづくりなんです。今までは欧米にルールをつくってもらっていた。日本は優等生で、ルールに従って言うことを聞いていた。でも勝負はルールづくりに参加することなのです。これは安全保障分野に限りません。例えばスポーツでいえばノルディック複合で、日本人選手が前半のジャンプでリードして、後半のクロスカントリーで逃げ切って勝利したら、ジャンプの点数の比重を下げるルール改正が行われてしまったでしょ。露骨な日本つぶしですよ。そういう意味で、あらゆる分野でルールづくりに参画しないと、国際社会ではダメなのです。

また、ビジョンを出すことも大切です。それが16年に提唱した「自由で開かれたインド太平洋」の構想です。法の支配に基づく自由で開かれた海洋秩序の実現を目指して、インド太平洋地域の国々で協力する、という目的があります。ただこれも、構想を出すだけではダメです。安全保障関連法が15年に成立し、ピースメイキングの国際協力にこれまで以上に貢献できる環境を整えたから、説得力を持つのです。日本も役割を果たしていきますよ、とアピールできるようになった。ルールづくりへの参加とビジョンの提示は、第1次内閣で掲げた「戦後レジームからの脱却」そのものです。第2次内閣でようやく成し遂げることができました。

国家安全保障局には、経済政策を担当する部署を設け、次世代通信規格の5Gやサプライチェーンの問題に戦略的に対応できるようにしました。20年には正式に経済班も発足しました。日本はもっと早くに経済外交の司令塔をつくるべきでした。戦前、日本は石油の輸入を全面禁止されたから、戦争に踏み切ったわけですよね。経済や資源外交をもっと重く見るべきなのです。

――外交ブレーンの谷内正太郎元外務次官を国家安全保障局の初代局長に起用しました。谷内氏の起用は最初から決めていたのですか。

外務省、防衛省、警察庁のセクショナリズムを抱えた人ではダメです。スケールの大きさから考えたら、谷内さん以外に適任者はいなかったです。

例えば、首相の外交顧問が海外を訪問しようとしたら、外務省は邪魔をするのです。外交は自分たちの領域だ、とね。安全保障にかかわる海外の要人に会おうとしたら、防衛省は怒ります。谷内さんには、私の名代として各国に出向いてもらいました。国家安全保障局長は国の政策に大いに影響力を行使できるので、外交顧問のようなポストとは違って、相手国の対応にも雲泥の差があったと思いますよ。

ＴＰＰ巡るオバマ大統領との応酬

――４月23日にオバマ米大統領が来日しました。日米首脳会談で、オバマ氏は環太平洋経済連携協定（ＴＰＰ）交渉について、安倍さんに譲歩を迫ったといわれます。真相はどうだったのですか。

４月23日の夕食会は、銀座の「すきやばし次郎」で行いました。店のカウンターで、雑談もせずにすぐに仕事の話になって、オバマが「安倍内閣の支持率は60％。私の支持率は45％だ。シンゾウの方が政治的基盤が強いのだから、ＴＰＰで譲歩してほしい」と言い出したのですね。その後も、オバマは「自分はこの店に来るまで、アメリカの車を１台も見ていない。これは何とかしてもらわなければ困る」と言うのです。「輸入しろ」と。私は「いや、アメ車に関税なんかかけてませんよ」と反論したが、オバマは「非関税障壁があるから、アメ車が走っていないんだ」と私に詰め寄るわけです。

私は「ではちょっと店から出て、外を見てみましょうか。ＢＭＷ、ベンツ、アウディ、フォルクスワーゲン。いくらだって外車は走っている。でも、確かにアメ車はない。なぜかって、車を見ればすぐ分かりますよ。ハンドルの位置が違うんです。アメリカの車は、右ハンドルに変えず、左ハンドルのまま売ろうとしている。テレビのＣＭだって、ドイツ車メーカーはさんざん流しているけど、アメリカは流していません。東京モーターショーにも、アメ車は出展していないんだ」と説明しました。そして「そういう努力をしていただかなかったら、売れるはずがないでしょう」とたたみかけたのです。すると彼は黙っちゃいました。

実は、東京モーターショーに米国のメーカーが出展していないという話は、甘利明さんから事前に聞いていたのです。自動車の話題が出るだろうと思って、反撃の準備をしておかないといけないから。

——日米首脳会談後の共同記者会見では、オバマ氏が歴代の米大統領としては初めて、沖縄県の尖閣諸島が対日防衛義務を定めた日米安全保障条約5条の適用対象だと明言しました。

これは非常に大きな意義がありました。米国の安全保障チームが、日本は集団的自衛権の憲法解釈変更を着実に進めようとしている、という判断をして、それならば、ということで日本の要求に応じてくれたのです。オバマも同意し、言及してくれました。そういう意味でも、日米は信頼関係を取り戻していたと思います。

——外国の要人と会食する際に店を選ぶ基準はありますか。

オバマと会談したすきやばし次郎は、外務省の推薦でした。米国のセレブは、1泊2日で、プライベートジェットですきやばし次郎の寿司を食べにくるという。そういう世界があるのですね。当初の予定で大統領補佐官のスーザン・ライスは夕食会のメンバーに入っていなかったのだけれど、会場がすきやばし次郎だと知って、急遽入れてほしいと言い出してメンバーに入りましたから。

店選びにはいろんなパターンがあります。17年に当時国際通貨基金（IMF）の専務理事だったクリスティーヌ・ラガルドが来日した時は、私がよく行く渋谷・神泉町の寿司店に連れて行きました。彼女も寿司好きだというので。

トランプ米大統領が17年に来日した時は、彼、肉好きで、かつ派手な場所が好きだから、鉄板焼きにしようと。だから私の考えで銀座の「うかい亭」を選びました。店選びに私が関与していることが先方にも伝わると、話もスムーズに進みます。

集団的自衛権の限定行使容認へ憲法解釈を変更

――集団的自衛権の限定行使を柱とした安全保障政策について聞きます。第1次内閣で設置した有識者会議「安全保障の法的基盤の再構築に関する懇談会」(安保法制懇)を2013年2月に同じメンバーで再開し、13年8月には内閣法制局長官を交代させました。自民、公明両党の協議を経て、14年7月に憲法解釈の変更を閣議決定しました。多くのハードルを乗り越えるためにどういう戦略を描いていましたか。

まず、自民党内をまとめることですね。集団的自衛権の行使は、12年の衆院選公約に明記はしていましたが、実際には党内にいろいろな意見があった。日本の存立や国民の安全に関係なく、地球の裏側でも同盟国を守るために行使すべきだといった主張から、行使容認の議論は慎重に進めた方がいいという意見まで、多種多様だったのです。だから党内を固めないといけなかった。そして、内閣法制局と足並みをそろえ、政府がこれまで示してきた様々な見解と整合性を取る。

過去の質問主意書に対する答弁書がいくつもありますから。さらに公明党の理解を得る。そして最後に国会審議を乗り越えていくことが必要でした。

自民党内は、弁護士でもある高村正彦副総裁にまとめてもらうことにしました。高村さんは14年3月末に、党本部で150人の衆参議員の前で講演しているのですが、この講演が、憲法解釈変更の言わばテキストブックになったのです。

憲法の番人と言われる最高裁が、憲法と自衛権の関係について唯一言及したのが1959年の砂川事件判決です。高村さんはこの判決を引き合いに出した。判決は「必要な自衛のための措置をとりうることは、国家固有の権能の行使として当然」と指摘しているのですね。個別的も集団的も区別せずに。他方、国際法の学者だった田中耕太郎最高裁長官は補足意見で、「自衛はすなわち『他衛』、他衛はすなわち自衛という関係がある」と言っています。つまり、集団的自衛権を念頭に置いていたのは明らかなのです。よって集団的自衛権も、日本の存立を全うするための措置なら、憲法上認められる、という説明を高村さんはしたのです。

――高村氏は「憲法論ゆえに国民の安全が害されることは、主権者たる国民を守るために憲法を制定するという立憲主義の根幹に対する背理だ」と主張していました。

分かりやすい。パーフェクトですよね。高村さんに論戦を挑んで、勝てる人なんていなかったでしょ。私と高村さんが同じ話をしても、私は袋叩きになるが、高村さんの話は、淡々と受け入れてもらえる。高村さんの魅力は、ニュートラルな立場に見えるところですよ。

——自公の法案協議で、公明党の反応はどうでしたか。

山口那津男公明党代表は、災難が降りかかってきた、という感じでしたね。私は山口さんに「集団的自衛権の行使を主張して、私は総裁になった。衆院選でも公約している。私の決意は揺るぎません」と伝えました。そうすると、公明党もそういう前提で物事を考えるしかない、となっていく。

——公明党の支持母体の創価学会は、憲法解釈変更に反対でした。

だから山口さんは、私が強引に進め、仕方なく協力するという形にしてほしかったんじゃないかな。また、公明党では北側一雄元幹事長の存在が大きかったですね。自公協議を担ってくれた高村さん、北側さん。押したり引いたりと絶妙のコンビでしたね。

——安保法制懇は2014年5月の報告書で、集団的自衛権を全面的に認める方法と、必要最小限に限って行使する方法の二つの考え方を示しました。

フルスペックで認めるのは無理だったのですよ。憲法を改正しない限り、限定的な行使までしか容認できないという判断です。

フルスペックで認めるべきだという人は、自衛権の根拠として、9条の「芦田修正論」を持ち出していました。1946年、憲法改正草案を審議する日本政府憲法改正小委員会で、芦田均委員長によって9条2項の冒頭に「前項の目的を達するため」という文言が追加されました。この修正が加えられたことで、1項が禁じた国権の発動による戦争や、武力行使が目的でなければ、自衛のための戦力を持てる、という解釈です。

石破茂幹事長のほか、安保法制懇のメンバーの中にもそういう主張がありましたが、政府は、この芦田修正論を、自衛隊を合憲とする根拠として採用してこなかったのです。あまりにも不明な点が多く、根拠として弱いという判断です。だから、憲法前文の平和的生存権と、13条の幸福追求権を根拠としてきたわけですね。その結果、①戦力は保持できないが、前文と13条を根拠に自衛権行使は許される、②だが、必要最小限に限られる、③集団的自衛権の行使は、必要最小限を超えるから認められない――という政府解釈を続けてきたのです。

限定的な集団的自衛権の容認であれば、3点目を修正するだけで済むのだけど、芦田修正論を持ち出すと、長年積み重ねてきた解釈をすべて否定することになっちゃいます。いくらなんでも過去の答弁や解釈すべてをなかったことにはできないでしょう。

――集団的自衛権の行使容認のため、「我が国の存立を全うし、国民を守るために他に適当な手段がないこと」など自衛権行使の新3要件を決めました。説明が複雑で、国民には分かりにくかったのではないか。

自衛権の解釈は、戦後70年間、迷路に入っていたんですよ。その迷路から出るために、内閣法制局が新たに迷路をつくっていたのです。

――オバマ大統領が、米国は世界の警察官ではないと述べたのは13年です。安全保障関連法は、米国の国力の低下を意識してのことですか。

中国の軍事的台頭といった現実の安全保障環境を見れば、もう米国だけでは持たないんじゃないか、とは感じていました。日本の領土を守るために米軍が攻撃を受けた時、こちらが米軍を助けなければ、その瞬間、日米同盟は終わります。だから安全保障関連法が必要だったのです。関連法の中で自衛隊法が改正され、自衛隊は、自衛隊の装備だけでなく、外国軍の艦船や航空機も防護できるようになりました。実際、南西諸島などを飛んでいる米軍機に対し、自衛隊の戦闘機が防護任務に当たっています。この「武器等防護」の規定は、事実上、米国を守ることにつながっているのです。今、集団的自衛権を行使しているわけではないけれど、付随的にできているとも言えます。

――14年7月1日、臨時閣議で集団的自衛権の限定容認に関する新たな政府見解を決定しました。憲法解釈を変更したのだから、もう憲法を改正する必要がなくなったという見方があります。そうした主張が出てくることへの懸念はありませんでしたか。

保守の論客の中にも、もう集団的自衛権の行使を容認したのだから、十分だよねという人がいるのですよ。でも、年間5兆円超の予算を投じている実力組織を、憲法に明記していないのはおかしいですよ。自衛隊員は「事に臨んでは危険を顧みず、身をもつて責務の完遂に務め、もつて国民の負託にこたえる」という服務の宣誓をしている。憲法上の正統性を明確にして、誇りを与えないのは間違っているでしょう。9条に自衛隊を明記し、違憲論争に完璧に終止符を打ちたいのです。

官邸一強の象徴？　内閣人事局発足

――2014年の通常国会で内閣法を改正し、5月に、国家公務員幹部職員の人事を一元的に管理する内閣人事局を設置しました。これが長期政権の基礎となりました。政治主導への思いは強かったですか。

政治主導とは何か。根本は、選挙で政策を公約し、国民から多数の支持をいただいて政権を取り、約束したことを実行していくことでしょう。選挙で勝つためには、公約を実現することが大事なんです。内閣が政策を実行しようとしているのに、官僚が自分たちの役所の利益にならないからと、妨害するのは許されません。

民主党も政治主導を目指したけど、彼らはその意味を分かっていませんでしたね。政策の細部まで、いちいち政治家が口を出すことが、政治主導だとはき違えていた。

例えば、外交では、政治家が多角的に戦略を考え、最終的な決断を下すわけですが、一方で、プロの外交官もいる。だから彼らの知恵を借りて戦略を練る。その上で、政治家が決めたことには従ってもらわなければいけない。そのためには、人事権を持っているか否かがカギになるのです。もちろん人事権はしょっちゅう行使すべきものではないでしょう。でも、いざという時に行使できる、という体制を整えたということです。

――内閣人事局ができたことが、官僚が官邸首脳に忖度する文化をつくってしまったという批判が起きましたが、どう受け止めていましたか。

内閣人事局ができたことで、官僚が怖がっているとか、委縮しているといった指摘がありますが、我々議員は選挙を経ているのだから、決めた方針に従ってもらうのは当然ですよ。公約を実現したかどうか、選挙で我々は洗礼を受けるわけだから、有権者が「自民党、何をやっているんだ」となれば、政権交代させろとなってしまうでしょう。

官僚の中には「この政治家はあと3年もすれば終わりだ」とか思って、政治家の言うことを聞かない人もいるのです。役人は不可侵だ、みたいな考え方は大きな間違いです。内閣人事局があって初めて政治主導が実現するのです。

――安倍さんが口出しして、省庁の人事案を変えたことはありますか。

いちいち官僚の人事に私が口を出すことはなかったですよ。ただ、外務省は、首脳外交の事務的担い手ですからこちらの方針と違う人の人事にモノを言ったことはあります。初代の内閣人事局長の加藤勝信官房副長官、二代目の萩生田《はぎうだ》光一官房副長官、ともに非常に慎重な男ですから、霞が関から上がってきた通りにほとんど決めていたと思います。局長が杉田和博官房副長官になってからは、人事権の行使の機会が増えたかもしれない。杉田さんは、人事で官邸の意図を霞が関に示さなければいけない、という厳しい考え方の持ち主だから。

日朝交渉　期待外れのストックホルム合意

――2014年5月、スウェーデン・ストックホルムで日朝政府間協議が行われ、北朝鮮が「拉致問題は解決済み」という従来の姿勢を改め、すべての拉致被害者らの調査を包括的かつ全面的に行うことで合意しました。直前の3月には、モンゴルで横田めぐみさんの両親の滋さん、早紀江さん夫妻と、孫のキム・ヘギョンさん一家との面会が実現しており、拉致問題の前進を誰もが期待しました。ところがその後は進展せず、16年に北朝鮮が核実験と弾道ミサイルを発射し、日本が独自制裁を復活させたことで、関係が再び悪化しました。ストックホルム合意当時の北朝鮮の姿勢はまやかしだったのではないですか。

外務省が、伊原純一アジア大洋州局長を中心に苦労して交渉ルートをつくり、その結果、ストックホルム合意にたどり着いたのです。北朝鮮側も、日朝交渉を長く担当していたメンバーが入り、思い切ったことを述べていたので、我々も期待したのですが、残念ながら、5人生存、8人死亡という02年の小泉（純一郎）訪朝時の情報を覆すことはできなかった。最初から、日本の要求をかわすことができると考えていたのか、あるいは途中で方針が変わったのか、分かりません。ただ、おそらく、向こうは、拉致の可能性が疑われている特定失踪者の調査で済ませようとしたのではないかな。だが、こちらが、死亡したとされる拉致被害者8人全員の調査にこだわったことが、向こうにとっては誤算だった可能性はあります。

拉致問題は、金正日国防委員会委員長の時代の事件であり、息子の金正恩国務委員会委員長には関係ない。だからこそ、金正恩ならば過去の報告を正直に変更できるのではないか、と期待したのです。

——結局は、米国から強いプレッシャーがかからないと、北朝鮮は動かないのではないですか。

それは大きな要素ですね。02年、ジョージ・W・ブッシュ米大統領が、イラク、イラン、北朝鮮の3国を「悪の枢軸」と位置づけ、最も脅威となる国家として非難しましたね。ですから北朝鮮はブッシュ大統領に怯えていました。実際イラクは攻撃も受けたわけで、北朝鮮は日本にすがりつこうとした。小泉政権当時の日朝交渉では、我が国の外務官僚が怒って席を立って帰ろうとしたら、北朝鮮側の担当者が泣きついてきたこともあったのです。

私が官房副長官だった時分のことですが、02年の小泉訪朝時、金正日もそうでした。小泉さんとの首脳会談で盛んに「いつ米国と戦争をやっても構わないんだ」と言うわけです。逆に、戦争だけは何とか止めてくれ、という感じがひしひしと伝わってきた。小泉さんは「そんなことは言わない方がいい。かつて日本も米国と戦って大変だった」と真正直に応対していました。私が横から「場合によってはブッシュ大統領と会ったらどうか」と言うと、いきなり金正日が体を乗り出してきたのです。

金正日は、拉致を認めた02年9月17日午後の会談で、文書を読むのですけど、読みながら、小泉さんを上目遣いでちらちらと見てくるのです。どういう反応をするかと。とにかく米国が怖かったんですよ。だから日本に近づいてきたのです。そう考えると、米国が脅威にならないと、拉致問題も進展しないと言える。

——オバマ政権が対北朝鮮政策で掲げた「戦略的忍耐」をどう評価していますか。

戦略的忍耐なんて、考えられた言葉のようだけれど、実際は先送りですよ。関心がなかった。

——外務省には、拉致問題の解決よりも日朝の国交正常化を優先させたいという官僚も多かったようです。

極めて危なかったですよ。小泉訪朝は、田中均外務省アジア大洋州局長が北朝鮮のミスターXと呼ばれる人物と秘密裡に交渉し、実現しました。ただ、その交渉記録の一部は残っておらず、どんなやり取りが交わされていたのか、判然としない。拉致被害者5人の帰国が実現した直後、5人を北朝鮮に戻すかどうかを巡って、外務省は「とにかくいったん北朝鮮に戻してくれ」と言っていました。何らかの約束を北朝鮮側にしていたからに違いないと思います。

小泉訪朝が終わり、平壌から帰国する政府専用機内では、北朝鮮への援助内容をどうしようか、という議論が始まったのです。私は「横田めぐみさんを含め、8人も亡くなっているという話が出ているのに、援助なんてできるはずがないだろ」と猛反対したのです。結局、援助は時期尚早となりましたが、外務省に任せていたら、どうなっていたことか分かりません。

ロシアのクリミア併合　制裁巡り不協和音のG7

――6月にベルギー・ブリュッセルで先進7か国（G7）首脳会議（サミット）が開かれました。2014年初めのウクライナでの政変で、親露派政権が失脚した混乱に乗じてロシアがウクライナの領土であるクリミア半島に軍事介入しました。これに反発した欧米の主要国が、ロシアのソチから場所を変更し、サミットからロシアを排除して開催した経緯があります。この首脳会議では、ロシアにどう対処するかを巡って米国と欧州がもめたと言われています。

G7は本来、基本的価値を共有する枠組みという位置づけでしたが、ロシアを一度入れ、長年、主要8か国（G8）の首脳で会ってきたわけです。容認できない事柄が発生したからと言って当事者を追い出したら、問題を解決できるわけがないですよ。

ブリュッセルのサミットでは、ロシアに対して厳しかったオバマが、対ロシア制裁を何項目か考えて、制裁一覧の資料を自ら配ったのです。通常は事前にシェルパ（首脳の補佐役）が調整するものですが、突然、米大統領がペーパーを出してきたので、みんな驚いたわけです。一方、欧州はそれぞれロシアと経済で結び付いている側面があるので、制裁には慎重だったのです。フランスは揚陸艦をロシアに輸出する予定だったし、ドイツもロシアから石油や天然ガスの供給を受けてきた歴史があります。

メルケル独首相が私に「日本はロシアへの制裁、どうするの？」と聞いてくるから、私は「ロシアとは領土交渉を抱えているから、制裁は無理だ。でも力による現状変更への批判という形で文書をまとめればいいんじゃないか」と言って、ではその方向でやろうという話になったのです。

フランソワ・オランド仏大統領らがオバマの提案に慎重な考えを述べた後に、メルケルが私に発言を促すので、「G7が決裂したら終わりだ。相違点を議論するのはやめよう。とりあえずロシアを非難する声明を出して、制裁の議論は今後、各国の事務レベルに任せたらいいじゃないか」と言ったのです。

――結局、制裁は見送られ、「ウクライナの主権と領土の継続的な侵害を一致団結して非難する」という首脳宣言を採択しました。

みんなほっとしていました。私の隣に座っていたマッテオ・レンツィ伊首相は、私にハイタッチを求めてきたので、オバマに対して失礼かなとは思いながら手を合わせたんですよ。でも、オバマもその後、私をハグしてきた。落としどころはこの辺りだ、と思ったのでしょう。メルケルはオバマに、「この制裁の紙は回収した方がいいんじゃないの?」と言って、オバマが急いで首脳の席を回って回収していたのを覚えています。

――オバマ大統領と欧州の首脳は激しくやり合ったのですか。

オバマとオランドはそれぞれ意思が強かったです。日本を除く各国は、G7の後にパリに移動し、ノルマンディー上陸作戦の70周年記念式典に出席する予定だったのです。第2次世界大戦で、連合軍がナチス・ドイツに支配されていたフランス北岸に上陸したことを記念する式典です。

ロシア問題の後、この話題に議論が移ったら、オバマがオランドに「あなたは記念式典に、プーチン露大統領や、次期ウクライナ大統領のペトロ・ポロシェンコを呼んでいるそうじゃないか。

エリザベス女王の前で、プーチンとポロシェンコを会わせるのか。まるでブローカーみたいだな」と言って、「私がそんな場所に行ったら、新聞に何と書かれるか。まだ行くかどうか悩んでいる」と不満を漏らす。オランドはしたたかで、オバマとはパリの別の場所で晩餐会を開き、プーチンとは大統領官邸のエリゼ宮で会う約束をしていたのですね。オバマは、フランスは米国とロシアのどっちを向いているんだと、不快だったのでしょう。オランドは一言だけ、「パリに来るか来ないかは、あなたが決める話だ」と言い放って、会議の場が凍り付いたのです。これはまずいと思って私が「もうこの話はやめてもらえないか。そもそもノルマンディー上陸に日本は関係ないから、私は招待もされていない。延々とノルマンディーの話をするのはやめてくれ」と場を取りなそうとしたのです。メルケルが「日本にとってはそうよね」と引き取ってくれて、何とか場が収まりました。

――14年以降、ロシアはサミットに参加していません。一方で、17年に米大統領に就任したトランプは、ロシアの参加に前向きな考えを示していました。ロシアのサミット参加の是非をどう考えていましたか。

冷戦時代ならば、ソ連は敵だから、西側は結束しやすかった。でも、現状は異なります。資源の問題を解決する上においても、プーチン抜きには困難でしょう。

軍事力の行使についても、ロシアは結構、汚れ仕事を買って出てくれるのです。シリアでイスラム過激派組織「イスラム国（ＩＳＩＬ）」の拠点を空爆したのも、ロシアでしょう。世界中がシリアの原油を買いあさり、ＩＳＩＬはそれを資金源にしていた。そのＩＳＩＬを一掃しようとしたわけです。そういう役割も、国際社会では重要です。ただ、トランプが主張していたように、何の条件も付けずにロシアに首脳会議の枠組みに戻ってもらう、というのでは、誰も納得しないでしょう。

増税延期を掲げた「奇襲」の衆院解散

――内閣改造を9月3日に行いました。改造はおおむね1年おきに行われてきましたが、この時は1年8か月ぶりでした。

内閣改造は政権の体力を消耗します。閣僚になって喜ぶのは十数人だけ。当選回数を重ねているにもかかわらず、選ばれなかった人は１００人前後にのぼり、「なぜ俺が選ばれず、あいつが閣僚になったんだ」という不満が湧き起こるのですよね。閣外に去る人も肩を落とすでしょう。最初の１年８か月間、交代しなかったのは正解だったと思います。閣僚の問題は全く起きず、政権に安定感が出ました。

――改造では、女性活躍を掲げて女性5人を起用しましたが、わずか1か月半で、経済産業相の小渕優子、法相の松島みどり両氏がダブル辞任しました。

松島さんの場合は、自身のイラストが入ったウチワを地元で配って、これが公職選挙法違反の疑いがあると国会で追及された。しかし、これが寄付に当たるというのは無理があると思います。

小渕さんの場合、政治団体の政治資金の調査に時間がかかるということだったので、やむを得ませんでした。

――自民党役員人事では、石破幹事長の後任に谷垣禎一法相を充てました。菅義偉官房長官が強く幹事長交代を迫ったと言われています。石破氏が、幹事長ポストを利用して次期総裁選を有利に進めようとしていたからだ、という情報もあります。

自民党の幹事長は、党の資金配分を一手に担っています。党の躍進のためにお金を使うのであれば良いのですが、仮に自分の派閥を大きくするとか、自分の総裁選の準備のためにお金を使っていたとしたら、それは看過できない。菅さんは党内に目を光らせていて、「石破さんの幹事長続投は政権の不安定要因になる」と言っていました。でも、当時も石破さんの人気は高かった。しかも自分で続投希望を表明していた。その人を交代させるのであれば、それなりの理由が必要でしょう。だから、これから安全保障関連法など困難な課題に取り組む上では、より安定感を優先させたいということで、谷垣さんに代わってもらうことにしたのです。

私が2012年の総裁選で勝利して演説した時、谷垣さんの功労を称えたのですが、党内からものすごい拍手が起きたのです。前にも述べましたが（第3章）、私の演説の中で、最大の拍手は、谷垣さんに触れた部分でした。この人には支えてもらわないといけないと思いました。石破さんも、谷垣さんが後任だと知り、「全く文句はない」と言っていました。石破さんには、安全保障関連法の困難な答弁が控えているから、「防衛相でどうでしょうか」と聞いたら、地方創生相を希望したので、意向通りに就任してもらったわけです。

——読売新聞の世論調査では、改造前に51%だった内閣支持率が、改造後に64%に跳ね上がりました。

女性5人と谷垣さんのおかげですね。谷垣さんには助けられました。社会保障と税の一体改革に道筋を付けた本人ですが、この年の秋、増税を延期して衆院を解散するという私の考えに理解を示してくれました。私が解散と消費増税の延期を考えているという話をした時、谷垣さんは「総理の考えであれば、それで結構です。ご安心ください。選挙の準備はできています」と言ってくれたのです。

——衆院解散は、14年11月18日に記者会見し、15年10月からの消費税率10%への引き上げを1年半先送りすることとセットで表明しました。「国民経済にとって重い決断をする以上、信を問うべきだ」と述べて、21日に解散しましたが、増税延期という国民受けしそうな政策変更と、解散を同時にしたのは、ある意味で狡猾な手法と言えます。

増税を延期するためにはどうすればいいか、悩んだのです。デフレをまだ脱却できていないのに、消費税を上げたら一気に景気が冷え込んでしまう。だから何とか増税を回避したかった。しかし、予算編成を担う財務省の力は強力です。彼らは、自分たちの意向に従わない政権を平気で倒しに来ますから。財務省は外局に、国会議員の脱税などを強制調査することができる国税庁という組織も持っている。さらに、自民党内にも、野田毅《たけし》税制調査会長を中心とした財政再建派が一定程度いました。野田さんは講演で、「断固として予定通り（増税を）やらなければいけない」と言っていました。

増税論者を黙らせるためには、解散に打って出るしかないと思ったわけです。これは奇襲でやらないと、党内の反発を受けるので、今井尚哉秘書官に相談し、秘密裡に段取りを進めたのです。経済産業省出身の今井さんも財務省の力を相当警戒していました。２人で綿密に解散と増税見送りの計画を立てました。

――11月は、前半に中国でアジア太平洋経済協力（APEC）、いったん帰国して中旬にミャンマー、豪州と外遊が多かったですね。

ＡＰＥＣの前に、谷垣幹事長には解散の意向を伝えました。その後、何となく永田町に解散風が吹き始めたので、議員が皆地元に戻ったんです。増税論者も含めて。ここまでうまくいくとは、思っていなかったです。

問題は麻生太郎さんで、解散は賛成だけれど、増税先送りには反対していたのです。豪州からの帰りの政府専用機内で、説得したのです。景気次第で増税を見送る「景気条項」は撤廃すると、私が約束したので、最終的には了解してくれました。麻生さんは親分肌だから、財務省を黙らせることができるのです。

――麻生さんは政権の屋台骨でした。

麻生さん、高村さん、菅さん。この人たちを抜きに長期政権は築けませんでした。麻生さんとは、人間的に肌が合うんですよ。お互い政治の世界で育ったという環境も影響しているのでしょう。首相時代は、漢字が読めないとかさんざん批判されましたが、ものすごい教養人です。歴史に造詣が深く、読んでいるのも漫画だけではないのだけど、自分を悪い人間のように見せようとするのです。あれは、もったいないですよ。自然に振る舞えばいいのに。彼は毛筆で手紙を書くじゃないですか。あんな政治家ってもう最後ですよね。

――12月14日に行われた衆院選は、自公合わせて325議席の圧勝でした。この勝利で、長期政権を築けるという思いが湧いてきたのではないですか。

そうでもないですよ。そもそも長期政権を考えると、守りに入っちゃいますから、ダメなんです。もちろん誰だって自分の内閣を長く続けたいと思うでしょうが、正直、日々のことに追われて、長期政権なんて気にしている余裕はないのです。よく秘書官が私に、歴代内閣の在任日数ランキングを持って来て、あとこれだけやれば中曽根さんを超えますとか、小泉さんを超えますとか言っていたのですが、そんなことより目の前の国会をどう乗り切るかの方が重要だろ、と思っていました。

第5章

歴史認識

戦後70年談話と安全保障関連法

2015

戦後70年の節目に、安倍首相の歴史認識が問われることになる。

安倍氏は、歴代内閣が用いた「侵略」「植民地支配」「痛切な反省」「おわび」の四つのキーワードを踏襲した上で、将来にわたり「謝罪を続ける宿命を背負わせてはならない」と述べ、積極的平和主義を強調。安倍氏の熱狂的な支持者からは「弱腰」として落胆の声も上がったが、中韓をはじめとする近隣アジア諸国からの批判を抑え、リベラル側からも一定の評価を受けることになる。

国会では、集団的自衛権の行使容認を柱とする安全保障関連法案は合憲か、違憲か、という水掛け論が展開される中、自民党の参考人が法案を「違憲」と指摘する想定外の事態に陥り、官邸を慌てさせた。

章扉写真
2015年8月、戦後70年の首相談話に関する政府の有識者会議「21世紀構想懇談会」の西室泰三座長（左から2人目）と北岡伸一座長代理（左）ら（写真　内閣広報室）

「イスラム国」による日本人人質殺害事件

——主にイラクとシリアにまたがる地域で活動していたイスラム過激派組織「イスラム国（ISIL）」による日本人人質事件が2015年1月に急展開し、14年にシリアで拘束された湯川遥菜《はるな》さんと後藤健二さんが相次いで殺害されました。政府はヨルダンの首都アンマンに現地対策本部を設置し、救出を目指していましたが、かないませんでした。

何とか救出しようといろいろ交渉を重ねていましたが、残念な結果となってしまいました。特にヨルダンのアブドラ国王に尽力してもらいました。ヨルダンも軍のパイロットを人質にとられていて、国王は、ヨルダン国民と同じように日本人2人についても先方と交渉する、と言ってくれていました。

——日本赤軍が日航機をハイジャックした1977年のダッカ事件で、当時の福田赳夫内閣は身代金を払い、日本は「テロに弱い国」と批判されました。イスラム国も、日本政府に身代金を要求していましたが、人命の尊重と、テロに屈しないという姿勢のはざまで難しい判断を迫られたのではないですか。

福田赳夫内閣が、身代金を支払う他に救出方法があったかと言われれば、なかったでしょう。

日本は特殊部隊を持っていないし、仮に持っていても、海外に派遣する法的根拠がない。だから福田さんは「一人の人間の命は、地球より重い」と言わざるを得なかったわけです。

カナダのジャスティン・トルドー首相は「テロには屈しない、テロの資金になるから身代金は絶対に払ってはいけない」と繰り返し主張しているけれど、では各国は武装組織に人質を取られたら、どうやって救出しているのか。それなりにいろんな手法で交渉しているのが実態ですよ。過激派組織との交渉に絶対に応じないのは、イスラエルです。過激派組織も、イスラエルからは人質を取ろうとしない。なぜなら、イスラエル政府が全く交渉に応じないし、人質を取られたら、犯行組織を必ずつぶしてしまうからです。

――情報が十分に集まらないなど、救出体制に問題を感じませんでしたか。

外務省の危機管理対応チームが中心となって、関係国に湯川さんと後藤さんの救出の協力を要請していました。ただ、彼らの情報収集能力には限界があった。国際的なテロ集団に関しては、警察庁が情報や対処のノウハウを持っていたので、現地にそうした専門家を派遣しました。いろんなツテをたどりながら、やることはやりましたけど、奏功しませんでした。

13年のアルジェリア人質事件とこの時の教訓で、15年12月に外務省と警察庁が連携したＣＴＵ－Ｊ（Counter-Terrorism Unit Japan＝国際テロ情報収集ユニット）を設置したのです。中東など情勢が不安定な地域での情報収集能力を高めて、実際の救出オペレーションに取り組ませることにしたのです。外務省の職員に危険な地域に行って救出してこいと言っても、できるはずがないわけで、警察や自衛隊を頼るしかない。CTU－Jは、その後、シリアで拘束されていた安田純平氏の解放にも大いに力を発揮しました。

対テロでは、陸上自衛隊に04年に特殊作戦群ができました。彼らも極めて優秀です。安全保障関連法では在外邦人等の保護措置を自衛隊の部隊等が実施できるようになりました。テロへの備えは徐々に強化されています。

米議会上下両院合同会議で演説

――戦後70年の節目に当たる2015年は、首相の外交姿勢や、夏の70年談話に注目が集まっていました。談話を発表する前の4月には、インドネシア・ジャカルタでのアジア・アフリカ会議（バンドン会議）60周年記念首脳会議で演説したほか、米国連邦議会の上下両院合同会議での演説もありました。戦後50年の村山（富市）首相談話と、戦後60年の小泉（純一郎）首相談話には、第2次世界大戦への「反省」や、「植民地支配と侵略」への「おわび」という言葉が共通して使われていました。こうしたキーワードが、演説やその後の70年談話に盛り込まれるかどうかが焦点でした。

バンドンでの演説では、1955年のバンドン会議で採択された「平和10原則」の中から、「侵略」という言葉を引用したわけです。演説のパターンの一つとして、過去の文言を引用する、という布石を打つ狙いでした。侵略や武力行使によって他国の政治的独立を侵さない、という原則を、私たちが侵略したかどうかではなく、世界が決意している、という言い方で触れたのです。

日本語で6分程度だったので、未来志向の外交や歴史認識に深く踏み込むのは無理でした。

——米議会での演説は、祖父の岸信介元首相が57年の訪米時に、上下両院それぞれで行っています。池田勇人元首相も61年、下院で演説しています。一方、上下両院合同会議での日本の首相による演説は初めてでした。実現を米側に強く働きかけたのですか。

政権運営も3年目に入っていたし、戦後70年の節目に当たり、米議会演説の可能性を追求してみようじゃないか、と思いました。やるなら、上下両院の議員が全員出席する合同会議が、重みがあっていいなと。合同会議での演説は、朴槿恵《パククネ》韓国大統領やメルケル独首相もやっていたので、在米の日本大使館に米議会の感触を探ってもらったところ、好意的だったのです。

そもそも日本のロビー外交は弱いのです。日本大使館の議会担当者は、2年くらいで異動しちゃうわけで、なかなか米国の議員に食い込めなかった。先方も、大使館の人間だと、会ってくれない。でも、こちらが国会議員ならば先方の対応も変わるのです。後に加重買収の罪で逮捕、起訴され、実刑が確定した河井克行首相補佐官は、足繁く米国の議員を回って人脈をつくってくれました。中堅・若手の自民党議員にも、特に歴史認識を巡る問題などのミッションを与えて、議員外交を展開してもらいました。韓国のロビーは盛んなんですよ。彼らが各地で活動した結果、慰安婦を象徴する少女像が立ってしまうわけです。残念ながら、こうした外交戦では、韓国が一枚上でした。だから何とか盛り返そうと必死だったのです。

——米議会での演説は「希望の同盟へ」と題し、世界の安定や繁栄に貢献していく考えを表明しました。一方で、第2次世界大戦について「痛切な反省」を示し、歴代首相の認識を継承する、と強調しました。英語で45分間の演説のどこを工夫しましたか。

同盟国として日本も頼りがいがある、ということを示そうという狙いでした。米国では私のことを歴史修正主義者のように言う人もいたので、しっかり、歴代内閣の歴史認識は引き継ぐという点も強調したかった。

メルケルは、英語が堪能であるにもかかわらず、ドイツ語で演説したそうです。私の祖父は日本語で演説したのですが、母国語で演説した場合、同時通訳の何となく感情を殺した、淡々とした話しぶりが、気持ちが籠もっていない感じに受け止められてしまうのではないか、と思ったのです。だから英語で話そうと決めたのですが、やはり大変でした。

キーワードの「希望の同盟」は私が考えて、内閣官房参与として私の英語のスピーチライターを務めていた谷口智彦さんに原稿を書いてもらいました。その後、ネイティブ・チェックを経て、さらに発音が難しい部分は変えてもらいました。谷口さんには20回以上書き直してもらったかな。私自身はスピーチを風呂場で相当練習しました。女房にも何度も聞かせて、いい加減にしてくれ、と言われてしまいました。演説の前日夜まで繰り返し練習し、秘書官に聞かせたら、いろいろ注意してくる。何度も何度も指摘されて、頭にきましたけどね。

本番で、すでに議員が座っている中で日本の首相として紹介されて壇上に上がっていく時は、過去にない緊張感を味わいました。演説の冒頭、祖父が行った演説に触れたのですが、ここだけは完全に覚えて、原稿を見ないようにしたのです。最初に勝負をして、うまくいっていると自分に言い聞かせるのが大事ですから。

米国とのつながりで、私がサラリーマン時代、ニューヨークに勤務していたことや、高校生の時にキャロル・キングの曲に感動したことなど、私のパーソナルな部分を入れました。

演説のサビは、ワシントンにある第2次世界大戦メモリアルを訪問したことに触れて、真珠湾や、フィリピンの激戦地のバターンなどで米国の若者の失われた夢、未来を思い、黙祷を捧げた、という話にしました。キャロル・キングの『You've Got a Friend』という曲の中に、「あなたにとって最も暗い夜でも、私が明るくしてあげる」という歌詞があるのです。最も暗い夜、darkest nightですね。日本に東日本大震災というdarkest nightがやってきたが、米軍がトモダチ作戦で支援の手をさしのべてくれた、という形で関連づけたのです。

この部分は何回もスタンディング・オベーションが起きました。ジョン・ベイナー下院議長も涙ぐんでいました。あのサビがうまくいったのだと思います。ベイナーの前の議長のナンシー・ペロシは、キャロル・キングと友人だったので、私の演説を聴いて、これは光栄なことだと言ってキャロル・キングに電話したそうです。演説後に多くの議員からサインを頼まれたのは感激でした。7年9か月間の長期政権の中でも、自分にとって最も心に残る演説になりました。

この時、70年前に硫黄島で日本軍と戦った海兵隊のローレンス・スノーデン中将が議場に来てくれたのですね。この人を紹介できたことが、和解のシンボルになりました。誰か硫黄島の生き残りの人はいないかと、外務省に探してもらって、見つかったのです。日本側は、硫黄島の守備隊司令官だった栗林忠道大将を祖父に持つ新藤義孝衆院議員に横に座ってもらいました。よくできた演出だったと思います。

――スピーチライターの役割は重要ですね。

ジョン・F・ケネディ米大統領のスピーチライターだったセオドア・ソレンセンは、数々の名文句をつくったことで有名です。「アメリカ国民の皆さん、国家が皆さんのために何ができるかを問うな。皆さんが国家のために何ができるかを問え」もそうですね。日本の政治家も、もっとスピーチライターを使うべきですよ。

第1次内閣で、私が辞める直前のインド訪問時に「二つの海の交わり」という題名のスピーチをしたのですが、これも谷口さんが原稿を書いたのです。二つの海、つまりインド洋と太平洋です。2007年8月のスピーチが、16年に正式に提唱することになる「自由で開かれたインド太平洋」構想の原型なんです。外務省の役人が書く原稿は、ただ事実を並べるだけで、味気ない。谷口さんの原稿は詩的で、読み応えがあるのです。

第2次内閣以降、国内の演説原稿を担当してくれた佐伯耕三首相秘書官も、原稿力は圧巻でした。特に自衛隊関連の話が得意でした。15年の防衛大学卒業式の訓示では、歴代首相で初めて、旧日本軍に触れたのです。パラオのペリリュー島のエピソードで、守備隊長が本格的な戦闘が始まる前に島民を退避させて命を守りました。一方、部下たちは戦況が悪化すると出撃を求めました。つまり、塹壕戦で殺されるような死に方は嫌だったけれど、守備隊長は、生きて持久戦を続けるように厳命した。「君らの使命とは1日も長く戦い続けることだ、それが本土への攻撃を遅らせることにつながるんだ」というわけです。

この話を、訓示の中に入れようと提案したのが佐伯君でした。旧軍に触れるのは刺激が強いからどうか、と官邸内で議論したのですが、思い切ってやってみようと盛り込んだのです。

谷口さんにしても佐伯君にしても、物知りだし、連日徹夜でいろいろ調べて、心に響く文章を考えてくれました。彼らの情熱には頭が下がりました。

キーワード網羅した戦後70年談話

――戦後70年談話に向けては、2月に設置した「21世紀構想懇談会」（20世紀を振り返り21世紀の世界秩序と日本の役割を構想するための有識者懇談会。座長・西室泰三日本郵政社長）が、計7回の議論の結果をまとめた報告書を8月6日に提出しました。満州事変以降の日本の歩みについて、「大陸への侵略を拡大」して「無謀な戦争」を行ったと位置づけていました。「先の大戦への痛切な反省」も盛り込まれていました。有識者と首相の考えは近かったのですか。

私を支持してくれる保守派の人たちは、常に100点満点を求めてきますが、そんなことは政治の現場では無理なんですよ。だから、ある程度バランスをとるために、21世紀構想懇談会を設置して有識者の意見を聞いたのです。その意味では、政治史に詳しい北岡伸一国際大学長がふさわしいだろうと考えて、座長代理という立場でとりまとめをお願いしました。
70年談話では、まず村山談話の誤りを正すこと。その上で、国民的なコンセンサスや国際的な了解を得られるものを狙おうとしました。

――2015年8月14日、戦後70年の安倍首相談話を閣議決定しました。日本は戦争の加害者という側面の一方で、東京大空襲や原爆で一般人を大量に殺され、敗戦後は占領されました。にもかかわらず、なぜその後何十年も反省やおわびを繰り返さなければならないのか、という考えも、安倍さんにはあったのではないですか。

侵略、おわび、植民地支配、痛切な反省、というキーワードがありましたが、例えば侵略については、日本は過去何度もおわびしてきましたよ。「何回謝らせれば済むんだ」という思いはありました。だから、70年談話では「我が国は（中略）繰り返し、痛切な反省と心からのおわびの気持ちを表明してきた」とか「こうした歴代内閣の立場は、今後も、揺るぎない」という表現にして、私がおわびします、とは言わなかったのです。いろんな書きぶりを戦略的に打ち出したのです。今井尚哉政務秘書官や佐伯君と、連日、七転八倒しながら考えて、こうした表現にしました。

村山談話の間違いは、善悪の基準に立って、日本が犯罪を犯したという前提で謝罪をしていることです。日本という国だけを見て、すみません、ということなのです。では、当時の世界はどうだったのか、という視点がすっぽり抜けている。

70年談話は、日本は国際社会の潮流を見誤ったという、政策的な現状認識の誤りに基づいているのです。ここが決定的に違う。さらに、時間軸を100年前まで戻し、ここから未来に向けてどうしていくか、という視点を入れたのです。

「事変、侵略、戦争。いかなる武力の威嚇や行使も、（中略）もう二度と用いてはならない」や、「植民地支配から永遠に決別」という表現も、世界がそういう決意をしている、日本もそうだ、という書きぶりにしたのです。4月のバンドン会議での演説で、普遍的な考え方を引用する形で過去の過ちに言及しましたよね。国際社会は同じ間違いを犯しました、だから、普遍的な価値を共有していきましょう、と。この引用の仕方を70年談話でも生かしたわけです。

村山談話は、日本だけが植民地支配をしたかのごとく書かれている。戦前は、欧米各国も植民地支配をしていたでしょう。人種差別が当たり前の時代、アフリカで残虐なことをしていた国もある。ベルギーの国王が、残虐行為をしたとしてコンゴ共和国に謝罪したのは、2020年ですよ。日本は過去、繰り返し中国や韓国、東南アジアに謝罪し、政府開発援助（ODA）などを通して実質的に賠償までしてきたでしょう。

――今の時代の価値基準で、過去の侵略や植民地支配を断罪するのは無理がある、という考え方ですか。

19年のフランス・ビアリッツでのG7サミットで、ロシアによるクリミア半島の併合問題を議論している時、ある首脳が「クリミアを侵略したという一点をもって、ロシアを非難しなければならない」と言ったのです。これにボリス・ジョンソン英首相は反対しました。ジョンソンは

「侵略という言葉を軽々に使わないでほしい。英国は歴史上、今の世界の4分の1の国を侵略したんだ」と言っていました。歴史学者のジョンソンはさすがですよ。

――70年談話にすべてのキーワードが入ったことで、保守派から相当批判されました。

戦後の節目で出す談話は、政治文書であって、歴史ではないのです。だから、戦略的なものだと私の支持者には説明したのですが、「なんだ、安倍晋三は。気骨がないじゃないか」とさんざん怒られましたね。ただ、時が経ち、もう一度談話を読んでみると、いかに練られた文章だったかと分かってくれる学者もいます。リベラルな人は、元々、私に対する期待値が低いから、ここまでやってくれたのか、と当時評価されました。付言すれば、「期待値を上げすぎない」ということは政権運営の要諦だと思っています。

自民参考人が安全保障関連法案を「違憲」と指摘する事態

――集団的自衛権の行使容認を柱とする安全保障関連法案は5月14日に閣議決定され、衆院に設置された平和安全法制特別委員会で審議が行われた。一方、6月4日の衆院憲法審査会では、自民党が推薦した参考人の長谷部恭男《やすお》早大教授が関連法を「憲法違反」「法的安定性を大きく揺るがす」と指摘し、民主党など野党を勢いづかせました。自民党内でも、どうしてこんなことになったのだという声が広がりました。

長谷部さんの発言があるまで、私は調子良く特別委員会で答弁していたのです。野党の批判にはどんどん反論し、自衛権行使の要件や、自衛隊の地理的な活動範囲など、「野党議員はこの程度のことも知らないのか」という感じでしゃべっていましたね。ところが、自民党の参考人から「憲法違反」と言われたら、根本が崩れちゃうわけですよ。それまで私に押され気味だった野党は、あの発言で一気に元気づいてしまった。政府は振り出しに戻って、関連法案は憲法違反ではない、砂川事件の最高裁判決の範囲内で法案を提出している、と説明しなければならなくなってしまいました。

――長谷部氏を参考人として呼んだのは、衆院憲法審査会の船田元《はじめ》・自民党筆頭理事でした。特段の狙いがあっての人選でもなかったようですが、党内からはいくら何でも緊張感が足りない、といった厳しい声が出ました。

安全保障関連法は、20～30年に一度の重要法案でしょう。憲法解釈を変えて合憲だと位置づけるという離れ業の論理を構築して、政府あげて法案をつくり、審議までこぎ着けていたわけですよ。参考人が安全保障関連法案についてどういう考えを持っているか、事前に確かめておいてほしかったですね。

参考人の発言が問題になり、谷垣禎一幹事長と相談し、この通常国会で成立させるならば、会期を大幅に延長せざるを得ない、という話になって、過去最長の95日間、9月27日までの延長を決めたわけです。これだけあれば、野党が反発しても十分な審議時間を取れるだろうと思ってね。まあ、実際は参院でもぎりぎりで、冷や汗をかきましたが。

――1992年に制定された国連平和維持活動（PKO）協力法には不備がありました。自衛隊員の近くにいる医療従事者や避難民が武装集団に攻撃され、助けを求めても、自衛官は救助に当たれません。自衛隊は、正当防衛目的の武器使用しか認められていない。「駆けつけ警護」は、憲法が禁じる「武力の行使」に当たる、という理由からでした。

PKO法で、武器を使って守ることができる対象は、自分や一緒に活動している自衛隊員だけでしたが、2001年に法改正し、自己の管理下に入った者の生命、身体の防護に拡大したのです。そして安全保障関連法の成立で、ようやく遠隔地にいる民間人や他国部隊を助ける「駆けつけ警護」ができるようになりました。

01年の法改正の時も、実は妙な議論をしていたのです。小泉総理を交えた官邸での法案協議で、「自己の管理下って、どこまでを指すのか」と内閣法制局に聞いたら、「そんな細かいことは言えない」と。「では、20メートル離れている人は守ってもいいの？」と聞いたら、「20メートルは遠過ぎるから、できない」と。私は「ゲリラが、自分と一緒に仕事をしている民間人を襲おうとした時、自衛官はちょっと待ってね、と言って、メジャーで20メートル以内かどうか、距離を測らなければならないの？　現場は、命がかかっているんだから0・1秒で判断しなければいけない。その人に、20メートル以上だから、武器を使ったら憲法違反だ、と言うのか」と叱ったんですよ。小泉さんも、「全くその通りだ」と言っていましたね。駆けつけ警護を認めて、ようやく常識に沿うような形になりました。

――安全保障関連法は7月16日に衆院を通過し、9月19日未明に参院で成立しました。衆院通過直後の読売新聞の世論調査では、内閣支持率は6ポイント下落し、43％でした。第2次内閣発足後、最低の数字でした。戦争をできる国にする、とか、子どもを戦場に送るな、といった旧態依然とした批判も展開されました。政権の体力を消耗しながらも、政策を通すために大切なことは何だと思いましたか。

内閣支持率の低下は承知の上ですね。あからさまに「打倒安倍内閣」といった運動を展開しているマスコミもありました。

こういう時は、我々は選挙で勝利しているのだから、確固たる決意でやっていくという意識を持つしかないのです。集団的自衛権の限定行使は正しいと信じていたし、選挙でも約束していますから、動じる必要はないのです。

この時期、国会前に学生たちが組織するＳＥＡＬＤｓ（「自由と民主主義のための学生緊急行動＝Students Emergency Action for Liberal Democracy-s」）がデモ活動を繰り広げ、一部マスコミが大きく取り上げていましたが、私が子どもの頃にテレビで見ていた60年安保闘争に比べれば、正直、彼らの運動は大したことはなかったですよ。私は国会前の反対運動を遠くからじっと見ていたのですが、夜8時を過ぎると、皆さんお疲れ様でした、と主催者が言ってほとんどの人が帰っちゃうわけですから。13年12月に特定秘密保護法を成立させた時も、一時的に支持率は下がったけれども、すぐに戻りましたしね。

日本人の面白いところは、現状変更が嫌いなところなのですよ。だから安全保障関連法ができる時に、今の平和を壊すな、と反対していても、成立後はその現状を受け入れるのです。安全保障関連法成立後、しばらくたって「廃止した方が良いか」と世論調査で聞くと、廃止派は少数になるのですね。

――近年の国会は、政府と野党の問答が荒くなっていると思いませんか。安倍さんは繰り返しヤジを飛ばしていました。15年の安全保障関連法の審議では、野党議員に「早く質問しろよ」と述べ、結局、陳謝に追い込まれました。20年の通常国会でも、野党議員の安倍政権批判に、「意味のない質問だよ」とヤジを飛ばしていました。１９５５年体制時の社会党は、自民党にどこか敬意を表しながら質問していたし、自民党も野党を挑発するようなことは少なかった。

安全保障関連法の審議で、野党は中谷元・防衛相に質問を集中させる戦術を採ったのです。中谷さんはものすごく頑張ってくれたのだけれど、憲法で定められている武力行使と、自衛隊法やＰＫＯ協力法にある武器使用の違いなどを聞かれて、苦労していたこともありました。中谷さんを集中的に攻める野党に、私はイライラしてしまったのです。ヤジは不規則発言であり、言葉が過ぎたのは認めます。でも、野党のヤジも酷いものでしたよ。

与野党のやり取りが荒くなったのは、小選挙区制導入の影響ではないでしょうか。自民党の候補者同士が戦う中選挙区制と違い、自民党と野党が一対一でぶつかりますから、国会での対立も激しくなりやすい。

55年体制では、社会党はそもそも衆院選で過半数の候補者を立てていなかったので、自民党が少しサービスをして、国会で野党に華を持たせてあげることもできました。だが、そうした昔の文化は、政権交代が起きやすい小選挙区制では通用しません。だから私も常にファイティングポーズを取っていたのです。

岸、池田内閣に学び、支持率回復へ

――9月8日、3年間の自民党総裁の任期満了に伴う総裁選が告示され、無投票での再選が決まりました。2014年の衆院選で大勝しているわけですから、当然の流れでもありましたが、無投票をどう受け止めましたか。

総裁選で選挙になれば、余分なエネルギーを使うことになるから、無投票は助かりますよ。欧州では、誰かがチャレンジしない限り、党首選は行わない国が多い。定期的に党首選をやっている国は少ないのです。日本の首相は、国政選挙に加えて定期的な党首選があり、審判の機会にしょっちゅうさらされている。国政選挙と関係なく、自民党の総裁を決めるという派閥の論理が残ってしまっているのですね。この仕組みを改めないと、選挙で国民に約束したことを内閣は実行できなくなってしまいます。政治の不安定化という問題はずっとついて回りますよ。

――安全保障関連法成立後の9月24日の記者会見で、国内総生産(GDP)600兆円の達成や、新たな看板政策として「1億総活躍社会」の実現を掲げました。10月7日には内閣を改造しました。

安全保障関連法で支持率が低下することは分かっていたから、すぐに局面の転換を図ろうという意味でね。1億総活躍、女性活躍を大きな柱に据えて、人口減少社会でも経済を成長させるぞ、と掲げました。自民党は、日米安全保障条約の改定に力を入れた岸信介内閣が終わり、次に池田勇人内閣ができて、池田は所得倍増を掲げた。岸、池田内閣がやったことを、1内閣でやっちゃおう、と考えたわけです。政策を詰めたのは今井秘書官です。

沢木耕太郎さんが書いた『危機の宰相』で、池田勇人とブレーンの下村治たちが、配分が先か、所得を上げることが先か、成長が先かという論争をしていましたが、やや同じことが安倍内閣でも起こっていました。

そういう議論を官邸でしている時、新原浩朗《にいはらひろあき》内閣府政策統括官が「経済の好循環」という言葉をちらっと口にしたのです。それを聞いて「それいいじゃないか、そのキャッチフレーズでいこう」と決めました。配分が先か、成長が先かという論争に終止符を打ち、ぐるぐる回せばいいんだ、という論理を構築することにしました。ニワトリと卵で、どっちが先かと言い合っても意味がない。経済が回らなければ配分もできない、という考え方ができたのです。新原さんは経産省出身ですが、経産官僚はアイデアが豊富です。

――安倍政権は、三本の矢、アベノミクス、経済の好循環など政権運営のシンボルになる言葉が多かったですね。

国民的な理解を得ていく上でも、また、内閣支持率が下落した際、党内を落ち着かせる意味でも、象徴的なメッセージは大切です。でも、言葉だけではダメで、実際に雇用環境を改善しないといけない。65歳以上の就業者数は上昇したし、女性の就業者数も第2次内閣発足後、増え続け、19年には3000万人近くになりました。保守を標榜する政権が女性活躍なんて掲げても、ただのスローガンだろうと思われがちですが、結果を出しているわけです。

上場会社の女性役員数も、12年から20年の間に約4・8倍ですからね。国家公務員の総合職も、女性が3割を超えています。もうこの流れは止まらない。やっぱり、どこの組織も、女性を入れた方が成果を上げているでしょう。多様な見方ができるようになるのです。

裏切られた慰安婦合意

――年末に、日韓両国の長年の懸案である慰安婦問題が動きました。日韓外相が12月28日の会談で、慰安婦問題を「最終的かつ不可逆的に解決」することで合意しました。日本政府は、元慰安婦支援のため、韓国政府が設置する財団に10億円を基金として拠出することを決めました。これで慰安婦問題に終止符が打てると考えていましたか。

この合意を結ぶことに当初、私は慎重だったのです。なぜなら、彼らはこれまでも約束を守ってこなかったから。しかし、最終的かつ不可逆的な解決で、かつ国際社会で互いに非難、批判することは控える、つまり国際社会を証人にすると言う。この2本柱で終わりにするというのであれば、やむを得ないと思ったわけです。だから日本として税金から10億円を出し、私が謝罪したわけです。
私の謝罪をみんなすっかり忘れてしまったようですが、朴槿恵韓国大統領に電話しました。「慰安婦として数多の苦痛を経験され、心身にわたり癒やしがたい傷を負われたすべての方々に対し、心からおわびと反省の気持ちを表明する」という内容でした。強制連行を認めているわけではありませんが。私も含めて、今後の日本の首相は、慰安婦問題の「い」の字も言わなくて済む合意というつもりでした。

——合意は、谷内正太郎国家安全保障局長と、李丙琪《イビョンギ》大統領府秘書室長が水面下で交渉し、まとめました。谷内氏にはどのような指示をしていたのですか。

13年に朴政権ができて以降、谷内さんは慰安婦問題をずっと秘密裡に交渉していたのです。でも、過去にアジア女性基金を設置しても、首脳間で未来志向の日韓関係を何度約束しても、韓国は政権が代わるたびに反故にしてきたわけでしょ。だから、また韓国の政権が代われば、どうなるかという不安はありました。もし韓国が態度を変えたら、こちらが確固たる意志を持って相手にしない、と考えていました。
ただちに約束を守るかどうか試されたのは、先方が、ソウルの日本大使館前の慰安婦を象徴する少女像を撤去するかどうかでしたね。李丙琪は谷内さんに「信じてくれ、男と男の約束だ」と言ったそうです。私は谷内さんに「そんな言葉、李丙琪が失脚したら終わりじゃないか」と押し返し、それで谷内さんは、国際社会を証人にするという合意を盛り込むことにした。それならば呑むかと判断したのです。半分ぐらいは疑っていましたけどね。

――朴大統領は信頼できる指導者でしたか。

朴槿恵は、李丙琪のように調子のいいことは言いませんでした。慰安婦合意を結ぶまでに、何度かやり合いましたよ。例えば私が、「1951年から65年までの日韓国交正常化交渉で、韓国は慰安婦問題を一度も提案していないじゃないか。つまり、後付けだろう」と言うと、彼女は「14年間主張していなかったから、今、言っているんだ」と反論していましたね。無茶苦茶な論理でしょう。

政治家として、彼女にとって慰安婦合意はきつかったと思いますよ。父親の朴正熙《パクチョンヒ》は日本の陸軍士官学校を卒業しているし、大統領時代には日韓基本条約を批准し、国交を正常化したわけですよね。だから彼女は、実は親日派じゃないかと韓国内で疑われていた。彼女は、親父さんの時代を通して、慰安婦問題の実態を知っているのだと私は感じました。だから解決しないといけないと思ったんじゃないかな。

彼女は何となく薄幸な感じがするんですね。国際会議で、みんなテーブルにつく前に握手して回ったり、酌をしたりするじゃないですか。彼女はほとんどしないで、座ったまま、私に話しかけないでねっていう雰囲気を出していた。父母を殺されたという生い立ちがそうさせていたのかもしれないですね。

――慰安婦合意は、結局韓国側が反故にしてしまいました。失敗ということになりました。

確かに合意は破られてしまいましたが、日本が外交上、Moral High Ground（道徳的に優位な地位）になったのは事実です。国際社会に向かって一度合意したことで、私は先方と会う度に「君たち、ちゃんとやれよ」と言える立場になったわけですから。

第６章

海外首脳たちのこと

オバマ、トランプ、メルケル、習近平、プーチン

第1次内閣を含めた在任期間中、98か国、196地域の海外の首脳陣と会談を重ね、「外交の安倍」と呼ばれて国際社会で存在感を示した。
長期政権に根ざした経験と天性の政治力、交渉力を活かし、トランプ米大統領には自由主義陣営の盟主として振る舞うよう説き、中国になびいた欧州の首脳に対しては、人権弾圧や強引な海洋進出など中国の抱える問題を粘り強く訴えた。安倍氏の主張を受け入れた指導者もいれば、袖にしたリーダーもいた。安倍氏の見た首脳たちの実像は、一体どんなものだったのだろうか。

章扉写真
2015年6月、ドイツ・エルマウで開かれたサミット。オランド仏大統領（左）、メルケル独首相（中）、オバマ米大統領（右）（写真　内閣広報室）

1時間半もの長電話　米国トランプ大統領との会話

――第2次内閣以降、安倍さんが会談した米国の大統領は、バラク・オバマ（任期2009年1月～17年1月）、ドナルド・トランプ（17年1月～21年1月）の両氏でした。ビジネスライクなオバマ氏とは、人間的な付き合いはあまりなかったようですね。

オバマとは、仕事の話しかしませんでした。首脳会談や会食の場で、私がジョークを言っても、彼はすぐに本題に戻す。雑談にも応じない。弁護士出身だけあって、仕事の話も非常に細かい。正直、友達みたいな関係を築くのは難しいタイプです。でも、首脳同士、仕事をする上で問題はありません。

オバマにはよく、「シンゾウはそう言うが、本当にその通りになるのか」と言われました。日本に対する不信感みたいなものがありました。沖縄県の米軍普天間飛行場の移設先を「県外」と言って、「トラストミー」と約束したかと思えば、また名護市辺野古に戻すという民主党政権の振る舞いが、オバマを疑心暗鬼にさせていたのだと思います。オバマも本当は、「トラストミー」と言った鳩山由紀夫首相には期待していたそうですよ。同じリベラルだから。それだけに、裏切られたという思いが強かったのでしょう。

――トランプ氏はひたすら「アメリカ・ファースト」で、感情的な物言いが目立ちました。国際的な協調体制に背を向けるという点でも、極めて特異な大統領でしたが、過去に会った政治指導者に、こういうタイプの人はいましたか。

全くいません。実業家だったトランプは、政治や行政に全く無縁だったわけです。だから、発想の仕方が従来の政治家とは異なる。トランプは、ビジネス界での成功体験の手法を、国際政治に持ち込もうとした。それがアメリカ・ファースト、米国第一主義です。

ただ、政治とビジネスは違います。企業は利益を追求しますが、国が利潤だけを考えていては、民主主義社会は成り立ちません。様々な利害を調整し、問題を処理するのが政治家の仕事です。

第1次内閣やその前も含めて、私が接したことのある米国のリーダーは、「自分は西側世界のリーダーだ」という認識と責任感を強く持っていました。ビル・クリントン、ジョージ・W・ブッシュ、第2次内閣で付き合ったオバマも含めて、皆、そういう立場を意識していました。

一方、トランプは、「なぜ米国が西側諸国の負担を背負わなければいけないのか」という考え方を持っていました。西側の自由民主主義陣営と、中国、ロシアを中心にした権威主義的・覇権主義的な国が対峙する構図の中で、米国が西側をどうまとめ、中露の行動を変えていくのか、という発想は、あまり持ち合わせていないのです。米中の問題は貿易バランス、米露は安全保障というふうに、2国間で物事を考えていました。

歴史的に見ても湾岸戦争や中東の内戦など世界で紛争が起きたら、欧州は一定の貢献をしても、結局は「世界の警察官」の米国に頼ってきたわけです。「甘えるのもいい加減にしろ」というトランプの同盟国に対する主張は、ある意味では正しい。日本を含めて同盟国は、応分の負担をしなければなりません。だから私はトランプに、北大西洋条約機構（NATO）や日本も協力するから、自由世界のリーダーとして振る舞ってほしい、と説いてきたわけです。

通商や貿易の世界で、自国第一主義を主張するのはまだ許せるのですが、安全保障政策で米国が自国の利益ばかりを考え、国際社会のリーダーの立場を下りてしまったら、世界は紛争だらけになってしまいます。私は「国際社会の安全は米国の存在で保たれている」とトランプには繰り返し言いました。米国の国家安全保障会議（NSC）の面々と私は同じ考えだったので、NSCの事務方は、私を利用して、トランプの考え方を何とか改めさせようとすらしました。

――トランプ氏とは頻繁に首脳会談や電話会談を行いましたが、定期的な会談を約束していたのですか。

約束事はありません。ただ、トランプとは、お互いが同じ場所に行ったら、とにかく会おう、という話をよくしていました。それは非常に重要なことです。

中曽根康弘首相は、レーガン米大統領と会談を重ね、日米関係は万全だとアピールすることに努めました。それが中曽根政権を支える原動力になったと思います。私の親父（安倍晋太郎外相）も、レーガン政権のジョージ・シュルツ米国務長官とは、国際会議で同じ場所に行ったら必ず会って外相会談をやるように心がけていました。親父の秘書官だった私は、その姿を見て、会談の大切さを感じていました。

トランプはアメリカ・ファーストを貫きつつも、時々、「この政策で大丈夫だろうか」と不安になることがあったのだと思います。そういう時、私の意見を聞こうとして電話をしてきました。私を相談相手にしたのは、彼が米大統領選で勝った16年秋、私が外国の首脳の中で最初に勝利を祝う電話をし、すぐに会いに行ったことが大きいと思います。

大統領との電話会談も、オバマの場合、15分から30分程度と短めでした。米国の大統領は忙しいから長い時間は取れないのだろうと思っていました。

しかし、トランプは違った。結構、時間が取れるんです。トランプは平気で1時間話す。長ければ1時間半。途中で、こちらが疲れちゃうくらいです。そして、何を話しているかと言えば、本題は前半の15分で終わり、後半の7、8割がゴルフの話だったり、他国の首脳の批判だったりするわけです。

首相執務室で電話会談を見守っている官僚が、「トランプはいつまでゴルフの話をしているんだろう」と困惑した表情をしていることもありました。雑談が延々と続くので、私が本題に戻し、話をまとめることも多かったです。

首脳同士が信頼関係を構築する上で大切なのは、互いに心を開くようにすることでしょう。私は自分の考えをトランプに正直に伝えるように心がけたし、トランプも、多くの課題について本心を私に話してくれたと信じています。

ただ、最後は、私に対する賛辞というか、半ばお世辞のようなことをトランプは言っていました。私が辞意を表明した後の電話会談（20年8月31日）で、「安倍さんには、貿易交渉で譲りすぎたかもしれない」と話していました。総じて日米でいい関係を築けたと思います。

秋田犬「ゆめ」とともに安倍氏を出迎えたロシアのプーチン大統領

――第1次、2次内閣を通じて、安倍さんはロシアのウラジーミル・プーチン大統領（2000年5月～08年5月、12年5月～）と、計27回会談しました。プーチン氏は強面のイメージ通りの人物ですか。

プーチンはクールな感じに見えるけれど、意外に気さくで、実際はそれほどではありません。ブラックジョークもよく言います。

プーチンが大統領に正式に就任したのは00年5月です。森喜朗さんの首相就任は、00年4月でした。北方領土問題に強い関心を持っていた森さんは、互いに首脳になったばかりの間柄だったから、プーチンを盛り立てて、平和条約交渉を進めようとしたわけです。ただ、森さんは1年で退陣してしまった。次を託された小泉純一郎首相は、残念ながら森さんほど対露関係に情熱を持っていなかった。そして日露関係は冷え込んでしまいました。

私が首相になってプーチンと初めて会ったのは、06年11月、ベトナム・ハノイで開かれたアジア太平洋経済協力（APEC）首脳会議でした。森さんの時代のように日露関係を少しでも前進させられないかと思い、翌年には訪露するつもりだったのですが、私の体調が悪化し、かないませんでした。

訪露の実現は、第2次内閣発足後の13年4月となりました。この時は、直前に森さんに首相特使として訪露してもらい、プーチンと会って地ならしをしてもらった上で、モスクワでの首脳会談に臨んだのです。北方領土問題については、日露共同声明で「双方受け入れ可能な解決策」を目指すという方針を明記しました。このモスクワ訪問が、私にとって領土交渉の出発点です。

――首脳の相手国への訪問は、相互に行うことが外交上の儀礼と言われています。安倍さんが訪露を繰り返したのに対し、プーチン氏の来日は、安倍さんの地元・山口県を訪問した16年12月と、19年6月の主要20か国・地域（G20）首脳会議（サミット）の2回だけです。外交儀礼にはこだわらなかったのですか。

そんなことは気にしていません。こちらに解決したい案件があるのだから、繰り返し訪問し、粘り強く交渉していくのは当然でしょう。

14年2月にロシア・ソチで冬季五輪が開かれました。ただ、ロシア政府が前年、同性愛を宣伝したら罰金を科すといった性的マイノリティに対する規制を強化していたため、欧米各国が「人権侵害につながる」と反発し、オバマやフランソワ・オランド仏大統領らは開会式を欠席しました。各国がボイコットする中、これはチャンスだと思って私はソチ五輪の開会式に出席し、日露首脳会談を行いました。

ロシアは、13年の国際オリンピック委員会（IOC）総会で、東京での五輪開催を支持してくれました。ロシアの働きかけで、東京に1票を投じてくれた国もありました。ソチ訪問は、そのお礼をする意味もありました。

プーチンは、秋田県知事から寄贈された秋田犬の「ゆめ」を連れてソチの大統領公邸で私を出迎えました。私が「ゆめ」の頭をなでると、「気をつけないと噛むかもしれないぞ」と私のことを脅しましたが、その後の会談では、私の訪問について「スパシーバ（ありがとう）」と繰り返し述べていました。

16年5月に再びソチで会談し、北方領土問題を「新しいアプローチ」で解決することで合意しました。新しいアプローチとは、極東の産業振興や、エネルギー、先端技術など8項目の経済協力プランが柱です。この時から、北方領土問題を解決して平和条約を結べば、ロシアの利益につながりますよ、と伝えていく作戦を始めるわけです。

領土返還が約束されていないのに、日本が経済協力を先行させることに対しては、ロシア研究家などから「安倍は大きな間違いを犯した」とか、「4島一括返還の立場を捨てた」などとさんざん批判されました。

しかし、4島一括返還を主張することは、永久に北方領土が戻って来なくてもいい、ということと同義です。一括返還の主張が、何らブレークスルー（突破口）をもたらさなかったことは歴史が証明しています。

18年11月には、歯舞群島と色丹島の2島返還を明記した1956年の日ソ共同宣言を交渉の基礎にするという方針を決めました。これについても「安倍は譲歩した」と言われれば、そうかもしれません。でも、見方によっては、56年当時の鳩山一郎内閣の立場に戻っただけ、とも言えるでしょう。

――安倍さんは16年から19年にかけて、4年連続で9月にウラジオストクを訪問し、ロシア極東部への投資を促す目的で開かれた国際会議・東方経済フォーラムに出席しました。ウラジオストクでの首脳会談を重視していたのですか。

ウラジオストクへの毎年の訪問は、今井尚哉秘書官の発案です。ロシアを巡る国際情勢は不安定で、いつ何が起きるか分からない。いきなり西側がロシアの行動に厳しい制裁を科す恐れもある。仮にそういう状況になっても、日露間の交渉を閉ざさないようにするために、東方経済フォーラムには必ず出席するという約束事をつくろうという考え方でした。

――プーチン氏は、「強いロシア」の復活を掲げていましたが、真の意図をどう見ましたか。

彼の理想は、ロシア帝国の復活です。プーチンは、ペレストロイカ（国家の改革）やグラスノスチ（情報公開）を推進し、ソ連を崩壊に導いたミハイル・ゴルバチョフ元大統領を失敗者として捉えていました。

プーチンは80年代、諜報機関の国家保安委員会（KGB）の一員として、東ドイツのドレスデンでケースオフィサー（工作担当員）として活動していました。そして89年にベルリンの壁が崩れ、91年にソ連が崩壊し、大きな挫折を経験した。「なぜこれほどまで我が国は譲歩し、領土を手放してしまったのか」という想いが、プーチンの頭の中にはあったのだと思います。

ウクライナ共和国の独立も、彼にとっては許せない事柄でした。ソ連は、資源の豊富なウクライナに莫大な投資をしていたし、ロシアになってからも、資源開発を支援していたからです。そうした経緯があるから、国際法上決して許されることではありませんが、２０１４年にウクライナに侵攻してクリミア半島を併合したのだと思います。世界史では、クリミア半島は、ロシア帝国がオスマン帝国を破って手に入れた土地です。プーチンにとっては、ひとりよがりの考え方ですが、クリミア併合は、強いロシアの復権の象徴というわけです。

バルト三国のある大統領は私に、「ロシアにウクライナを諦めろと言っても、到底無理だ。ウクライナは、ロシアの子宮みたいなものだ。クリミア半島を手始めに、これからどんどんウクライナの領土を侵食しようとするだろう」と述べていたのが印象的でした。

自信を深めていった中国の習近平国家主席

――安倍さんが最も警戒してきた中国の習近平国家主席（２０１３年３月～）は、強国路線を進め、中国建国の父・毛沢東に並ぶ存在になることを目指しているようです。

中国は、政治が社会主義体制を取りながら、市場経済を導入する「社会主義市場経済」を進めて大国になりました。初代国家主席の毛沢東が進めた計画経済が破綻した後、「改革・開放」路線を掲げた鄧小平が、市場経済を導入し、規制緩和を進め、一部の人が先に豊かになる「先富論」を認めたことが大きい。習近平は、その富を広げていくことで、過去の歴史的指導者に並ぶ地位を確立したいのでしょう。

私の任期中、習近平はだんだんと自信を深めていったと思います。10年に世界第2位の経済大国となって以降、より強硬姿勢となり、南シナ海を軍事拠点化し、香港市民から自由も奪った。そして次は台湾を狙っている。毛沢東が経済失政で飢餓を引き起こした反省から、中国は鄧小平時代に集団指導体制が敷かれましたが、今、習氏は異論を封じている。非常に危険な体制となっているわけです。

習近平は、就任当初からしばらくは、日中首脳会談を開いても、事前に用意された発言要領を読むだけでした。トランプが米大統領に就任して最初の米中首脳会談でも、習近平は下を向いて原稿を読んでいたそうで、トランプが「なんだ、習近平という男は、あの程度か」と驚いたそうです。

ところが18年頃から、ペーパーを読まず、自由に発言するようになっていました。中国国内に、自分の権力基盤を脅かすような存在はもういないと思い始めていたんじゃないかな。

――習近平氏と、腹を割って正直に話したことはあるのですか。

中国の指導者と打ち解けて話すのは、私には無理です。ですが、習近平は首脳会談を重ねるにつれ、徐々に本心を隠さないようになっていきました。ある時、「自分がもし米国に生まれていたら、米国の共産党には入らないだろう。民主党か共和党に入党する」と言ったのです。つまり、政治的な影響力を行使できない政党では意味がないんだ、ということです。建前上、中国共産党の幹部は、共産党の理念に共鳴して党の前衛組織に入り、その後、権力の中枢を担っているということになっている。しかし、この習近平の発言からすれば、彼は思想信条ではなく、政治権力を掌握するために共産党に入ったということになります。彼は強烈なリアリストなのです。

18年10月の北京での日中首脳会談で、習近平は、日本人拉致問題について「解決の促進のために役に立ちたい」と述べました。実はこの発言は、日本側から事務レベルで働きかけたものです。私は、そうした内容が文書に入ればいいと思っていたのですが、彼が自ら言及したので、とても驚きました。

拉致問題について、中国はずっと日朝2国間の問題だという考えでした。習近平は、自由に発言できるだけの政治基盤を持っていたということです。

中国首脳にとって、日本とあまりに近づくことは、危険なわけです。1980年代、胡耀邦総書記は、中曽根首相と緊密な関係を築いていましたが、その後失脚しました。外務省が2017年に公表した外交文書では、胡耀邦が中曽根さんとの会談で、中国共産党人事にまで言及していたことが明らかになりました。

習近平の振る舞いの変遷を振り返ると、彼は昇り竜でした。でも、孤独感はものすごくあると思いますよ。民主主義国家は選挙で交代しますが、独裁政権は、ある日突然、倒されるわけです。権威主義国家の指導者のプレッシャーの大きさは、我々の想像を超えているんじゃないかな。だから習近平もプーチンも、そして北朝鮮の金正恩国務委員会委員長も、政敵を次々に倒してきたのでしょう。

中国を重視したドイツのメルケル首相

――ドイツのアンゲラ・メルケル首相（2005年11月～21年12月）は、国際舞台で存在感を示した首脳の一人です。中国と関係を深め、ドイツにとって中国は最大の貿易相手国となりました。安倍さんは、メルケルから中国への配慮を感じましたか。

メルケルは首相在任中、中国を12回訪問しています。日本には、07年、08年、15年、16年、19年に2回と6回だけです。しかも、このうち08年は、北海道・洞爺湖でのG8サミット、16年は三重県でのG7伊勢志摩サミット、19年6月は大阪でのG20サミットのためです。日本への単独公式訪問という形では、3回しか来ていません。

15年3月の来日時、私は、「あなた、なかなか日本に来なかったね」と皮肉を込めて言ったら、「日本は毎年、首相が交代しているでしょう。だから、なかなか訪問するという決断に至らなかった。散々迷ったあげく、安倍内閣はどうやら長く続きそうだと思ったから、来たんだ」と話していました。でも、実際は中国重視だったのでしょう。

私は翌年5月の欧州歴訪でドイツを訪問し、ドイツ政府が迎賓館として利用しているメーゼベルク城に招待されました。ベルリンの郊外にあるお城で、日本の首相が招待されるのは初めてで、歓待してもらいました。

彼女は首脳会談後の夕食会で、いろいろと中国について話題を振ってくるのです。中国政府が中国文化の普及を目的に世界中につくった「孔子学院」について、彼女は「学院に全然、人がいない。中国人がドイツ国内で工作活動をしているようだ。とんでもない」と言う。孔子学院が対外世論工作の機関になっているという話は、私は何度もサミットなどで話していたので、「だから言ったでしょう」と私は言いました。

でも、メルケルの対中批判を鵜呑みにはできません。私は「ところで、ドイツのエンジンメーカーは、中国にディーゼルエンジンを売っていますね。中国海軍は、ドイツ製のエンジンを駆逐艦や潜水艦に搭載している。これは一体どういうことですか」と聞いたのです。するとメルケルは、「え、そうなの?」と言って、後方に控えている官僚の方を振り向いて聞くわけです。でも、誰も答えない。ドイツが中国にエンジンを供給していることなんて、誰だって知っています。メルケルは知らないふりをしていただけです。メルケルは、閣僚経験も豊富だし、国際会議や交渉の場数を踏んでいるだけあり、この程度の話では動じませんでした。やり手でしたね。

英国のキャメロン、メイ、ジョンソン　3人の首相のこと

——英国の首脳は、デービッド・キャメロン（2010年5月〜16年7月）、テリーザ・メイ（16年7月〜19年7月）、ボリス・ジョンソン（19年7月〜22年9月）の3人の首相と付き合いました。

キャメロンも、中国に傾斜してしまった欧州首脳の一人です。12年にチベット仏教最高指導者のダライ・ラマ14世を英国に招待し、会見しました。中国の弾圧を受けてインドに亡命したダライ・ラマとの会見に、中国は激怒し、報復として英国との交流を止めてしまった。焦ったキャメロンは、人権問題を棚上げし、中国に接近しました。それが、西側諸国で真っ先に中国主導の国際金融機関・アジアインフラ投資銀行（ＡＩＩＢ）への参加表明につながっていくわけです。キャメロン政権は、英国内の原子力発電所の建設まで中国に発注し、英中関係を「ゴールデンエージ（黄金時代）」と表現しました。

私はキャメロンに会うたびに、人権弾圧や強引な海洋進出など中国の問題点を説明しました。その場では、キャメロンも納得したそぶりを見せるんですが、実際は、聞く耳を持っていなかったのかもしれません。大英帝国の歴史を考えれば、英国は本来、世界全体を俯瞰して、大きな戦略を練る国のはずですが、キャメロンは、英国経済の立て直しで頭がいっぱいだったのかもしれません。

メイには好印象を持っています。彼女は、首相に就任した直後の16年9月、中国・杭州で開か

れたG20サミットで、私に会談を持ちかけてきました。結局、正式な会談ではなく、立ち話となりましたが、最初から打ち解けることができました。

英国はこの年の6月の国民投票の結果、欧州連合（EU）離脱に舵を切っていました。私は「英国に進出している多くの日系企業の活動に支障が生じないように」と要請し、彼女は「とにかく日英の経済関係を強化したい」と言っていました。

第2次内閣発足後、日本とEUは、経済連携協定（EPA）の交渉をしていましたが、英国がEUを離脱したら、EPAの対象外になってしまいます。だから、日英間で何らかの貿易協定を結ばなければいけない、という思いがメイにはあったのでしょう。英国には、日本の自動車メーカーなど約1000社が進出しています。

その後も、彼女は首脳会談を積極的に持ちかけてきました。17年4月には首相の公式別邸のチェッカーズに招かれました。ここで、経済に限らず、安全保障分野でも連携していこうという話が出ました。

この年の8月には、公賓としてメイは来日しました。京都迎賓館で夕食会をした翌日、東京での首脳会談に向けて新幹線で一緒に移動したのですが、メイはしきりに日英関係を「allies、同盟にしないか」と言うわけです。

17年1月に、日英間では、自衛隊と英軍が物資を融通し合う物品役務相互提供協定（ACSA）に署名していました。日本にとっては、米国、豪州に続いて3か国目でした。メイはそうした部隊間の協力があるのだから、日英を「同盟」関係に発展させようとしたのでしょう。日本と英国は同じ海洋国家という意識が強かったのかもしれません。

同盟の明確な定義はありません。古くは、侵略に共同で武力行使するという考え方だったし、最近は、安全保障上の協力を、広く同盟と呼ぶケースもあります。

ただ、本来、日本にとってありがたい申し出でも、日米のような同盟関係を結ぶのは難しいわけです。日本は、いつでも集団的自衛権を行使して英国を守る、ということはできないわけですから。

――メイさんの同盟の申し出に何と答えたのですか。

正直驚いたのですが、断るわけにもいかないので、「それで結構だ」と応じました。「かつて日本は日英同盟を締結し、日露戦争で勝つことができた。日英の緊密な関係を快く思わなかった米国が、日英を分断しようとしたから、残念ながら同盟を廃止してしまった。非常に残念なことだ」と言いました。こうしたやり取りが、日英は「準同盟」といった見方につながっていきました。

フランスのオランドとマクロン、両大統領との思い出

――フランスの首脳は、フランソワ・オランド（2012年5月～17年5月）、エマニュエル・マクロン（17年5月～）でした。

オランドとの関係で印象深いのは、13年6月、フランス大統領としては17年ぶりとなる国賓来日でした。オランドは、事実婚のパートナーと来日しましたが、直前まで、事実婚の彼女をファーストレディーと同様に接遇すべきかどうかを巡って、政府内でもめたのです。

国賓として来日した場合、通常は、宮中晩餐会などで天皇、皇后両陛下にもてなしていただくことになる。事実婚の彼女をその対象に含めてもいいのか、と宮内庁が問題視するわけです。結局、外務省に調べてもらい、インドなど他国もオランドの彼女をファーストレディーとして遇していたことが分かったので、宮中晩餐会への出席を何とか認めてもらいました。

オランドの来日時には、東京・元赤坂の迎賓館でワーキングランチをしたのです。明治末期にできた迎賓館は、フランス人画家の天井画とか、立派なシャンデリアなどがあり、世界一美しいと言われるフランスのベルサイユ宮殿を思い起こさせますが、本物と比べれば明らかに見劣りがします。

私は、フランス人に見せるのがちょっと恥ずかしかったのだけれど、国賓は原則、迎賓館でもてなします。私がオランドに、「西洋の文化を吸収しようとした時代の建築だから、ベルサイユ宮殿に似ていますね」と苦し紛れの説明をしたら、オランドはお世辞なのだろうけど、「立派じゃないか」と褒めてくれたので、助かりました。

そしてワーキングランチの食事は、フレンチなのです。私は、本場の人に日本のフレンチで挑んで大丈夫なのか、と心配していたのですが、これは杞憂でした。日本を代表するフレンチのシェフ・三國清三《きよみ》さんを中心として、何人ものスターシェフがそれぞれ料理を提供していくと、オランドの一行はスマートフォンを取り出して、盛り付けの写真をパチパチ撮っていました。「味もいいし、盛り付けも素晴らしい」と言ってくれた時は、ほっとしました。

翌14年5月には、私が訪仏し、パリのエリゼ宮周辺の大通りをオランドと一緒に歩いたのです。オランドが希望したので、一緒に散歩したのですが、あの頃はアベノミクスも絶好調の時期だったので、随分、通りの人たちに写真を撮られました。オランドは私と歩くことが、自分の政治活動にプラスになると思ったのでしょう。外交にはそういうアピールの仕方もあります。

マクロンは、フランスの歴史上最も若い39歳で大統領になりました。大統領になる前は経済相を務めていたので、アベノミクスへの理解もあった。だから彼は17年の就任当初から、私に敬意をもって接してくれました。長期政権ならではの利点でしょう。

日本が提唱した「自由で開かれたインド太平洋」構想にも、マクロンはいち早く協力を表明してくれました。南太平洋には、ニューカレドニアやポリネシアといったフランス領があります。この海域の権益を中国に奪われてはならないという考えから、日本と戦略的に協力しようとしたのです。

フランスの意向を踏まえ、18年には、日本が主催して3年毎に開いている「太平洋・島サミット」の枠組みに、ニューカレドニアとポリネシアの2地域を新たに迎え入れました。さらに、島サミットへのフランスの現地総領事らの出席も認めました。法の支配に基づく海洋秩序の維持や、航行の自由といったインド太平洋構想は、フランスの国益にも合致していました。マクロンは、領土を守る気概が強い政治家でした。

EU首脳の前で俳句を詠むことに……

――安倍内閣はEUの要人とも会談を重ねました。EU首脳との会談は、意識して行っていたのですか。

EUは、組織が複雑です。理事会がいくつもあり、立法機能を持つ議会もある。正直、私も最初はよく分からなかったのです。

最も高いレベルで意思決定を行うのが「欧州理事会（首脳会議）」で、私は、ヘルマン・ファン＝ロンパイ（2009年12月～14年11月）、ドナルド・トゥスク（14年12月～19年11月）の両議長と繰り返し会談しました。一方、官僚機構の「欧州委員会」のメンバーでは、ジョゼ・マヌエル・ドゥラン・バローゾ（04年11月～14年11月）と、ジャン＝クロード・ユンカー（14年11月～19年11月）らに会いました。

正直、私は、ドイツや英国など欧州の大国の首脳と会えば、それで十分だろう、と思っていたのです。でも、EUは重要だとさんざん私に説いたのが、今井秘書官でした。経済産業省時代、ベルギー・ブリュッセルにある日本機械輸出組合ブラッセル事務所長であった彼は「ひとたびEUの域内ルールができ上がってしまえば、それは将来、必ず国際ルールになっていく。だから欧州がルールを形成する前に、日本が関与していくべきなんです」と繰り返し私に言っていました。実際、気候変動やエネルギー問題で世界をリードしているのは欧州です。

ただ、EU首脳との会談では、苦労もありました。俳句の愛好家であるファン＝ロンパイとのやり取りです。彼は、母国語のオランダ語で詠んだ俳句を、英仏独語や日本語の対訳もつけて、出版までしている。オランダ語の俳句は、音節の数で五・七・五を表現していて、EU危機や東日本大震災を詠んだものもあるそうです。

ファン＝ロンパイと会談する時は、互いに俳句を披露し合うということになったのです。ところが、俳句をたしなむ秘書官なんていないので、私が自分で考えなければならなかったのです。13年11月にファン＝ロンパイが来日した時、初めて晩餐会で私の俳句を披露しました。「降る星を　見上げる夜に　友来たる」。14年5月に私がブリュッセルを訪問した時は、彼の公邸であるお城で夕食会を開いてもらったので、「古城にて　もてなし染みる　春の夜」。いずれも苦労してつくったのです。

――……ストレートな句ですね。

風情のある立派な俳句なんて、できるはずがないでしょう。

ある時、季語を入れ忘れちゃったんだけれど、あまりにも面倒で、そのまま詠んだこともあります。

私はEUの面々にも、中国の問題点を説明していました。ファン＝ロンパイは14年のブリュッセルの会談で、「安倍さんの警告が、だんだん分かってきた」と言い出した。何事かと思ったら、「先般、中国の習近平国家主席がEUを訪問する時、米国大統領と全く同じように接遇しろ、と中国側がしつこく求めてきた。とても辟易した」と言うわけです。私は「中国は、大国として振る舞いたいのでしょう。その傾向はますます強くなりますよ」と答えました。

08年のリーマン・ショック以降の世界金融危機で、低成長時代を迎えた時、EU各国は中国の投資に期待し、中国は「一帯一路」構想で応えようとしたわけです。でも、中国の不透明な投資が、実は欧州の国益を害しているということにだんだんと各国が気づいていくわけです。

後任のEU議長のトゥスクは、ポーランド首相時代に会ったことがあったので、最初からいいムードで会談できました。トゥスクとコンビを組んだ欧州委員会のユンカー委員長は面白い人物で、いつも冗談ばかり言っていました。

私はEUとの関係でも、着実に答えを出したつもりです。米国の環太平洋経済連携協定（TPP）離脱で自由貿易は揺らぎそうになりましたが、17年には日EUの経済連携協定（EPA）は大筋合意に達し、19年には発効させることができました。日本はEUからの輸入にかける関税のうち約94％を撤廃し、EU側は、約99％を撤廃するという内容です。日本は自動車メーカーなど製造業への恩恵が大きく、欧州は、チーズやワインの生産者などに配慮した内容でした。

豪州のアボット首相に助けられる

——豪州は、政界の争いで首相が頻繁に代わりました。ジュリア・ギラード（2010年6月〜13年6月）、ケビン・ラッド（13年6〜9月）、トニー・アボット（13年9月〜15年9月）、マルコム・ターンブル（15年9月〜18年8月）、スコット・モリソン（18年8月〜22年5月）の5人が、第2次安倍内閣以降の首脳です。

安倍政権は、過去にないほど豪州との関係を強化した政権でしょう。安全保障面では、13年に、日豪の部隊間の協力を定めた物品役務相互提供協定（ACSA）が発効し、17年にはACSAを見直して武器・弾薬の提供も可能にしました。安全保障関連法に基づいて、豪州の艦艇防護もできるようになっています。

そもそも豪州は、鉄鉱石や石炭など資源に恵まれており、エネルギー安全保障上、日本にとって欠かせない貿易相手国です。15年には、貿易の自由化や知的財産の保護などをまとめた日豪のEPAが発効しました。

そうした協力関係のきっかけをつくってくれたのは、知日派の首相ジョン・ハワード（1996年3月〜2007年12月）であり、07年の安全保障協力に関する日豪共同宣言は安全保障面での2国間関係を大いに進展させました。第2次内閣以降では、ハワード政権で閣僚を務めていたアボットが大きな役割を果たしてくれました。

14年1月、毎年スイスで開かれているダボス会議（世界経済フォーラム年次総会）に私が出席した時、会議に来ていたアボットが首脳会談を求めてきたのです。私は前年の12月に靖国神社を参拝していたので、「歴史修正主義だと文句を言われるのかな。面倒だな」と思って断ったのですが、豪州側は「短時間でもいいから会いたい」と強く言ってくる。仕方がないので、年次総会の会場内で、短時間会ったのです。すると、アボットは開口一番、「これだけは伝えたかった。日本の戦後の平和国家としての歩みは、世界からもっと評価されるべきだ。日本は過去の出来事において謂れなき批判を受けている。それは全くフェアではないし、日本は安全保障分野でもっと貢献すべきだと思う。協力していこう」と言うわけです。

私はびっくりしました。日豪は第2次世界大戦で戦い、豪州人の中には、日本軍によるダーウィン空襲を今なお批判している人もいます。そういう歴史の話を一切せず、アボットは私に協力を申し出てきたわけです。この短い会談が、その後の経済や安全保障の連携強化につながっていくことになりました。

アボットに好感を持った私は、彼がこの年の4月に来日した時、外国首脳として初めて、NSCの会合に彼をゲストとして招きました。首脳会談では、アボットが「老朽化した潜水艦を新型に切り替えるつもりだ。日本の潜水艦の建造技術は高い。協力してもらえないか」と打診してきました。この潜水艦の協力計画は、実現させたかったのですが、ターンブル政権に交代していた16年、フランスの計画に敗れてしまいました。

アボットには助けられた面もありました。14年11月にミャンマーで東アジア首脳会議（EAS）が開かれた際、会議の待ち時間に私とアボットとブルネイの国王の3人で雑談をしていたら、中国の李克強首相がやってきたのです。当時は日中関係が冷え切っていました。李克強は、ブルネイの国王とアボットと握手をして一言二言、話をした後、近くにいた私を無視するわけにもいかず、堅い表情のまま私にも握手を求めてきました。私が「日中関係を改善していきたいと思います」と言ったら、李は、「歴史を鑑として、未来に目を向ける精神が大切だ」といった型通りの挨拶をするわけです。すると、横にいたアボットが李に向かって、「歴史を鑑とするのは結構だが、過去にとらわれたらいけない」と述べたのです。李は、不愉快そうな顔を隠そうともしないで立ち去っていきました。するとアボットが「俺はピースメーカー（仲裁者）の役割を果たせたかな」と笑って言っていました。

海外の首脳と親しくなると、内政の相談を受けることもあります。トランプやアボットがそうでした。

豪州は、4人に1人が外国生まれという移民国家ですが、移民を受け入れすぎて、都市部の住宅不足問題などが起きました。アボットは私に、移民抑制策をどう思うか、と聞いてきたことがありましたが、移民を受け入れていない国の私が、偉そうなことを言うわけにもいかないので、こうしたらどうですか、くらいのことしか言えませんでした。私を信用してくれているんだな、と嬉しかったです。次に来日したら、北海道・ニセコ町でスキーを一緒にやりたい、と言っていましたが、支持率が低迷し、彼は退陣してしまいました。

――ターンブル氏は、中国寄りだとされていました。

ターンブルが中国に寄っていたのは事実です。彼は取っつきにくいタイプでしたが、日豪の関係を強化したかった私は、諦めずに首脳会談のたびに中国の危うさを訴えました。17年1月にシドニーを訪問した時には、夕食会で彼の奥さんが中国に対して非常に警戒感を持っていることが分かりました。ターンブルも、中国の問題点は十分に把握していたはずです。ターンブルとは、米国抜きでも何とかTPPを発効させようと協力できたのは良かったと思います。

ターンブルと私は同じ1954年の生まれですが、彼が子どもの頃、一番好きだったテレビ番組は、60年代に放送された日本の連続時代劇『隠密剣士』だったそうです。江戸時代に忍者が颯爽と手裏剣や刀を使いこなし、悪者をやっつけるというドラマなのですが、私も大好きだった。豪州でも放送されていたそうです。ターンブルは2015年12月に来日した時、「日本に行けば忍者に会えるかと思っていたのに、残念だ」なんてジョークを言っていました。日本のサブカルチャーの発信が、そんな以前から行われていたことには驚きました。

モリソンが首相に就任した18年の頃には、私は国際社会で一定の発言力を持っていました。モリソンは私のことを「メンター」、先生と呼び、豪州国内では「私の外交アドバイザーは日本の安倍総理だ」とまで言っていました。自由で開かれたインド太平洋構想や、日米豪印の協力などが、彼の考えに合致していたのでしょう。私が18年11月、ダーウィンの戦没者慰霊碑を訪問したことも大きかったかもしれません。

ただ、捕鯨を巡ってはモリソンと対立しました。

18年9月に開かれた国際捕鯨委員会（ＩＷＣ）の総会で、商業捕鯨の一部再開を求めた日本の提案は、否決されました。ＩＷＣの設立目的は、クジラの資源保護と持続的な利用、つまり一定の捕獲を認めているのだけれども、実際は保護に偏っている。

この年11月のダーウィンでの日豪首脳会談で、私は商業捕鯨再開について、「対象は、そちらの庭先、つまり南太平洋ではない。日本の領海と排他的経済水域（ＥＥＺ）だ」と言って理解を求めたのですが、モリソンは非常に物言いがストレートで、「日本はＩＷＣを脱退すればいい」と言うわけです。私は率直な発言に驚きましたが、結局、19年6月、日本はＩＷＣを脱退することになりました。

ドゥテルテ大統領にネタニヤフ首相　「猛獣使い」と呼ばれて

――安倍さんは、フィリピンのロドリゴ・ドゥテルテ大統領（２０１６年6月～22年6月）や、イスラエルのベンヤミン・ネタニヤフ首相（１９９６年6月～99年7月、２００９年3月～21年6月）など、一癖も二癖もある首脳とも良好な関係を築きました。そうした首脳と付き合う上では、何かしらのコツがあるのですか。

国際社会で「問題児」扱いされている首脳の中にも、意外と面白みがある人物がいるのです。

最初から嫌っていたら、いくら相手の前で隠そうとしても、必ず伝わってしまいます。先入観を持たないことが大切です。

型破りな人は、ある種、単純に見られがちですが、総じて人間は複雑でしょう。強硬なプーチンやドゥテルテの主張は、国際政治の建前の世界からは外れている。人種、宗教などの多様性に配慮するといったポリティカル・コレクトネス（政治的な正しさ）はないけれども、ある種の「核心」を突いていることも多いわけです。

検察官出身のドゥテルテは、麻薬撲滅のため「マフィアを皆殺しにする」と表明し、実際、フィリピンでは麻薬犯罪に関わった容疑者が数多く射殺されました。ただ、ドゥテルテは、自分の政敵を葬っているわけではない。間違った手段ではあるけれど、社会の敵を排除していたわけです。

私は、ドゥテルテが16年10月に来日した際に初めて会いました。強硬な麻薬取り締まり政策は、当時すでに欧米各国や人権団体から批判されていました。

私はドゥテルテに、「私は学校の先生のようなことは言わない。麻薬を撲滅していくというあなたの立場を理解したいと思っているし、協力したい。ただ、あなたが超法規的な手段ばかり取っていては、協力できない。もっとうまくやってもらえないだろうか」といった話をしました。結局、日本は平和的手段による麻薬撲滅の支援という名目で、薬物中毒患者の更正など様々な援助を行うことになりました。

ドゥテルテは、米国批判を繰り返していたので、私は「私の祖父（岸信介元首相）も、連合国軍総司令部（GHQ）に戦犯として拘置された。その後、日米安全保障条約を改定して現在の同盟の基礎を築いたのも、祖父だ。私怨ではなく、国益を考えたからだ」と言ったのです。

こうした話にドゥテルテはすごく喜びました。翌17年1月、私がフィリピンを訪問した時には、自宅の寝室に連れて行かれ、銃のコレクションを見せられて「好きな銃を持ち帰ってくれ」とまで言われました。「日本で銃の個人所有は許されていない」と言って断ったけれども、「いいから持っていけ」としつこくて大変でした。

彼の原点は、検察官なんです。施政方針演説などで、「正当な手段で取り締まれ、と立派なことを言っている人たちは、私が育ったミンダナオ島・ダバオの子どもたちの命を一人でも救ったのか。マフィアは、子どもたちに麻薬を売り、子どもたちは死んでいく。売人になった子どももいる。誰も救っていないじゃないか。だから私がやるんだ」と繰り返し述べていました。彼の主張には、一理あるでしょう。

相手の懐に入れば、その人が経験してきた人生の一部を見ることができる。そこで初めて、影響力を行使できるのです。外野で何を言っても、相手は身構えるだけです。

ネタニヤフは、とても個性の強い人物でした。18年5月にイスラエルを訪問し、中東和平への日本の継続支援や、外務・防衛当局間の協議開始を決めたのですが、別れ際にネタニヤフが「安倍さんは秋の自民党総裁選に出るのか」と聞いてきた。「出るつもりだ」と答えたら、「今回の会談の最大の目的は、それを確認することだ。出たら当然勝つだろう。我々の情報では、勝つことになっている」と言っていました。対外情報機関モサドの情報なのでしょうが、モサドから太鼓判を押されても、と思いましたが……。

台湾の李登輝総統の国家観に感銘を受ける

——安倍さんは1994年、自民党青年局次長として台湾を訪問し、当時の李登輝総統（1988年1月〜2000年5月）に初めて会ったそうですが、李総統にはどんな印象を持たれましたか。

自民党の外交の窓口は国際局ですが、国交のない台湾との交流は、伝統的に青年局が受け持ってきた経緯があります。青年局は、毎年のように台湾を訪問しており、その一環で私も訪台し、当時の李総統に会って話を伺ったのです。

初めて李総統の話を聞いた時、私は圧倒されました。2000万人を超える台湾の民をいかに守り抜くか、その強い信念と意思に、心を揺さぶられたのです。李総統は、人間的な魅力にあふれる人。人を惹きつける磁場のような人です。

彼は台北の高校を卒業後、戦時中に京都帝国大学に進学し、日本を代表する西田幾多郎の哲学に傾倒した、という話を、流暢な日本語で話すわけです。

日本は台湾を統治していた時代、日本人技師の八田與一《はったよいち》という人物がダムを造ったことに象徴されるように、台湾各地でインフラ整備を進めた。子どもたちを学校に通わせた。日本と台湾の関係がいかに深いか、台湾人が日本からいかに大きな影響を受けたのか、という話をしました。語彙が豊富で、哲学に裏打ちされた教養を感じました。間違いなく、アジアを代表する偉大な指導者でした。

その後、１９９６年に私が青年局長となって訪台した時に、私は訪中を控えていました。李総統にその話をすると、「どうぞ中国に行ってきてください」と言われました。台湾が民主的な歩みを着実に進めていることを先方に伝えてきてください」と言われました。中国にその話をしたら、雰囲気が悪くなってしまいました。

――官房長官や首相になってからは、水面下での接触ですか。

電話で話をすることが多かったです。ただ、経済や安全保障など具体的な話はしません。彼は、台湾を守り抜く、国際社会の孤児で終わらせない、日本と台湾、台湾と米国の関係を強化して、国際社会で認めさせる、という強い信念を私に繰り返し伝えました。

靖国神社参拝問題では、李総統には、私の指導者としての姿勢を叱られました。

第1次内閣当時の２００７年6月、彼は靖国神社を参拝したのです。その直後に私はドイツ・ハイリゲンダムでのサミットで、中国の胡錦濤国家主席との会談を控えていました。李氏の総統退任後の来日は、この時で3回目だったのですが、過去の2回は、日本政府が穏便な言動をお願いしていたのです。でも、私は、「総統のお気持ちに添って、参拝してもらえればいいじゃないか」と一切の制約を付けませんでした。

私は、彼から靖国に対する思いを伺っていました。「自分の兄は、大日本帝国海軍の軍人だった。私も学徒出陣で出征し、日本陸軍の軍人として命を懸けた。戦争当時は日本人だったんですよ、安倍さん。そして兄は南方で戦死した。当時、靖国に祀られるというのは、兵士と国の契約だった。当然、私の兄は、靖国に神として祀られている。私はそう思っています。私が兄と会えるのは、靖国神社だけです。だから私は靖国で兄と再会する」という内容でした。こんな話をされたら、靖国に行かないでくれ、なんて言えるはずがないでしょう。

彼にはこうも言われました。「日本人は何をやっているんだ。かつての日本人の精神を失ったんですか。国のために散った多くの人が靖国に祀られている。そこに指導者が行くのは当然のことじゃないですか」とね。もう、ぐうの音も出ませんでした。

第7章
戦後外交の総決算
北方領土交渉、天皇退位

2016

東西冷戦下、日ソ近接を断固として阻止しようと、米国が日本に強力に圧力をかけた「ダレスの恫喝」から60年に当たるこの年、安倍氏は「戦後外交の総決算」と位置づけ、日露関係の改善に乗り出した。日本政府が長年にわたり金科玉条のように掲げてきた北方領土「4島一括返還」の見直しも選択肢の一つとすることを胸に秘め、安倍氏はプーチン露大統領と協議を始めることを決意する。

内政では、天皇陛下から退位の「おことば」が表明され、法整備の準備が始まる。安倍氏は、退位が恒久的な制度となることを警戒する。

章扉写真
2016年5月、広島の原爆ドームを訪れるオバマ米大統領（右）と安倍首相（写真　内閣広報室）

衆参同日選の思惑

――2016年は、通常国会を例年より大幅に前倒しし、1月4日に召集しました。前年秋の臨時国会開催を見送り、補正予算審議や国会同意人事が控えていたという事情がありますが、判断の決め手は、衆参同日選を想定していたからですか。自公両党は当時、衆院で憲法改正の発議に必要な3分の2以上の議席を持っていましたが、参院は3分の2に満たなかった。改憲勢力拡大のため、5月26、27日の先進7か国（G7）伊勢志摩サミット（首脳会議）後、6月1日の閉会に合わせて解散し、同日選を行おうと考えていたのではないですか。

衆参同日選は選択肢にはありました。ただ、同日選に、中選挙区時代ほどのメリットはないとも思っていたのです。

衆院が中選挙区制だった時代は、自民党の組織よりも、個々の衆院議員の個人後援会の方が強固な力を持っていましたね。他方、参院議員は、衆院議員ほど強い足腰を持っていない。参院選で、応援に入る衆院議員が自分の後援会の力をどこまで出すかと言えば、4、5割程度じゃないかな。しかし、同日選となれば、衆院議員も自分の後援会を100％動かすわけです。その結果、相乗効果で参院も勝つことができる。

でも、小選挙区制が導入されてからは、政党選挙の色合いが濃くなり、個人後援会を持たない若い衆院議員が増えました。彼らは、党の組織や地方議員の後援会に乗っかって戦っている。これでは同日選をやっても参院にそれほどプラスには働かないと思ったのです。逆に、同日選をやり、衆院の議席を減らすダメージを考えると、政権運営にはマイナスの方が大きいのではないか、という懸念もありました。

14年12月の衆院選で、自民党は290議席を獲得して圧勝しました。16年夏に衆院選を行えば、任期を2年以上残して解散することになる。衆院選に打って出て、勝利を収められれば歓喜の声の中で凱旋門をくぐることもできますが、敗れて帰ってきたら、竹槍で刺されてしまう危険性もあるわけです。

――1月28日には、甘利明経済再生相が違法献金疑惑の責任をとって辞任しました。辞めた閣僚は過去にもいましたが、甘利氏の辞任は一番こたえたのではないですか。

甘利さんは第2次安倍内閣をつくってくれた立役者の一人です。麻生太郎副総理、菅義偉官房長官、甘利さん、党では高村正彦副総裁。この人たちが、私の返り咲きを実現してくれて、政権の安定性を高めていた。さらに甘利さんは、アベノミクスという経済成長を優先する政策を推し進め、党内の財政再建派を抑え込む「重し」だったわけです。環太平洋経済連携協定（ＴＰＰ）交渉も担っていた。甘利さんの退場は、単に閣僚の1人が辞めるというレベルにとどまらず、政権の柱を一本失う大きな痛手でした。

——繰り返し慰留していましたが、かないませんでした。

甘利さんは13年に舌がんの手術をしていた。あの時も、迷惑がかかるから辞任すると言われたのですよ。甘利さんを失いたくなかった私は「いや、しっかり休養してくれればいいから」と言って、残ってもらったのです。辞任のきっかけとなった公設秘書の献金問題は、甘利さん自身には責任のない話、監督責任はあったけれど。何とか乗り切れないかと思ったのですが、甘利さんの意思が固かった。

被災地支援は「プッシュ型」へ

——4月14日に熊本県で震度7を記録した熊本地震が起こりました。この時から、政府は、被災した自治体の要請を待たずに、支援を開始する手法を取り始めました。危機管理の考え方を変えたのですか。

プッシュ型の支援ですね。このきっかけは、2014年2月の関東、甲信越を中心とした豪雪被害だったんです。特に山梨県で記録的な大雪となった。昔と違うのは、例えば県庁や市役所が被災し、現地の情報が自治体から取れなくなっても、個人がSNSを活用して情報を発信している点です。家の周りが大雪でこんな大変なことになっている、と映像やメッセージを発信している。妻の昭恵が実際にそうした情報を見て、私や秘書官に教えてくれたのです。一方で、自治体からは被災情報が上がってこない。それならば、複数の個人の発信を捉えて、客観性があればその情報を基に対応しよう、と決めたのです。熊本地震の時も、情報が入ってこないという状況が起きました。だから、個人のSNSから情報を吸い上げるチームをつくったのです。SOSの発信を受け取ったら、すぐに連絡を取り、ただちに対応することにしました。さらに被災地の避難所や、避難所に来られない周辺住民を含めて、タブレット型端末を配布して、現地から直接、不足している食料や備品を発注してもらうシステムもつくりました。政府からは、熊本県で勤務経験のある幹部官僚を被災地に派遣し、国にお伺いを立てずに、現地で支援の方法を決めていいことにしました。相当スピーディーにできるようになったと思いますよ。

もちろん、いろいろ文句を言ってくる人もいました。こんなに物資を送られても困ると、プッシュ型に消極的な自治体もあったのです。でも、多少の無駄が生じても、国民の命と健康を守ることが最優先でしょ。

18年7月の西日本豪雨の時は、岡山県、広島県、愛媛県にクーラーを大量に送ったのです。避難所などに設置してもらうために。最初は、そんなもの送られても対応できない、取り付けに金がかかる、と言ってきた県もありましたが、設置する業者も含めて派遣し、取り付け費用は政府で負担したのです。後日、お礼を言われました。

——災害時には地方の首長の力量が問われました。官邸からはどう見えていたのですか。

熊本地震時は、大西一史熊本市長や、福岡県の高島宗一郎福岡市長がよく対応してくれました。行動が早い首長、いろんな立案をしてくれる人は助かります。福岡市長は、災害時は大量の廃棄物が出るので、回収要員を熊本に派遣するなど率先して協力してくれました。

――地震の影響の長期化が避けられず、同日選の見送り論が強まりました。

もう、そんな空気ではなかったですね。

北方領土交渉を加速へ

――5月6日、ロシアのソチで日露首脳会談が行われ、平和条約交渉について「新たな発想に基づくアプローチで交渉を精力的に進める」ことでプーチン露大統領と合意しました。安倍政権が積極的に北方領土交渉に取り組む起点となる会談でした。領土の帰属問題を優先させず、経済活動で協力しながら、領土問題解決の機運を醸成していくという考え方に立った判断基準は何だったのですか。

日露の領土交渉では、昔から入り口論と出口論というのがありました。入り口論は、択捉島、国後島、色丹島、歯舞群島の4島の日本帰属を確認してから、平和条約を締結するという、言わば対露強硬派の主張です。出口論は、日露関係を改善することで、領土問題の着地点を探るという考え方でした。日本は、この両方の方針を行ったり来たりしてきたが、根底では入り口論、つまり強硬な姿勢にこだわってきました。しかし、私は入り口論にこだわるべきではないと考えたのです。

――北方4島は日本の領土だから、4島一括返還でなければ認められないという原理原則にこだわれば、永久に返還されない可能性があります。一方で、日本がロシアに経済協力などを行っても、領土が返ってくる保証はありません。落としどころは色丹島、歯舞群島の2島返還と考えていたのですか。

そもそも1956年の日ソ共同宣言には、平和条約の締結交渉を行い、条約締結後に歯舞群島、色丹島を引き渡す、としか書いていないわけですよ。過去の交渉記録や様々な文献を調べましたが、当時の鳩山一郎政権で交渉に当たった松本俊一衆院議員も重光葵《まもる》外相も、歯舞、色丹の2島返還は確実に実現できると踏んだわけです。日本は独立を回復していたとはいえ、なお敗戦国のレッテルを貼られていた。かつシベリアに抑留者がいた。そうした厳しい状況の中で、2島が返還され、抑留者も帰ってくる、そこまでできればOKだと考えていたわけです。ところが米国務長官のジョン・フォスター・ダレスに2島返還を受諾してはならないとして「待った」をかけられた。いわゆる「ダレスの恫喝」です。米ソ冷戦時代ですから、日ソが関係を大幅に改善するなんて、米国は全く望んでなかった。それで、祖父の岸信介も日米関係の重要性を考慮し、2島ではダメだ、となった。その後、日本は、そもそも領土返還は不可能だろうと考えるようになってしまった。だから、日ソ共同宣言を棚上げして、目いっぱい4島返還を要求していくわけですね。

でも、ソ連がロシアとなり、サミットにまで参加するようになったら、今まで通り、角突き合わせていればいい、というわけにはいかないのです。さらに中国が台頭し、日本を巡る戦略的な環境は大きく変わってしまった。安全保障上の脅威は、正直にどこかと言えば、やはり圧倒的な軍拡を進めている中国でしょう。

日本は、中国から尖閣諸島を守りつつ、北朝鮮のミサイルの脅威にもさらされ、ロシアとも難しい関係にある。日米同盟があるとはいえ、そんな状況で大丈夫なのか、ということですよ。多くの外交の懸案、脅威を抱える中、対露関係を大きく改善する必要があると思ったのです。だから、北方領土の返還を現実問題としてとらえ、俎上に乗せようとしたのです。

4島には今、ロシアの住民が住んでいるのです。一緒に経済活動を行い、日本はいいね、と思ってもらわなければ、領土交渉への理解が得られるはずがない。ロシアの国民全体にも、極東地域の開発などを通じて、日本との関係を強化した方がいいと思わせる必要があった。ソチで私が提案したエネルギーや極東開発、交通網整備など8項目の協力計画も、その後合意する4島での共同経済活動も、島民や極東地域の人々に、日本に対する理解を深めてもらうためでした。

ソ連崩壊後、対露外交は試行錯誤の期間が長かった。でも、安倍政権は対露戦略を変えたのです。もちろん、伝統的なロシア外交の専門家からは批判されました。丹波實《みのる》元ロシア大使には「安倍さん、歴史の正義を守ってくれ」と言われたこともありました。

――オホーツク海はロシア軍の重要な航路であり、中国の海洋での力が強まることは、ロシアにとっても懸念材料のはずです。中露の分断を考えながら、領土交渉をしようとしたのですか。

私は中国の問題を、ソチでもその後の首脳会談でも、相当時間を割いてプーチンに話したのですが、プーチンの真意は見えませんでした。彼は米国の批判はするけれども、中国についての物言いは慎重でした。

ロシアの外交当局は基本的に中国と仲が良い。私が「中国は不良ですよ」と言っても、ロシアも不良だから、不良仲間は大切にするという感覚なのかなと思いました。

――米国は、日露の接近が面白くなかったのではないですか。

オバマ米大統領には、私がソチに行くことに反対されました。この年の3月、核セキュリティ・サミットのために訪米した時の首脳会談で、ソチでプーチンに会うことを伝えると、オバマは「私があなたの立場だったら行かない」と言う。2014年のウクライナ・クリミア併合以来、日本は欧米とともに対露制裁を行っていましたから、その足並みが乱れることを警戒したのでしょう。でも、私は「日本はロシアと平和条約を結んでいない。この状況を変えなければいけないから、行くことを決めさせてもらう」と言ったのです。それで雰囲気が悪くなってしまいました。その後、オバマは怒ったらしく、米国の外交当局からも反対されました。ソチ訪問は、米国の意向を振り切る形で行きました。

ただ、16年秋には米大統領選があり、オバマの任期切れは近かった。次期米大統領が選ばれるまでの間隙を狙って日露を前に進めようと考えていたのです。

トランプ米大統領は、日露交渉に反対しませんでした。対露政策について私の考え方を聞いてくることも多く、私が近くプーチンと会う予定だと伝えると、トランプは「プーチンが何と言っていたか、後で教えてくれ」とよく言っていました。トランプからプーチンへのメッセージも預かって、プーチンに伝えるのだけれど、プーチンはクールでした。私がある時、「トランプ大統領になったら、米国の対露政策は、従来の敵視から変わるかもしれませんよ」と言ったら、プーチンは「トランプとは話せる仲だと思う。でも、安倍さん、私は米国に対して、何の幻想も抱いてない」と言っていました。トランプがいくら協調姿勢を見せても、米国務省や国防総省はそんなに甘くない、とプーチンは分かっていたのでしょうね。実際、トランプ政権は18年に、米大統領選へのサイバー攻撃などを理由にロシアに経済制裁を科しましたからね。

伊勢志摩サミット

――5月26、27の両日、三重県でG7伊勢志摩サミットが開かれました。新興国の経済の停滞が世界的な危機につながるのを防ぐため、機動的な財政出動を協調して行うことで合意しました。実際に各国の経済に関する危機意識は高かったのですか。

サミット前に世界の景気に対する認識を一致させようと、ゴールデンウィークに英独仏などを訪問しました。6月には、英国で欧州連合からの離脱（ブレグジット）を問う国民投票が控えている。実際に離脱への支持が多かったわけですが、「経済の混乱に備えた方がいい、財政出動を行うべきだ」と説いて回ったのです。

サミット本番を含めて、財政出動に真っ向から反対する首脳はいなかったけれど、キャメロン英首相やメルケル独首相は、渋っていましたね。そこまでの危機なのか、ということも言っていました。ただ、大切なのは、議長国の日本の方針に反対されないことなので、財政出動に反対しないという点で合意を取り付けたのです。他方、米国、カナダ、イタリアは、財政出動の必要性はあるという考えでした。

――この当時、アベノミクスに懐疑的な見方が出始めていました。世界経済が危機的だと強調することで、経済政策の失敗を糊塗しようとしているのではないか、との見方もありました。

アベノミクスは失敗だ、と言いたがる人がいますが、では、機動的な財政出動や異次元の金融緩和を行わずに、円高や株安で低迷していた経済をどう立て直すのですか、ということですよ。経済状況は100点満点ではなかったかもしれない。だが、60点や70点だとしたら、それを失敗と言うのですか。

伊勢志摩サミットでは経済に焦点が当たりましたが、実は私は、中国の問題を結構取り上げたのです。中国が南シナ海に法的根拠のない境界線を設定して権利を主張し、南シナ海を勝手に埋め立てていることを説明しました。埋め立てが始まる前の島と、軍事拠点化した後の島を比較する衛星写真を配ったのです。もちろん、その場で回収しましたが。こうした一方的な現状変更は国際法に反していて許されない――ということを国際社会に理解してもらおうとしたのです。

加えて経済面では、知的財産の偽造や窃用、著作権の侵害を防がなければいけないと訴えました。私は「中国との貿易が重要なのは分かるが、皆さん、片目をつぶるのはいい、しかし両目をつぶるのはダメだ」と言ったのです。しっかり結束して中国をあるべき姿に導かなければいけない、とね。でも、欧州も米国も、当時はまだ中国の台頭について敏感ではなかった。正直、足並みがそろっているとは言えない状況でした。

──サミット初日、安倍さんが伊勢神宮の内宮入り口の宇治橋で各国首脳を出迎える中、オバマ氏は遅刻してきました。オバマ氏は機嫌が悪かったという情報がありました。

遅刻の理由はよく分からないけれど、不機嫌だったのは事実です。サミット前日の日米首脳会談の影響でしょう。この年の4月に、米軍属の男が沖縄県うるま市で女性を殺害した事件があった。この事件を、私が日米首脳会談で取り上げ、抗議したのです。その後、オバマは共同記者会見を開きたいと言ってきた。私は「記者会見を開いたら、必ず米軍属の事件について聞かれますよ。私も厳しい話をしますよ」と言ったのです。でも、米国向けにプレス発表したい案件があると言うから、結局、記者会見を開くことになった。会見では軍属の事件について聞かれたので、私は「大統領に断固抗議した。厳正な対応を求める」と述べたわけです。オバマも深い遺憾を表明したのだけれど、彼は機嫌を損ねてしまった。

翌日、オバマは宇治橋を歩いている間、ずっと軍属の事件に関する私の言い方に不満を述べていたわけです。「私が安倍さんの立場だったら、ああいう表現は使わなかった。我々米国人は、非常に傷ついた」と言う。また、逮捕された軍属が黒人だったので、「黒人だから、特別厳しく対応しているんじゃないか」とね。この時は通訳が近くにいなかったので、直接英語で話し合ったのだけれど、私は「傷ついたとしたら、申し訳なかった。しかし、日本にとっては大切な問題だ。譲れない。黒人かどうかは関係ない。全くの誤解だ」と言ったのです。でも、オバマはなかなかこの話をやめようとしないので、最後に私が「この橋を渡ると、いろんな穢れが落ちるから」と言ったら、オバマは報道陣の前では何事もなかったように笑顔を見せていました。

オバマ大統領の広島訪問

――5月27日には、オバマ氏は現職米大統領として初めて広島を訪問しました。オバマ氏側の意向だったようですが、米国とどのような調整を行ったのですか。

2015年には米国側から大統領の広島訪問を実現したい、という意向が日本にもたらされていました。政府と広島県双方に。で、米国務省はずっと私の真珠湾訪問とセットで実現しようとしたのです。日本の外務省も米国の言いなりだから、真珠湾に行ってください、共同で発表したい、という話を強く持ちかけてきた。だけど私はセットでは受け入れられないと反対したのです。真珠湾と広島では、全く位置づけが異なるでしょう。真珠湾攻撃は、宣戦布告があった、なかったかは別として、戦略的な軍の目標地であり、軍隊同士の戦いです。日本は軍艦や飛行場を攻撃したのですから。病院を零戦が襲ったという話がありますが、でたらめです。亡くなった一般米国市民がいたのは確かだが、高射砲の破片などによる影響なのです。

一方、広島は軍人ではなく、民間人を対象にした無差別攻撃です。男は戦場にいて、犠牲者の多くは女性やお年寄り、子どもです。軍同士の戦いと、大量殺戮では全く違います。だから私は、もし広島にオバマが来るのであれば、その後、我々も別途、真珠湾訪問を計画する、という話をしたのです。それで米側も理解してくれました。

オバマにも、広島を訪問して、果たして歓迎されるのか、という迷いはあったようです。日本国内のリアクションを心配していました。でも、駐日大使だったジョン・ルース、キャロライン・ケネディが毎年のように広島を訪問し、特に、ケネディ大使は「核軍縮への思いを強くした」と発信して、評判が良かった。岸田文雄外相の功績ですよ。そうやって機運が醸成されたので、オバマも大丈夫だと思ったのでしょう。

――オバマは広島で演説し、「爆弾が落ちてきた瞬間に思いをはせずにはいられない」、「歴史を直視し、再び起きないように責任を共有している」という内容の声明を発表しました。謝罪はしていませんが、評価は高かったですね。

核なき世界を追求するという彼のビジョンをうまくアピールしましたね。前年の戦後70年談話を含め、この2年間で戦後問題には一定の決着を付けることができたと思います。外交面では、この頃が7年9か月間の安倍政権のピークだったんじゃないかな。

増税先送りへ

――6月1日、国会閉会に合わせて記者会見し、2017年4月に予定していた消費税率10％への引き上げを19年10月まで2年半延期する方針を表明しました。サミットで世界経済が危機にあると言って流れをつくり、国内で消費増税を先送りする理由をつくりました。

全体として大きな仕掛けをつくったわけですね。増税先送りへの財務省の抵抗は強かった。でも、デフレ状態の時に消費増税を2回も短期間で行うという考え方が間違っているのです。しかも、増税した分の5分の4は、借金の返済に充てるという、実体経済を全く無視した政策なのです。予定通り消費税を引き上げていたら、経済は大変なことになっていましたよ。だから、19年の増税時には、増収分の使途を変更し、全世代型社会保障という形にして幼児教育や保育の無償化に充てたのです。

――なぜ増税の延期は2年半だったのですか。

19年10月に先送りしたのは、19年夏の参院選を終えてから増税した方がいいという観測からでした。私と今井尚哉秘書官で経済と政局の戦略を練ったのです。

――16年当時は、自民党総裁の任期は3年で、「連続2期」までしか認められていませんでした。17年の党大会で、連続3期9年までに党則を改正しました。消費増税の2年半先送りは、総裁3選も意識してのことだったのですか。

場合によっては、3選はあるかな、くらいの意識でしたよ。

――16年の参院選後、二階俊博幹事長が総裁任期の延長に言及し、3選容認の流れをつくりました。

そもそも自民党の総裁任期は、おかしいでしょう。総裁任期が2期6年は短かすぎます。もし4年間、野党の自民党総裁だったとして、その後、政権復帰を果たして首相になっても、2年しか総裁をできないことになります。仮に私ではなく、谷垣禎一総裁が首相になっていたら、谷垣さんは野党総裁を3年やっているので、残り3年しかない。これでは政治の安定なんか望めません。私に限らず、今後の総裁にも3期9年の任期があっていいでしょう。

――6月1日の記者会見では、参院選の日程を「6月22日公示・7月10日投開票」と表明するとともに、勝敗ラインは「与党で改選過半数」と述べました。改選定数121の過半数である61は、改選を迎える与党議員59議席を上回る厳しい数字でした。

正月の記者会見で、非改選の76議席と合わせて、自公で過半数、つまりこの参院選の獲得目標議席を46としたのですが、低すぎるではないか、と言われました。だったら、勝負してやろうと思ったのです。ただ、改選過半数を目標にすることは、正直、ヒヤヒヤものでした。野党が候補者を一本化し、共闘を始めていたし。

党の情勢調査で、野党候補に5ポイント程度の差を付けて勝っている候補は、結構いたのですが、その程度の差はひっくり返される可能性が十分あります。与党で改選過半数は、終盤国会で野党議員の質問が延々と続いている時間を利用して、各選挙区の数字を計算しながら分析して出した目標です。国会答弁と参院選目標の計算の両立は、なかなかの芸当でしょう。

――勝敗ラインに届かなければ、責任を追及されるという懸念は持っていなかったのですか。

最初はそう考えましたが、厳しめの数字を明確に掲げた方が、党内の緊張感と士気が上がりますから。衆院選に比べると、どうしても参院選は士気が落ちるのです。

――自民、公明両党と、憲法改正に前向きな勢力を合わせて、改憲の発議に必要な3分の2議席

（162議席）を維持しようという意識はありましたか。

考えていません。その中の大きな塊は、公明党ですよ。公明党を説得できない限り、憲法改正は前に進みません。太田昭宏前代表は理解があって、例えば自衛隊の明記についても、戦力不保持などを定めた9条2項を維持するのであれば、問題ないという考えでしたが、今の公明党執行部は厳しい。山口那津男代表は、私の前では自分の意見を言わず、いつも私の話を聞いた後、「うちの組織は難しいですね」みたいな話をする。こちらも確固たる決意を示して、集団的自衛権の限定的な行使については認めてもらいましたが、憲法本体についてはダメという雰囲気でした。

保守派の知り合いには、衆参両院で改憲勢力が3分の2議席に達しているのに、なぜ改憲に取り組まないのか、とさんざん言われましたが、そんなに簡単ではないのです。

——憲法改正は、ある程度野党の協力も必要とは思いませんでしたか。野党にも働きかけていたのですか。

憲法改正に野党の多くの賛同を得るのは難しいでしょう。野党議員の中で、改憲に協力する可能性がある人を個別に撃破しようとしたのですが、なかなかこちらを振り向いてはくれませんでした。自分の選挙を意識し、支持団体の意向を気にしてしまうのでしょうね。

まず草の根の運動を起こすことが重要だと思い、青年会議所には、改憲に向けた運動に取り組んでもらいましたが、今ひとつ盛り上がりませんでした。

——共産党を含めてすべての政党が自衛隊の存在については認めているにもかかわらず、自衛隊の違憲論を払拭するための憲法への明記に理解が得られないのは、なぜだと思いますか。

共産党などは憲法に指一本触れてはならないといった感じです。ある時、共産党の志位和夫委員長との討論会で、志位さんに「野党が政権を取って内閣に入った時も、自衛隊は憲法違反だ、という主張は変えないのか。変えないのであれば、自衛隊法自体が違憲立法になるが」と尋ねたのです。志位さんは「政権を取ってすぐに自衛隊を解散するということにはならない。自衛隊には、災害時には出動してもらうし、急迫不正の侵害にも対応してもらう」という趣旨の話をするのです。それはものすごい矛盾でしょう。でも、その矛盾をつくったのは、自衛隊を認めてきた自民党だ、と主張している。共産党の主張は詭弁と言わざるを得ません。

小池百合子氏が初の女性都知事に

――東京都知事だった舛添要一氏が、自らの政治資金を巡る公私混同疑惑で辞任し、7月31日に都知事選が行われました。小池百合子氏が、自民党の推薦を受けて立候補した増田寛也氏らを破って女性初の都知事に就任しました。都知事選にはどういう姿勢で臨んだのですか。

都知事選は、小池さんが風を読み、政党の支援を受けないと言って出馬しましたね。自民党を捨てた形で候補者になったわけです。当然、党内は都連を含め、小池さん何だよ、という不満が渦巻いて、正々堂々と小池氏への対抗馬を擁立すべきだという話になり、見識のある増田さんに出馬をお願いしたのですが、残念ながら支持を得られなかった。他方、民進党や共産党の支援を受けた鳥越俊太郎氏は、「安倍政治をストップ」と掲げて出馬した。それを言うなら、国政に出ろよ、と思いましたが。

私としては、首都をあずかる立場に鳥越氏が就くのが最も好ましくありませんでした。一方、小池さんは知事選前まで、自民党の国会議員だったわけで、第1次安倍内閣では首相補佐官や防衛相を務めてもらった。もちろん増田さんが勝つに越したことはないが、自民党と敵対する人が知事にならなければ、それでもいいんじゃないか、と思っていました。

――増田氏の擁立を主導したのは菅官房長官でした。菅氏は、2012年の総裁選で小池氏が安倍さんを支持すると言っていたのに、石破茂氏を応援したことが許せなかったようですね。

12年の総裁選の前に、小池さんから「政治資金パーティーに来て、講演してほしい」と言われて、彼女のために講演したのです。野党時代は、パーティー券を売るのも大変でした。その代わり、小池さんは総裁選で支持してくれる、という話があったのですが、実際は石破さんを応援したのですね。菅さんは当時、私のために支持集めに奔走してくれていて、その経緯をよく知っていたのです。彼は、こういうやり方を絶対に認めない。私自身はそこまで気にしていなかったので、菅さんは私に「あんな目に遭って、よく許せますね」と言っていました。

自民党幹事長に二階俊博氏

――8月3日に内閣を改造した。菅官房長官や麻生副総理兼財務相は、その後も含めて、ずっと代

えませんでした。

2人は安倍政権の大黒柱です。中曽根（康弘）内閣を参考にしたのです。中曽根総理は、安倍晋太郎外相、竹下登蔵相を4年近く代えなかった。安定した長期政権を築く上では、柱は代えない方がいいということでしょう。特に麻生さんについては、ある程度、年輪を重ねた政治家が閣内にいてくれた方が助かります。財務省を統率するという点でも、非常に大きかったです。

――当選4回の稲田朋美氏を防衛相に抜擢した理由は何ですか。

稲田さんを将来の保守派の女性総裁候補とみていて、以前に政調会長をお願いしました。それなりに政調会長として頑張ってくれたのです。次のステップとして、安全保障政策は総裁候補には欠かせないので防衛相に登用しましたが、自衛隊のイラク派遣時の日報問題（防衛省が「存在しない」としてきた自衛隊のイラク派遣部隊の活動記録が、実際には見つかっていたのに、1年以上、大臣に報告されなかった問題）などが起きてしまいました。防衛省は、次官をはじめとする事務方の防衛官僚らいわゆる「背広組」と、自衛官の「制服組」の軋轢があり、かつ制服組の中でも、陸海空でそれぞれ考え方が違い、バランスを取るのが難しい。私が想像していた以上に、防衛省は難しい役所でした。

――改造に伴う自民党役員人事では、自転車事故でけがを負った谷垣幹事長の後任に二階俊博総務会長を充てました。この狙いは何だったのでしょう。

二階さんは当時、総務会長でしたが、第2次内閣発足当初は、野田聖子総務会長を支える総務会長代理だったのです。野田さんに総務会長を頼んだのですが、実際のところ、党内をまとめられるか不安があったので、二階さんに「実質的な捌きをお願いします」と言って頼んだのです。野田さんを支えながら、よくやってくれました。二階さんは幹事長に就任し、派閥を一気に大きくしましたね。幹事長ポストは、党の人事とお金の権限を握っているとはいえ、政治的な力はさすがです。

――この時の内閣改造で、地方創生相だった石破茂氏が閣内から去りました。

石破さんには、安全保障関連法を審議する前、防衛相をお願いしたのですが、断られました。ご本人の希望もあって地方創生相に就任してもらった。結局、第2次内閣発足以降の7年9か月のうち、2年間が党幹事長、次の2年間は閣僚だったわけですが、本当は幹事長をやりたかったのでしょうね。

天皇陛下が退位を示唆

――8月8日に、天皇陛下がビデオメッセージで退位の意向を示唆しました。7月中旬には、NHKが先んじて報じていました。天皇陛下のお考えをどう受け止めましたか。

驚きましたよ。もちろん報道される前に陛下のお気持ちは、私は存じ上げておりました。ではどう対応するか、ということを官邸内のごくわずかなメンバーで考え始めたところで、いきなり報じられてしまった。

まず、退位は今後も起こり得ることで、我々は非常に慎重だったのです。今から考えれば、陛下のお気持ちの表明はご英断だったと思いますよ。ただ、当時は、果たして退位に道を開いていいのか、と悩んでいました。

明治政府は、明治22年（1889年）に帝国憲法とともに旧皇室典範を制定しましたが、旧典範では、皇位継承の原因を天皇の崩御に限った。つまり、天皇陛下を終身にすることで、政治が天皇を利用するような事態を封じたわけです。歴史を振り返れば、譲位は何度も行われていますが、譲位が強制されて政治が混乱したこともあったわけです。だから伊藤博文と井上毅《こわし》が考え抜いて、旧典範ができ上がった。そして現在の典範もほぼ旧典範を踏襲している。

もし退位に道を開くと、将来、天皇にふさわしくないから代えろ、いや代えるべきじゃない、といった双方の主張が出てきてしまい、国が二分されるような事態を招きかねないという不安を持っていました。

――どう対処しようとしたのですか。

天皇陛下が公務を果たすのが難しくなられたのであれば、摂政を置くのはどうか、と考えていました。現在の皇室典範も、天皇陛下が重患または重大な事故で国事行為を自ら行えない時は、皇室会議の議により摂政を置くと定めているわけですから。

ところが、陛下にはいろいろなお考えがあった。

大正天皇は体調に不安があったため、大正10年（1921年）に皇太子の裕仁親王（後の昭和天皇）を摂政にして療養に努めることになったのですが、この当時、摂政を置くべきだという推進派と、反対派がおり、もめたそうなのです。

天皇陛下が理想としていたのは、江戸時代後期の光格天皇なのです。光格天皇は在位38年で仁孝天皇に譲位し、その後は、基本的に政務は行わず、皇室の伝統文化の継承や学術の奨励に努めた人です。書式も、光格天皇の書式に倣っていたそうですから。私の元には、天皇陛下の強いご意向が繰り返し伝えられました。

――内奏では天皇陛下から退位のご意向を伝えられたのですか。

内奏の話はできません。国政全般についてご報告しています。内奏にはしきたりがあって、私が陛下に報告し、部屋の外にいる宮内庁職員がノックをしたら、私が「これで内奏を終了いたします」と言って席を立たなければいけないのです。しかし、この時期は陛下のお話が長引いて、何度も宮内庁職員にノックされたことがありました。きっと宮内庁職員は「安倍はいつまで陛下に話をしているんだ」という立っていたのでしょう。でも、私が陛下のお話を中断することはできませんからね。

私も、陛下のご意思は固いと分かっていたので、検討を始めていたのです。でも、なかなか前に進まないので、テレビで国民に直接訴えられたということなのでしょう。

天皇陛下のお考えは、圧倒的な支持を得ましたね。それによって、退位の法制化という新しい仕事が浮上しました。

当時、官邸で皇室を担当していた山崎《やまさき》重孝総務官には、「長州人である伊藤博文が考え出した皇位継承のあり方を、同じ長州人の安倍さんの時代に変えていいのですか」と言われました。でも、もはやそういう次元ではありませんでした。

――有識者の考えは二分していました。

学者の中には、退位の法制化に反対する人もいました。特例法で1回限りの措置にしたとはいえ、退位に道を開くということは、天皇を政治的に利用する余地を生んでしまうし、天皇陛下の周辺が、早く辞めてくれ、と退位をせかすような事態さえ起こり得る。でも、当時は天皇陛下のお気持ちに国民の圧倒的な支持がありましたから、無視はできませんでした。

天皇は国事行為のみを行い、国政に関する権能は有していないわけです。だから、陛下のご発意に基づかないという形を取りながら、法整備をやらなければいけないという点では、苦労しましたね。この年の10月、天皇の公務の負担軽減等に関する有識者会議を設置したのも、国民に理解を深めてもらうと同時に、オープンな形で手続きを進める必要があったからです。

米大統領選でトランプ氏当選

――11月の米大統領選では、事前の予想を覆し、共和党のドナルド・トランプ氏が民主党のヒラリー・クリントン氏を破りました。マスコミもそうですが、外務省もクリントン優勢とみていました。首相官邸はトランプ勝利の可能性も考えていたのですか。

国連総会に出席するために9月に訪米したのですが、その前に、ヒラリー陣営が私に会いたい、と言ってきたのです。外務省は、杉山晋輔事務次官以下、大統領選の勝者は「ヒラリーで間違いない」と断言していたので、それなら面会に応じようと決めて、訪米した際にニューヨークのホテルで会ったのです。大統領選では、ヒラリーもトランプも、環太平洋経済連携協定（TPP）にノー、と言っていたので、自由貿易の重要性を念押しする狙いがありました。

トランプ陣営からは、私に会いたいという話はありませんでした。でも9月の訪米が近づくにつれて、「もしかしたら何か起きるかもしれないから、念のためトランプにも一応会っておいた方がいいんじゃないか」と思い始めたのです。官邸内では、トランプとの会談は不要だという意見もあったのですが、万が一に備えたかったのです。

トランプ陣営に「短時間でもいいから会えないか」と打診したのですが、先方は「忙しくて時間が取れない。代理で弁護士を務めているウィルバー・ロスを派遣するから会ってくれ」と言ってきた。ロスは知日派の実業家として知られていたので、会ったところ、彼は「報道されているトランプと、実際のトランプは違う。トランプは良きリスナーだ」と言っていました。ロスは、トランプ政権で商務長官をずっと務めることになりました。大統領選の最中に面会しておいたのは良かったと思います。

――大統領選後、世界の首脳として初めてトランプ氏と会談しました。日本の首相が、就任前の次期大統領に会うのは異例でした。

トランプは大統領選で、TPPに反対し、為替についても日本はインチキをしていると言っていました。トヨタの批判もしていた。あたかも同盟を軽視するかのような発言もありましたね。日本がこうしたトランプの主張を深刻に捉えていなかったのは、当選しないと思っていたからでしょう。

でも、当選した。没交渉であることはまずい、と思いました。すぐに信頼関係を築かなければならないと思い、そのためには、とにかく早く会うことが大事だと。だから、今まではないけれど、就任前に会おうと考えたのです。トランプには、まず当選のお祝いの電話をし、「私はアジア太平洋経済協力（APEC）の首脳会議のためにペルーに行く。途中に米国に寄って会いたい。あなたがどこにいようとも、会いに行く。どこにいますか」と聞いたら、ニューヨークにいるというので、ペルーに行く前に会う約束を取り付けました。

就任前の次期大統領と会談するのは、現職のオバマ大統領に対して失礼だろう、という見方がありました。でも、そこは割り切って、クールにやろうと考えたのです。オバマだってクールな人間ですし。私がトランプと会う予定だとオバマ政権に伝えたところ、先方は、トランプと会食するのはやめてくれ、報道陣を入れて撮影させるのはダメだ、といろいろな注文を付けてきました。だから、その通りにしたのです。でも、かえってそれが、私とトランプとの間でじっくり話をする時間をつくることになり、信頼関係を築くきっかけになったのです。ニューヨークのトランプ・タワーに足を運んだ意義は大きかったと思います。国際社会全体からも注目されましたしね。

――トランプ氏の第一印象はどうでしたか。どのような考えで会談に臨んだのですか。

トランプは、予想していたよりも謙虚でした。私の話をずっと真剣な表情で聞いていました。彼は、経済も軍事も世界最大の国のリーダーになるわけですが、国の指導者としては私の方が先輩に当たるということで、敬意を表してくれていたという側面もあったでしょう。ケミストリー(相性)も合った。

会談の目的は三つありました。1点目は安全保障です。

中国が26年間で国防費を約40倍に増強した点を、データを使いながら説明しました。中国軍の潜水艦の数は、米国に匹敵しようとしている。なぜこれほど増強したのか。歴史問題を抱えている日本に対抗するためではない。海上自衛隊の潜水艦がターゲットではないんだ、と。米国にチャレンジしようとしている、太平洋に展開する米海軍の第7艦隊を狙っているのだ、という話をしました。

だからこそ、日米同盟が重要だと。在日米軍は日本の防衛だけでなく、アジア太平洋からインド洋まで広大な海域の安定に貢献し、米国が優位な立場を保つ役割を担っている。それが米国の経済的な利益にもつながっている、と強調しました。米国外で唯一、米海軍の空母を整備できる場所は、横須賀基地だけだという点も指摘しました。

2点目は経済関係です。貿易赤字を均衡させることばかりに注目すべきではない、日本が他国と比べていかに米国内で投資をし、雇用をつくっているかという説明をしました。トランプは反論せず、淡々と聞いていましたよ。

最後が、ゴルフの約束です。この3点が会談の狙いでした。

最初の会談が、信頼関係の基礎になったのは間違いありません。国際情勢については、私の意見を聞くという関係をつくることに成功したのです。大統領就任後の電話会談で、トランプが「うちの国務長官をどう思うか」と聞いてきたこともありました。悪口を言えるはずがないのですが……。

――会談には、長女のイバンカ・トランプ氏と夫のジャレッド・クシュナー氏が同席していた。

2人が最初、トランプ・タワーの入り口に私を迎えに来て、エレベーターに一緒に乗り込んだのです。その時に、歌手のピコ太郎の物まねを、イバンカの長女のアラベラちゃんがする動画の話題を振って、「動画を見ましたよ。最もキュートなパイナッポーでした」と言ったのです。そうしたら大喜びでした。外務省から、この話題は重要だから、と言われていたんでね。おかげで後日、トランプから「イバンカは人に対する評価が厳しいが、安倍さんの評価は最も高い」と言われました。

――トランプ氏とはその後、首脳会談を繰り返していくことになるが、会談の雰囲気はどうだったのでしょう。

日米に限らず、通常、首脳会談は、テーマや話す内容について事前に事務レベルで綿密に詰めた上で行うのですが、トランプとの会談は、対面にしても電話にしても、想定通りにはいかないのです。彼は（事務レベルで詰めた）発言要領を持っていないので、こちらの資料が全く役に立たない。

ある時、トランプがいきなり「安倍さん、沖縄県の普天間飛行場周辺の地価は上がっているのか？」と聞いてきたのです。そんな質問を急にされても、答えられるはずがない。外務官僚の顔を見ても、みんな俯《うつむ》いてしまっている。それで、トランプは何を言いたいのかなと考えていると、どうも、普天間飛行場は米国の土地だと思っているようで、地価が上がっているなら、返還したくない。代わりにもらえるのが、北部の名護市辺野古では割に合わない、といったことを言いたそうだったのです。だから、「普天間は元々私たちの土地だから、地価は米国に関係ない」と返答し、トランプに納得してもらいました。とにかく突拍子もない話題が出てくるのです。

彼はメディアにさんざん批判されましたが、大統領選で公約したことをほとんど実現してしまった。温暖化対策の国際的な枠組みのパリ協定から離脱、ＴＰＰからも離脱、イランとの核合意を破棄し、メキシコ国境には壁を建設してしまった。在イスラエル大使館は、イスラエルとパレスチナで帰属を争うエルサレムに移転した。正しいか正しくないかを考えれば、間違っていると思われる政策も多いかもしれません。でも、無理だろうと言われていた公約を実現してしまった。共鳴する人が相当いるから、確信を持ってやったのだろうと思います。

世界中のメディアが、米国で格差が広がったことで、ミシガンやオハイオなど中西部のラストベルト（さびついた工業地帯）の白人労働者が、トランプを支持したと分析していました。でも、私は、エリート層にも相当のトランプ支持者がいたのではないかと思います。そうでなければ、あれほど強く公約を推し進められなかったはずですよ。

安倍氏の本籍地、山口県長門市で日露首脳会談

——12月15、16の両日、地元の山口県長門市にプーチン露大統領を招きました。16日は東京でも会談したが、安倍さんの地元にわざわざ大統領を招いたことで、北方領土問題が進展するのではないかといった期待を国民に抱かせました。

長門に呼んだのは、まずおもてなしをするという目的がありました。例えば、レストランでの会食ではなく、自宅に招いてもらったら、相手は懐に入れてもらったと感じるでしょう。プーチンを私の本籍地であり、父の墓がある長門に呼ぶというのも、自宅に呼んだのと同じことでしょう。インドのナレンドラ・モディ首相を、私の山梨県鳴沢村の別荘に招いたこともありました。

——長門に会談場所を設定した時は、ここで領土問題を解決できると考えていたのですか。それとも、解決に向けたステップと位置づけていたのですか。

どこの国でも、首脳や外相は基本的に、平和条約がなく、領土問題が決着していないような国を訪問しようとしません。その点で、プーチンの来日は数少ないチャンスでした。この機会を活かすためには、くつろいだ雰囲気にするのが重要だと思ったのです。だから、私の地元の温泉旅

館で首脳会談をやろう、そしてできる限り長時間、一対一で話し合おうとしたのです。プーチンに場所のオファーをした時は、喜んでいましたから、効果はあったと思いました。

――どのような合意を目指していましたか。

2016年5月の会談で一致していた「新しいアプローチ」を具体的に切り開いていこうと考えていました。

北方4島に住んでいるロシア人に「ここは日本の領土だから、今すぐ出て行け」とは言えない。4島の人たちにまず、日本と付き合うことを理解してもらう手法を取ったわけです。それが、4島での共同経済活動だったのです。日本人とロシア人が4島で一緒に仕事をする構想です。日本は過去にも、4島での共同経済活動を模索したことがありましたが、ロシアの「主権」に従って進めるという主張を覆せず、実現しなかった。そこで新たに、両国の法的立場を害さない「特別な制度」をつくって、共同経済活動を目指そうと考えたのです。ここがポイントでした。

――将来の領土返還まで合意するのは難しいという認識だったのですか。

長門と、翌日の東京での会談は、計6時間に及びました。このうち一対一の会談に90分以上を割きましたが、合意までは難しかった。だから、領土問題を解決し、平和条約を締結するという決意をお互いに表明しようと提案しました。そして、4島の共同経済活動について、どこまでプーチンが乗ってくるかを見定めようと思いました。

プーチンには、元島民の女性の手紙を読んでもらったり、かつて日ソ両国民が一緒に住んでいた時代の写真を見せたりしました。これが4島の未来ではないか、と思ってもらうために。この手紙と写真はプーチンに効いたと思いますよ。元島民の負担を軽減するための航空機による墓参に、プーチンは非常に協力してくれました。

――日本は長年、北方領土交渉では、まずロシアに実利を与え、将来の領土返還につなげようとしました。しかし、返還には至っていません。約束を守ってもらうにはどうすればいいと考えたのですか。

北方4島を一括返還しろ、という主張は、いつだってできます。そう言えば、ロシアは反発し、交渉は終わる。日本が大上段に構えて立派なことを言っても、向こうが乗ってこなければ、領土は返ってこないのです。本気で領土の返還を実現しようとするならば、まずは向こうが関心を示す案を示さなければいけないのです。

――日本を含めてG7は、クリミア併合を巡ってロシアに経済制裁を科していた。米国はプーチン氏の来日について、反対しませんでしたか。

オバマ政権を説得するのは大変でしたが、米国が北方領土を取り返してくれるわけではありません。これは日本の問題だからと、押し通しました。それに、プーチン来日後に私はハワイの真珠湾に行く予定でした。米国も私に来てほしかったから、プーチン来日をつぶすわけにもいかなかったのでしょう。

真珠湾訪問

――政府は12月5日に、26～27日にかけて真珠湾を安倍さんが訪問すると発表しました。

オバマは広島で原爆投下について謝罪しませんでした。だから私も真珠湾の演説で、謝罪や反省をする必要はなかったのです。「私たちがやった、すみません」とは言わない。しかし、亡くなった兵士に思いを致す、という文章にしようと思ったのです。

演説は、この時も谷口智彦さんと相談しながらつくりました。私が振り絞って考えたのは、「耳を澄ますと、兵士の声が聞こえてくる。一人ひとりの兵士には、その身を案じる母や父がいる。成長を楽しみにしている子どもがいただろうか。それらすべての思いが断たれてしまった」という文章でした。こう述べれば、十分に亡くなった兵士に寄り添うことができるでしょう。谷口さんが上手に加工して、盛り込んでくれました。

敵と味方を超えるという意味では、日本人の戦闘機パイロットを紹介し、亡くなった地点に碑を建ててくれたのは、米軍だったという話を入れました。アンブローズ・ビアスという米国の作家の詩で、「The brave respect the brave、勇者は、勇者を敬う」という言葉を引用し、真珠湾で沈没した戦艦「アリゾナ」で亡くなった人と、攻撃していった日本人の双方を勇者と位置づけたのです。そして、激しく戦った日米両国を同盟国として結びつけたのは、「寛容の心がもたらした和解の力」と結論づけたのです。心に訴えかける演説になったと思いますよ。

第８章

ゆらぐ一強

トランプ大統領誕生、森友・加計問題、小池新党の脅威

2017

世界中の事前の予測に反し、米大統領選に勝ったのはドナルド・トランプ氏だった。氏が米大統領に就任早々、安倍首相は大統領と会談し、日本外交の基軸である日米同盟の強化に奔走する。

その一方で、順風だった政権運営には綻びが目立ち始めた。森友・加計両学園の問題が浮上し、「一強」体制が揺らぐ中、安倍氏は衆院解散に踏み切る。希望の党を結党した小池百合子東京都知事との政争は押され気味だったが、小池氏の失言などがあり、自民党は辛くも衆院選で勝利を収めた。

章扉写真
2017年1月、小池百合子都知事（左）と面会する安倍首相。この年、小池新党の脅威を味わった（写真　内閣広報室）

ゴルフ外交と北朝鮮のミサイル発射

――2017年2月に米ワシントンで行われたトランプ米大統領との初の首脳会談では、麻生太郎副総理とマイク・ペンス米副大統領をトップとする経済対話を新設することで合意しました。トランプ氏はそれまで、日本との自動車貿易などを問題視し、為替についても通貨安誘導だと批判していました。どういう想定で会談に臨んだのですか。

トランプは常々、日米の貿易バランスは不均衡だと言い、トヨタの名前を挙げて、円安批判をしていました。環太平洋経済連携協定（TPP）も離脱すると。前年にトランプ・タワーで会った時には、TPPから出ていかないように説得しましたが、これは無理でした。

ホワイトハウスでの首脳会談に臨む作戦としては、日米の貿易交渉を進めるのであれば、ある程度、成熟した関係の中でやった方がいいと判断しました。ペンスは政治家としての経歴が豊富なので、ペンスと麻生副総理に任せようとしたのです。だから私からトランプに、麻生・ペンスの枠組みでやりたいと伝えて、トランプに了解してもらいました。麻生さんを見て、トランプは「タフそうな男だな」と言っていましたね。しかしながら、結果的には、ペンスは交渉相手になることを拒否したのです。通商交渉をどうまとめていいのか。まとめた結果、どういう評価を受けるか分からないと警戒したのでしょう。

気にかけていたのは、首脳会談後の共同記者会見です。記者会見でトランプに、日本は円安に誘導していると言われたり、貿易赤字の問題を持ち出されたりしたら、日米関係が悲惨なことになってしまう。だから、会見場に行く前にオーバル・オフィス（執務室）で2人きりにしてもらって、話したのです。

まず、「特定の企業の名前を挙げて非難するのはやめてくれないか。これは企業にものすごいダメージを与えるし、そうした批判をやめれば、日本企業も米国に投資しようと考えるでしょう」と言いました。また、為替の話もやめてほしいと説得しました。「為替が乱高下すれば、米国経済にもマイナスになる」と言ったのです。

その後、彼は4年間、企業の固有名詞を出して批判することも、為替を持ち出すこともなかった。信頼関係を守ってくれました。

――この会談後に発表した共同声明では、「核及び通常戦力の双方による」と明示して、米国による拡大抑止が盛り込まれました。軍事力を高め続けていた中国を念頭にした日米合意は、日本側の意向が強く反映されたと言えます。

この共同声明は画期的ですよ。拡大抑止については、1968年の佐藤榮作首相とリンドン・ジョンソン米大統領の声明で婉曲的に触れていますが、ここまで明確にしたのは初めてでした。また、米国の対日防衛義務を定めた日米安全保障条約5条を尖閣諸島にも適用する方針も盛り込まれました。オバマ米大統領は口頭で約束してくれていましたが、日米首脳間の合意文書に位置づけたのは初めてです。共同声明には、条約と同じような政治的重要性があります。こうしたメッセージを繰り返し出すことが大切です。

――当時、トランプ氏は経済にばかり関心が向いていて、安全保障には興味がなかったのではないですか。

トランプは会談前まで、貿易赤字に強い不満を繰り返し表明していたので、通商に焦点が当たっていましたね。拡大抑止について、トランプは会談で言及しませんでした。確かに関心は薄かったかもしれません。事務レベルの調整段階で日本に寄り添う形になったので、本番の会談でトランプが異論を挟まないか不安がありましたが、大丈夫でした。

――「米国第一」を掲げたトランプ氏は、国際社会から厳しい評価を受けることが多かったが、安倍氏から見たトランプ氏の実像とはどんなものでしたか。

現実問題として、日本が彼の標的になったら、国全体が厳しい状況に陥ってしまいます。トランプは常識を超えています。だからこそまず、話し合える環境をつくることが重要でした。米紙ニューヨーク・タイムズには、「安倍はトランプにおべっかを使ってばかりで情けない」とさんざん叩かれました。だけど、「あなたは立派だ」と口頭で褒めることですべてがうまくいくならばそれに越したことはありません。大上段に構えて「米国の政策は間違っている」と文句を言い、日米関係が厳しくなっても、日本にとって何の利益にもならないでしょう。

――ワシントンでの会談後、大統領専用機「エアフォースワン」でフロリダ州に移動し、トランプの別荘「マーラ・ラゴ」近くで初のゴルフとなりました。トランプと親密にし過ぎると危険だという考えはありませんでしたか。

同盟国の大統領からゴルフに誘われたら、断れません。訪米前の電話会談で、トランプが「ゴルフの約束をしたけれど、今、ワシントンの温度はマイナスで、とてもできない。1時間でフロリダに行けるから、私の別荘近くでやろう」と言ってきたのです。エアフォースワンでは、コックピットにまで座らされて問題になったけれどね。まさか別荘に2泊するとは思っていませんでした。歓待してくれました。

米国の投資家のジョージ・ソロスがこの年の1月、来日し、会談した時に、「そんなにトランプと仲良くしたら、いろんな批判を受けることになりますよ」と私に忠告してきたのです。私は「トランプを選んだのは、あなたたちでしょう。私たちではない。米国は日本にとって最大の同盟国だ。同盟国のリーダーと日本の首相が親しくするのは、当然の義務です」と反論したのです。国と国の関係を考えて、政治家は割り切って付き合う必要があるのです。その点は、好き勝手なことが言える評論家とは違います。

――別荘で夕食会を開いているそのさなかに、北朝鮮が弾道ミサイルを発射しました。夕食会の会場で米側から機密情報のブリーフを受け、その後記者会見しました。

2日目の夕食会の時にミサイル発射の情報を受けて、会場の脇の特設テントに移動し、その中でインテリジェンスの説明を受けたのです。盗聴を防ぐシールドで守られているテント内で、トランプと当時の大統領補佐官のマイケル・フリン、情報当局幹部と、日本側は私と谷内正太郎国家安全保障局長、今井尚哉秘書官が説明を受けました。濃密な内容でしたね。

その後、2人で緊急の記者発表をしようとなって、米国は原稿案を用意したのですけれど、米国が作成した原稿があまりにも内容が過激だったので、修正させてもらったのです。トランプが私に「何と言えばいいか」と聞いてきたので、「同盟国の日本を100％支持する」と言ってほしいと伝えて、トランプはそのまま話してくれました。

――北朝鮮は日米首脳会談のタイミングを狙ったとも見られていました。

ミサイル発射が逆に日米の絆を強くしました。起居をともにしてゴルフをしたことも意味がありました。

森友学園問題が浮上

――2月17日の衆院予算委員会で、学校法人「森友学園」への国有地売却問題が取り上げられました。2016年に森友学園に払い下げられた国有地は、不動産鑑定士が出した土地評価額が9億5600万円でしたが、近畿財務局はゴミの撤去費用として約8億円を値引きし、1億3400万円で契約しました。昭恵夫人が学校予定地を視察し、小学校の名誉校長に就任予定だったことで、首相の関与も疑われました。答弁では「私や妻が（売却に）関係していたとなれば、首相も国会議員も辞める」とまで述べ、政治生命を賭けた主張でしたが、この答弁が、後に官僚の忖度につながり、決裁文書の改竄を招いた、という受け止めが広がりました。この問題をどう総括していますか。

私は、籠池泰典学園理事長という人物に一度も会ったことがないので、潔白だという自信があったのです。だからああいう答弁になった。昭恵が小学校設立に賛同していたのは事実ですが、そのことがなぜ私の関与に直結するのか。財務省に働きかけなんてするはずがないですよ。私の妻が賛同していることを理由に、財務省が土地代を値下げするはずもない。だから「何を言っているのか」となったのです。

私と麻生さんの地元で、山口県下関市と福岡県北九州市を結ぶ下関北九州道路（第二関門橋）の構想がありますが、何年たっても構想段階から進んでいませんよ。そんな利益誘導、私たちはやらないのです。

国有地の売却価格を値下げした理由は、豊中市の売却予定地にゴミが見つかったことなど様々な理由がありました。背景が根深いのは事実でしょう。

18年に国有地売却の決裁文書の改竄が明らかになりますが、財務省の佐川宣寿《のぶひさ》理財局長は17年に「政治家の関与は一切ない」「価格を提示したこと、先方からいくらで買いたいと希望があったこともない」と答弁していました。この答弁と整合性を取るために、財務省が決裁文書を書き換えてしまったのは明らかです。野党から連日追及され、財務省は本来の仕事ができないから、野党を鎮めるために改竄してしまったわけです。

正直、改竄せずにそのまま決裁文書を公表してくれれば、妻が値引きに関わっていなかったことは明らかだし、私もあらぬ疑いをかけられずに済んだわけです。官僚が安倍に忖度した、というように結論づけられてしまっていますが、財務官僚が私のことなんて気にしていなかったことは、その後、明らかになった文書からもそれは明白です。自分たちの組織を守ることを優先していたのです。

この土地交渉は、財務省近畿財務局と国土交通省大阪航空局のミスです。15年に汚染土やコンクリートが見つかり撤去したのに、16年に新たなゴミが見つかった。ところが、近畿財務局と大阪航空局が打ち合わせをして、学園側には黙っていた。これを知った籠池理事長が怒り、損害賠償を求める構えを見せたので、財務局が慌てて一気に値下げしたわけです。大阪航空局も、いろいろと問題があった土地だから、早く売ってしまえと財務局を急かした。様々なミスにつけ込まれたのです。でも、官僚には無謬性の原則があって、絶対に間違いは犯していない、という立場を取るのですよね。だから後から整合性を取ろうとして、国民の理解できないような行動をとってしまう。

本来なら、国土交通相と財務相が答弁すべきなのだけれど、野党は私の関与を強調したいあまり、本質と外れた質問をずっと繰り返していましたよ。

――3月23日には衆参両院の予算委員会で籠池理事長に対する証人喚問が行われ、昭恵夫人との親密な関係を強調し、安倍さんからとして100万円の寄付を受け取ったと述べました。

理事長は独特な人ですよね。私はお金を渡していませんが、もらったと言い張っていました。その後、息子さんが、私や昭恵との100万円授受を否定しています。この話が虚偽だったことは明確でしょう。理事長は野党に唆されて、つい「もらった」と口走ったんでしょ。理事長夫妻はその後、国や大阪府などの補助金を騙し取ったとして詐欺などの罪に問われました。もう、私と理事長のどちらに問題があるのかは、明白でしょう。

――それでも首相夫人として昭恵さんが軽率だったという批判は免れられません。

致し方ない面もあるんですよ。昭恵の友人の娘が、森友学園の幼稚園に通っていて、その友人から誘われた話なのです。私が昭恵から森友学園の話を最初に聞いた時は、運営する幼稚園で園児に教育勅語を素読させているし、日本初の神道理念に基づく小学校の建設を目指すというから、なかなかのやり手だなと思ったのです。ところが、小学校名は安倍晋三小学校にしたいという話があったので、それはやり過ぎだと断ったのです。昭恵の名誉校長も実は断っているのです。にもかかわらず、籠池氏側は、その後も勝手に、安倍晋三小学校だ、昭恵が名誉校長だと吹聴していた。私の名前を利用して、寄付を集めようと思ったのでしょう。

党則を改正し、総裁任期を延長

――3月5日の自民党大会で、党総裁任期を「連続2期6年まで」から「連続3期9年まで」に延長する党則改正が決定しました。2016年8月に二階俊博幹事長が総裁任期延長を言い出したの

がきっかけです。二階氏とは打ち合わせていたのですか。

打ち合わせなんてしていません。二階さんの判断です。だって私が二階さんにそんなことをお願いしていたら、借りができてしまうじゃないですか。それはしない。

でも、二階さんが口火を切って総裁任期の延長に言及してくれたのは、心強かったですよ。党内では、石破茂元幹事長や、小泉進次郎氏が、「今、なぜ」と冷ややかに語っていましたが、二階さんがすぐに反対論を抑えてしまった。二階さんの政治力がなければ、3期目は実現しなかったでしょう。

――二階氏は、自民党への入党が認められない議員でも二階派に入会させ、派閥を大きくしました。こうした手法をどう評価していますか。

二階さんは和歌山県議の秘書になって、その県議の選挙区から当選した。衆院和歌山1区選出だった中西啓介元防衛庁長官を追い落として落選させた。その後も、小沢一郎氏を野党に追いやり、野中広務、古賀誠両氏を窮地に陥れた、とね。そういう批判もあるかもしれません。

でも、二階さんは、何事も「一番槍」を務めますよね。私の総裁3選を言い出したのもそうだし、私が20年に辞任表明した後、総裁選で菅義偉官房長官の支持を真っ先に表明したのも二階さんでした。一番槍は、リスクを背負っているのですから、論功行賞で多くの褒美をもらうのは当然です。2番目以降では、歴史に名は残らないですから。

二階派に対してはいろいろな批判がありますが、派閥で議員を引き受けるということは、その議員の面倒をずっと見ると約束することです。なかなかできることではない。二階派が、難しい立場にある議員の救いの場になっているのも事実です。

――3期9年の長期政権を目指そうと意識し始めたのはいつからですか。

図々しい話ですが、総裁に返り咲いた12年の秋からです。当時、私の選対の責任者だった菅さんと、党則改正で3期9年を目指そうという話をしたのを覚えています。憲法改正や外交安全保障の安定を考えれば、2期6年じゃできないね、と。

ただ、どうやって総裁任期延長を実現するのか、という具体策までは考えていなかったのです。そこに二階さんの発信があったわけです。

例えば日露の交渉を中長期で考えて、まずは私が訪露し、何らかの策を打ち出す。その後、プーチン露大統領を日本に呼んで、一定の合意を図る。プーチン来日前には訪米し、日米首脳会談で米国の了解も得る、といった構想を描くにしても、長期政権でなければできません。同様に貿易交渉も、ある程度粘り強く時間をかけてやる必要があります。

党則改正の手続きは、高村正彦副総裁と茂木敏充政調会長が進めてくれました。最初、同じ山口県選出の河村建夫元官房長官に、「二階さんがこう仰っているので、党内の段取りをお願いできますか」と頼んだら、河村さんは衆院の委員長ポストを希望していて、いい返事をもらえなかったのです。困っていたら、茂木さんが「私がやります」と助け舟を出してくれたのです。さすが、政局に強い田中派の系譜を引く茂木さん、という感じでした。

憲法9条改正に意欲

――5月3日付の読売新聞に憲法改正に関する安倍さんのインタビューが掲載され、注目を浴びました。9条に自衛隊の根拠規定を追加することを柱に2020年の施行を目指す考えを表明しました。第2次内閣発足当初は、改正の手続きを定めた96条の改正を掲げていました。発議の条件である衆参各院で3分の2以上の賛成について、過半数にすることを目指していましたが、96条改正は難しいと判断したのですか。

96条の改正は、日本維新の会が掲げていました。12年に自民党が政権を再び奪取する前に、維新との連携を深めておいた方がいいという政治的な判断で、96条をテーマにしたのです。維新を率いていた橋下徹さんの影響力を突破口に、憲法改正をできないか、という思いもありましたが、残念ながら世論があまり盛り上がらなかった。読売新聞のインタビューで自衛隊の根拠規定の追加を掲げたので、目指す改正項目がころころ変わるという批判を受けましたが、政治を取り巻く状況次第で方針転換することはあり得るでしょう。

読売新聞は、1994年の憲法改正試案を手始めに、繰り返し改正の提言をしていますね。部数も多く影響力がある。だからインタビューで発信しようと思ったのです。

自衛隊の根拠規定の追加は、原点に戻るためでした。自民党内にも、9条を除いた形で発議した方が改正を実現しやすいのではないか、という人がいます。しかしそれは私の本意ではない。

もし9条改正をあきらめ、環境権の創設などその他の項目で発議し、仮に国民投票で否決されたら、死んでも死にきれない。９条改正を国民投票で問い、駄目だったらあきらめもつきますが。

辻元清美氏らが設立した民間団体のピースボートは２０１６年に、学生交流のために船で中東を航行した時、海上自衛隊に護衛を要請してきたのです。普段は自衛隊を批判しているのに、危ない時だけは助けてくれ、というのはムシがいいでしょう。災害派遣でも自衛隊は大きな役割を担っています。違憲論を払拭すべきなのは当然です。

——読売新聞のインタビュー直後の5月の世論調査では、自衛隊の根拠規定の追加に賛成が53%あり、反対の35%を上回っていました。内閣支持率は4月60%、5月61%と非常に高く、改憲論議を進める環境が整っていました。

支持率が高かったのは、アベノミクスの効果で雇用環境などが改善していたし、心配されていた日米首脳会談も無難にこなしたからでしょう。でも、この後、森友問題によって、支持率が下がってしまい、憲法改正のスケジュールも狂ってしまいました。私を嫌う左翼の人たちは、改憲を阻止しようという目的もあって森友問題を殊更大きく取り上げたという側面があるのでしょう。

加計学園の獣医学部新設問題も浮上

——5月には国会で、学校法人「加計学園」の問題が浮上しました。2017年1月に、学園が獣医学部を新設する国家戦略特区の事業者に選定されました。加計孝太郎理事長が首相の友人だった

ため、特別の便宜供与があったのではないかと野党の追及を受けました。内閣府が「総理のご意向」だとして、文部科学省に対応を急がせたという文科省の内部文書があったことも明らかになりました。

獣医学部の新設に私が全く関与していないことは明白でしょう。文科省の文書もいい加減だった。後に明らかになった文書には「国家戦略特区会議決定という形にすれば、総理が議長なので、総理からの指示に見える」と書いてありました。つまり、私の意向ではないのですよ。

この話は、前川喜平前文科事務次官が「行政が歪められた」と言って、不当な圧力で獣医学部新設が決まったと強調したことで大騒ぎになりましたが、真実は加戸《かと》守行前愛媛県知事が7月の参考人招致で語ったことに尽きます。

加戸さんは、知事時代の10年まで3期12年の間、鳥インフルエンザや牛海綿状脳症（BSE）といった感染症対策のために、愛媛県今治市へ獣医学部を誘致しようとしたけれど、文科省への申請が一向に通らなかった、と国会で述べていました。「強烈な岩盤規制に国家戦略特区が穴を空けた。歪められた行政が正された」と言って、前川氏の発言を皮肉っていましたね。今治市選出の議員と、加計学園の事務局長が友人だったから、この話に飛びついたのに、「友達であればすべてダメなのか」とも語っていました。事の本質は、獣医師会の反対と、その意向を受けた農水省や文科省の岩盤規制があったということでしょう。

ただ、私も国家戦略特区諮問会議の議長ですから、国会で「申請を知らなかった」とは言えなかったのです。いくつもある申請を、いちいち総理大臣が目を通すのは無理なのだけれども、形式的には知っていたことにしないといけないでしょう。そうすると、野党は「知っていたから、安倍が指示して選定したんじゃないか」と言ってくる。

――柳瀬唯夫首相秘書官が翌18年、参考人として国会に呼ばれ、15年に加計学園関係者と3回面会したと述べました。ただ、首相には報告はしなかったという。こうした個別案件については首相に報告はないものですか。

いちいち報告を受けないですよ。首相は国会に対応しつつ、政策の判断をしなければいけない。個別の案件は、秘書官が片付けてくれないと困ります。しかも、文科省、農水省、内閣府にまたがる案件なのだから、首相秘書官が会って調整してどこが悪いんだ、という話でしょう。

――安倍さんは加計氏と食事をしたり、ゴルフをしたりしてきたから、疑われるのはやむを得ません。親友ならば、獣医学部新設の話もしているのではないかと誰もが疑います。

加計さんは、迷惑になると思って私に話さなかったのかもしれませんね。実際には何の話も出ていなかったのですが、もし頼まれていたら、もっと早く獣医学部ができていたと言えるかもしれませんよ。

――森友・加計問題は延々と野党の追及を受けることになりました。

いろいろ官邸内で議論して、平身低頭で臨もうとなったのです。でも、野党や一部マスコミが籠池理事長や前川前次官を持ち上げて、私の足を引っ張ろうとした。こちらももう少し、対応策を工夫すれば良かったかもしれません。

天皇退位の特例法成立

——6月9日、天皇陛下の退位を実現する特例法が成立しました。陛下が退位の意向を示唆された「お言葉」から、約10か月で法整備までこぎ着けました。一番苦心したのは、天皇は国政に関する権能を有しないという憲法4条に抵触しないようにすることだったのではないですか。

憲法4条との関係を整理するため、特例法1条に長々と書いたのですよ。制定理由については、国民が「天皇陛下のお気持ちを理解し、これに共感している」と強調しました。

特例法で最も気を使ったのは、退位をいかに先例としないか、という点です。私と杉田和博官房副長官、皇室担当の山﨑重孝総務官と大石吉彦秘書官、さらに今井尚哉政務秘書官で、相当議論しました。私が当初、摂政を置くことを考えていたのは、一度退位を認めた場合、今後も時の天皇に退位を強要するようなことが起きかねない懸念があったからです。「もっと続けるべきだ」「いや、あの人に交代させた方がいい」といった議論が、宮中、政界、世論と、どこにでも起こり得るようになってしまいますから。

でも、陛下は、摂政を置くことへの忌避感が強かった。

これは皇室の研究者から聞いた話ですが、昭和天皇が摂政になった時、宮中が「大正天皇派」と「摂政派」に割れてしまい、昭和天皇は相当ご苦労なさったという。そういう話を、天皇陛下もご存じだったのかもしれません。

退位は、私の当初の考えとは異なりますが、陛下の「お言葉」があり、国民の圧倒的な支持もありました。それならば、保守政権の運命として使命感を持って実現しなければならないと思いました。

法案では、退位はあくまでも特例だと強調するために、当時の陛下の年齢を入れたのです。「今上天皇」という文言も入れていたのですが、最終的に民進党の要求で削除しました。

お元気なうちに退位が実現し、本当に良かったと思っています。今上天皇の即位も含め、国全体でお祝いをして、華やかにいろいろな行事を執り行うことができました。

――法整備までに、有識者の懇談会を設けてヒアリングを行ったほか、衆参両院の議長、副議長の意見も聞き、多くの手続きを踏みました。

国の根本にかかわる問題ですから、最大限、丁寧に取り組まなければならないですからね。首相だけでなく、三権のうち国会にも責任を持っていただくという考えです。

――特例法は当時、自由党を除く全会派が賛成して成立しました。与野党対決としないために、民進党が要求した女性宮家の創設検討が付帯決議に盛り込まれました。女性宮家の創設をどう考えていますか。

女性宮家は、内親王が結婚後も皇女として皇室に残る、という意味ではあり得ると思いますよ。憲法上、民間人と結婚した人を特別な地位にできるかどうかという論点は残りますが、皇族の減少で、負担が大きくなっているのは事実です。ご結婚されて民間人になった時、プリンセスなどの称号を持って、いろいろな式典に出席していただくことは十分考えられるのではないでしょうか。英国王室でも、女性は結婚後もプリンセスのままです。

幕末には、孝明天皇の妹の皇女和宮《かずのみや》が、公武合体のために14代将軍の徳川家茂に嫁ぎましたが、その前に内親王の地位を与えられ、結婚後も徳川和宮にはならず、和宮親子《ちかこ》内親王という地位でした。

ただ、女性宮家は、母方が天皇の血を引く女系天皇につながっていく危険性があるわけです。男系男子に限った皇位継承を世論に流されて変えるべきではありません。何百年、千年という尺度で考えなければいけない話ですから。

私は、安定的な皇位継承策としては、男系男子の旧皇族に現皇族と養子縁組して、皇籍復帰してもらうのがいいと思います。旧皇族に復帰してもらった最初の男性には皇位継承権はなく、子どもの代から皇位継承権を付与したらどうかと考えていました。多くの人に復帰してもらう必要はありませんが、悠仁《ひさひと》親王殿下のそばに、徳川家の御三卿のような存在があってもいいのではないでしょうか。

東京都議選で自民惨敗

――7月2日に東京都議選（定数127）が行われ、小池百合子都知事が代表を務めていた地域政党・都民ファーストの会が圧勝し、自民党は23議席という過去最低の惨敗を喫しました。政権運営に与える打撃は大きかったのではないですか。

都議選は、国政の状況を反映しやすいのです。私が二度目の首相就任間もない頃の2013年の都議選で、自民党は59人の候補者全員が当選しました。しかし、4年後の17年は「モリ（森友）・カケ（加計）」問題の影響があり、しかも小池さんの人気が高かった。

――この頃、内閣支持率は続落していました。読売新聞の全国世論調査では、5月が61％、6月が49％、7月が36％で、わずか2か月で25ポイントも下落していました。第2次内閣発足以降で最低でした。

存在しないと言ってきた陸上自衛隊のイラク派遣時の日報が見つかった問題など、いろいろなことが重なったのですよ。でも、都議選で負けた一番大きな要因は、小池さんの存在です。民主党政権はダメだったよね、というムードは、私がさんざん発信した影響もあって社会に定着していました。でも、過去には、社会党も自民党もダメだね、という風潮になった時、自民党でそれなりの地位についていた人が飛び出して、新しいイメージの新自由クラブや日本新党をつくっていったのですね。民主党政権だって、鳩山由紀夫、小沢一郎、岡田克也の3氏とも、自民党にいたわけです。

小池さんは、その位置に立つことに成功したのです。民主党でもない、自民党でもない、という受け皿です。

小池氏は「ジョーカー」

――小池百合子都知事の政治家としての評価はいかがですか。

小池さんは、常にジョーカーです。手札の1から13の中にはないのです。ジョーカーのカードなしでも、トランプの多くのゲームは成り立つのだけれど、ジョーカーが入ると、特殊な効果を発揮してくる。ある種のゲームでは、グンと強い力を持つ。スペードのエースよりも強い。彼女は、自分がジョーカーだということを認識していると思います。ジョーカーが強い力を持つには、そういう政治の状況が必要だね、ということも分かっている。

――都議選当日の2日夜、安倍さんは、麻生副総理、菅官房長官、甘利明前経済再生相と会食しています。相当の危機感があったのでしょうか。

4人で会った時は、とにかく党がしっかりとまとまっていれば、乗り越えられるという認識でしたね。安倍政権が倒されるとしたら、敵ではなく、身内だと。いくら小池さんが強いと言っても、国会に足場を持っているわけじゃない。自民党内を動揺させなければ大丈夫だという考えで一致しました。実はあの会合は、党内に見せておく目的もあったのです。4人組というとあまり聞こえは良くないが、この4人は全く崩れていない、ということをアピールしたかったのです。支持率は下落傾向だったし、私自身、危機感はありましたが、それを表に出すと党内が浮足立ちますから、泰然自若を装っていました。

小池さんはいい人ですよ。いい人だし、人たらしでもある。相手に勢いがある時は、近づいてくるのです。２０１６年に知事に就任した当初は、私の背中をさすりながら話しかけてきて、次の衆院選では自民党の応援に行きますからね、とまで言っていたのです。

しかし、相手を倒せると思った時は、バッとやってきて、横っ腹を刺すんです。「あれ、わき腹が痛いな」とこっちが思った時には、もう遅い。

彼女を支えている原動力は、上昇志向だと思いますよ。誰だって上昇志向を持つことは大切です。でも、上昇して何をするのかが、彼女の場合、見えてこない。上昇すること自体が目的になってしまっているんじゃないかな。

上昇する過程では、小池さんは関係者を徹底的に追い落としてきましたね。築地市場の豊洲移転問題では、土壌汚染対策などが不十分だったのではないかと石原慎太郎元知事の責任を追及した。都議会のドンと言われた内田茂前自民党都連幹事長と対立し、内田氏を引退に追い込みました。そう考えると、私も危うかったです。

彼女の弱点は、驚くほど実務が苦手な点です。２０２０年の話になりますが、新型コロナウイルスの感染者が続出していた新宿・歌舞伎町で、保健所と警視庁がホストクラブや風俗店を巡回しました。最初、小池さんに連絡し、「警察官と保健所職員でやりませんか」と打診したのです。保健所は、区が管轄しているとはいえ、東京都が人事を決めていますから。小池さんは「うーん」と考え込んで、その後、「国でやってください」と言ってきたのです。だから政府ですべて調整して実施することにしました。保健所には人員の余裕がないというので、警察官のOBを保健所で臨時に採用するという手続きを取って、巡回してもらいましたが、小池さんは一切協力してくれなかった。

一方、小池さんの発信力はものすごい。とにかく、命名もメディアの使い方もうまいですよ。感染が拡大すると、記者会見では「ステイホーム」や「東京アラート」を呼びかけて、「やってる感」を出すのですね。「実務をこなしているのは、政府なんだけれどなあ」と随分思いました。手強い相手です。

――安倍さんは17年9月25日に記者会見し、衆院の解散を表明しましたが、小池氏も同じ日に希望の党の結党を発表した。焦りましたか。

小池さんにやられた、と思いましたよ。私の解散表明よりも、小池さんの新党に世の中の注目が集まってしまった。これは大変なことになったと思いましたね。

下村博文《はくぶん》元文部科学相は、私の解散表明の記者会見直前に、「総理、解散やめてください」と言ってきました。でも、解散の流れはできていたので、「今さらやめられないよ」と。下村さんは「このまま突っ込んだらみんな落ちます」と言うので、正直根拠はなかったのだけれど、「大丈夫だから、私を信じてついて来なさい」と突っぱねたのです。

あの時は必死でしたよ。小池さんは、かつてのJR西日本のCMタイトルを利用して、「三都物語」と呼んで松井一郎大阪府知事と大村秀章愛知県知事に連携を呼びかけました。私は、日本維新の会代表だった松井さんに電話して、「三都物語なんて、乗らない方がいいよ。独自に戦った方が、維新らしいんじゃないの?」と言ったのです。松井さんも「ではそうします」と言ってくれていたのだけれど、結局、小池さんの方に乗っかってしまった。あの時の希望の党の勢いは凄かったから、流されちゃったんですね。

でも私は正直、劣勢でも勝てるのではないか、と思っていました。ある種、楽観的な考え方の持ち主なのかもしれません。楽観主義にならないと、選挙なんて戦えないのです。

その後、希望の党の政策を見たら、あまりにも中身がない。「満員電車ゼロ」を掲げていましたが、それは東京の発想ですよ。私の地元では、一度でもいいから電車を満員にしてみたいと思っているくらいです。地方はどこもそうでしょう。あまりにも底が浅すぎる、これはミスするのではないかと思いました。

――希望の党は、安全保障関連法について「適切に運用し、現実的な安全保障政策を支持する」と掲げ、保守票を奪おうとしました。

彼女が本気で政権を取るつもりだったということでしょう。自民党がハト派の首相だったら、保守層は希望の党に流れていたかもしれません。でも、相手は保守の看板を掲げた安倍政権ですから、岩盤の支持層は崩れないのです。その点は、小池さんは目算を誤った。結局、安全保障関連法に反対する人は、立憲民主党に流れてしまいましたね。

都知事を辞めなかったことも、希望の党には響きましたね。民進党議員の中で考え方の違う人を「排除する」と言ったことも、感じが悪かった。「皆さんに来ていただくのは大変ありがたいが、安全保障政策については確認をさせていただく」と言っていれば、全く違う結果になったかもしれません。一瞬、絶頂期を迎えて、高飛車な態度になってしまったのですかね。

二度目の衆院解散

――9月解散を決断した最大の理由は何ですか。

もし衆院議員の任期が2年残っていれば、解散見送りもあったかもしれない。だけど任期が残り1年少々でしたからね。8月に内閣を改造し、支持率も少しだけ回復していました。解散せずに、秋に臨時国会を迎えれば、「モリ・カケ」問題の疑惑が残っているとさんざん野党は攻撃してくるでしょう。疑惑があると主張するなら、その根拠を説明してほしいのだけれど、野党は証明できないから、疑惑は残ってしまうのです。だから延々と攻められる。そして政権が疲弊し、党内からも批判が出てくる。その間に、小池さんが準備万端で衆院選に臨んでくる。多くの選挙区に候補者を擁立し、自民党は苦しくなる。それならば、先にこちらが仕掛けてやろう、という判断でしたね。

かつ、この年は北朝鮮が弾道ミサイルを繰り返し発射していた。9月には、6回目となる核実験や、日本上空を通過して太平洋に落下するミサイルも発射した。北朝鮮に対抗するため、国際社会で制裁の議論を活発化させる上でも、この局面で政治力を回復したかったのです。

――北朝鮮の蛮行が、国民の危機意識を高めて内閣支持率を引き上げ、安倍さんを助ける役割を担ったということですか。

もちろんそういう状況も踏まえてね。党内は「モリ・カケ」があって戦えないという雰囲気が強かった。党内に解散論が知れ渡ったら反対されますから、二階幹事長と麻生副総理にだけ相談し、決断しました。

権力闘争のパワーゲームという点では、私が不意を突いて、解散というカードを切ったつもりだったのだけれど、向こうからジョーカー・小池が出てきてしまった。ジョーカー抜きのゲームにするつもりだったが、想定外でしたね。

衆院解散の判断は、勘によるところが大きいですよ。情勢をいくら分析しても、計算通りにはいかないのです。もちろん戦術はいろいろ詰めておく必要がありますが、いつ戦いに臨むか、というタイミングを決めるのは、勘なんだと思います。

――解散前の8月3日に内閣を改造し、野田聖子氏を総務相・女性活躍相に、河野太郎氏を外相に据えました。改造で支持率が上昇しましたが、野田氏は自民党総裁選に意欲を示していました。河野氏は原子力政策などを巡って党内の評価が割れていました。

野田さんが総裁選出馬に向けて努力することは、立派なことですよ。2018年の総裁選まではまだ時間があったので、協力してもらおうと考えたのです。河野さんは発信力に期待しました。16年の熊本地震の時、防災相として頑張ってくれました。5年間外相を務めていた岸田文雄さんは、落ち着きに定評がありました。今度は発信力で河野さんにしてみようと考えたのです。河野さんはネイティブのような英語の実力を持っているし。

——河野氏が総裁候補になったのは、外相を経験したことが大きいですね。

お父上の河野洋平元自民党総裁はハト派でしたが、河野太郎さんは、意外と中国や韓国に対してモノを言ったでしょう。

彼が外相に就任して最初の記者会見をする前に、私は彼を執務室に呼んで、「お父さんと全く違う立場でやってくれ。河野談話の『こ』の字も言うなよ」と言ったのです。慰安婦問題に日本軍がかかわっていたことを認めておわびしている河野洋平官房長官談話です。河野太郎さんには「安倍政権は、河野談話を見直すという立場を取っていない。ただ、私は全くあれがいいとは思っていない。すべては戦後70年談話だ。70年談話にのっとって対応していくと言ってくれ」と。彼は見事にその方針でやりましたね。原発ゼロも封印した。ただ、もし総理になったら、原発ゼロをまた言い出すかもしれないけれどね。

もう一点、この時の改造で私が気にかけたのは、文部科学相です。林芳正さんにお願いしました。加計学園が運営する岡山理科大の獣医学部新設を認可するかどうか、という課題を文科省が抱えていたのです。林さんならば、中立的に、理路整然と判断してくれるだろうと期待したのです。私の気持ちを忖度せずにね。林さんには、火消しの能力がありますから。淡々と事務的に答弁をするという点で彼の右に出る人はいません。

解散で財務省も財政健全派も黙らせる

——9月25日の解散表明では、「国難突破解散」と命名し、2019年の消費増税時の使途変更を掲げ、全世代型社会保障の財源にすると公約しました。北朝鮮の脅威も乗り越えていく、と述べました。ただ、北朝鮮情勢が緊迫しているなら、解散などしている場合ではありません。北朝鮮の脅威を解散の理由とすることには違和感がありました。

増税時の使途変更は、解散の大義名分としてはいいでしょう。北朝鮮情勢に関しては、解散の大義にならないという批判が出ることは予想していましたが、そこは迫力で押し返せばいいと思いました。ただ、その前に国連安全保障理事会で非難声明を発出し、制裁の完全履行を加盟国に求めたわけですね。しばらくは北朝鮮が行動を抑制せざるを得ない環境はつくったのです。もし、解散して衆院議員不在の中でミサイルを撃たれていたら、「なんで解散したんだ」となって選挙は厳しかったかもしれません。結局、10月22日の衆院選で自民党は圧勝しました。

——消費税増税分の使途変更は、国が施すという点で社会主義的な政策であり、国家社会主義的な政策と言われても仕方ありませんでした。

例えば岸内閣は、日米安全保障条約を改定し、警察官職務執行法も改正しようとしましたね。一方で、祖父・岸信介には、社会党の三輪寿壮《じゅそう》という、ライバルであり、終生の友がいました。さらに国家とは何かという観点から、国民皆保険、皆年金を実現し、最低賃金法も整備しました。

保守、社会運動の垣根を越えて、やるべきことはやるという姿勢でした。

だから私も、ハト派と保守派の政策を同時にやればいいと思っていました。特定秘密保護法や安全保障関連法を実現しつつ、働き方改革をやる。同一労働同一賃金が必要ならば、やればいいではないか、と思ったのです。経済界が同一労働同一賃金にこぞって反対しているわけではないでしょう。


――全世代型社会保障の柱である幼児教育・保育の無償化は、選挙で票にならないとずっと言われてきたため、自民党は慎重でした。政策を転換したのはなぜですか。


幼児教育の無償化は、第1次安倍内閣の参院選の選挙公約に盛り込んでいたのです。民主党が掲げた「子ども手当」に対抗するためにね。その後、民主党の子ども手当は第2次内閣で児童手当に名称が変わりますが、毎年の大規模な給付なので、とにかく財源が必要なのです。だから消費増税分の使途を変更して財源を確保することにしたのです。増税分の使途変更は、普段ならば財務省や財政健全派の反対でできません。解散と同時に決めてしまえば、党内の議論を吹っ飛ばせます。選挙で勝てば、財務省を黙らせることもできる。そういう意味では、「小池さんの災い転じて福となす」という解散だったのですね。

昔は寿命が短かったから、60歳以上が社会保障の給付対象で良かったわけですが、人生100年時代になり、高齢者が人口の約3割を占めるとなれば、その仕組みは持たない。

大きな理念としては、人生100年時代に対応した社会保障制度を構築していこうと思いました。持続可能な制度とするには、少子化対策を充実させなければなりません。それが全世代型社会保障制度なのです。その具体策として、幼児教育・保育の無償化を実現し、子どもを産むことを躊躇している人たちに分配するという考え方です。

無償化を実現するための財源を確保するには、消費税を増税しなければならない。その環境をつくるために産業政策を推進し、投資に回してもらって生産性を上げ、企業に収益を増やしてもらう。そして賃金が上がり、消費を喚起し、税収を上げていく。成長と分配の好循環によって、社会保障の基盤もより確かなものになっていく。この考え方に、誰も文句ないでしょう。

――ウイングを広げて、リベラルを取り込むという考え方を強めていったということでしょうか。

取り込むというより、その政策がいいのではないか、と思っていたのです。元々、党で社会部会長をやっていましたから、社会保障は充実させたいという思いが根底にあったと思います。でも、立憲民主党が主張しているような、給付ありきのような考え方には立っていません。給付だけで経済が良くなるわけがないですから。ただ、必要な給付は出し惜しむべきではない。

15年の安全保障関連法の整備がタカ派の政策のピークだとすれば、17年から18年にかけて推進した全世代型社会保障や働き方改革は、ハト派的な政策の頂点だったと言えるでしょうね。

全世代型社会保障や金融緩和、財政出動などは、ハト派の政策だと言われますが、実は日本古来の政策、瑞穂の国の考え方です。みんなで田を耕し、お米を分かち合ってきたわけです。戦後の自民党は、極めて社会主義的な政策もやってきています。保守派も、そうした政策を主張していたのです。
父方の祖父の安倍寛《かん》は、戦後すぐに他界しているから、私は直接知らないけれども、私の親父を含めて周囲の人はみんな、安倍寛の話をしていたのです。反戦の政治家でリベラルの象徴のような存在でしたが、その影響を受けている面もあるかもしれません。

——安倍政権下では、解散のたびに大義があるのかとよく言われました。

民主党の野田佳彦首相が12年11月に衆院を解散し、私が14年11月、17年9月に解散したわけだけれど、私が特に短期間で解散に踏み切ったという印象はないでしょう。野党は、突然の解散だと言って批判していたけれども、平均すれば2年半に1回はあるのだから。

安倍寛が1942年、戦争遂行のための翼賛選挙に立候補した時のビラが残っていて、その内容は、東條英機内閣を批判しているのだけれども、解散については肯定的なのです。「既成政党は、抜き打ち解散は憲政の常道に反する非立憲的な態度である、政府が解散を強行することは不合理であるとか、あるいはまた今回の総選挙ははっきりとした政策上の目標を持たない無意味な選挙に過ぎないという暴論を吐いている」と書いた上で、「なるほどこの非常事態に対して正当なる認識を欠いている彼らが、いまだにかかるところを捉えることは別に不思議ではありませんが、時代の姿を正しく凝視する者には、この総選挙の重大なる意義は極めて明瞭であります」と主張しているのです。やはり、野党の立場こそ選挙をちゃんと活かさなければいけないということでしょう。

よ。しかし、私が首相に返り咲いて解散したら、民主党や民進党は「なぜいきなり解散するんだ」と批判していた。その発言を聞いた瞬間、私は勝利を確信しましたね。

私は12年に野党自民党の総裁となった時、就任翌日から野田政権に衆院解散を求めていました

トランプ大統領が初来日

――11月5〜7日にトランプ米大統領の初来日が実現し、横田早紀江さんら拉致被害者の家族と面会しました。日本側の強い希望で実現したと思いますが、米側は快く応じましたか。

オバマ政権時代の2014年にも、大統領と拉致被害者家族の面会は実現しています。ただ、オバマ政権は拉致問題について、日本の立場は支持しているのですが、核・ミサイル問題とは異なるという認識なんです。拉致は日本の問題だという捉え方をしていました。だから、先方の希望で、面会する家族は数人に限定されたのです。ショーアップしたくなかったのでしょう。

17年のトランプ来日時は、日本の注文通りに米側が応じてくれました。写真撮影も認めてもらった。前回のオバマ大統領の時は、立ったままでの面会だったので、トランプとは座った形にしてもらいました。人数も17人と増やしてね。トランプは報道陣に「被害者が愛する人のもとに戻れるよう、シンゾウと力を合わせていきたい」と述べていました。

拉致被害者家族を政治利用しているという人がいたのだけれど、全く違いますよ。米国と一体となって拉致問題を解決するというメッセージを北朝鮮に出すためなのです。そういうインパク

トを考えて、被害者家族と大統領の面会をセットしたのです。

――トランプ氏は在任中、各国首脳と電話会談を繰り返していました。最も多いのが安倍首相で、次いでメイ英首相、メルケル独首相でした。

確かにトランプはいろいろな国の首脳と頻繁に電話会談をしていましたね。彼は割と話好きだったのです。さらに私との電話の場合、時間が長いんですよ。1回の電話会談が1時間とか1時間半に及ぶことがしょっちゅうでした。恋人との電話ならば分かるが、こんな長電話、なかなかあり得ないでしょう。つくづく異例づくめの大統領でしたね。

第9章

揺れる外交

米朝首脳会談、中国「一帯一路」構想、北方領土交渉

2018

国際情勢が大きく揺れた。

直前までツイッターで激しくののしり合っていたトランプ米大統領と北朝鮮の金正恩国務委員会委員長が、突如、首脳会談を行うことになり、世界に衝撃が走る。日本国内では、米朝が手を結び、日本は置き去りにされるのではないかという焦燥感が広がった。

アジアでは、巨大経済圏構想「一帯一路」を掲げる中国が、途上国などでインフラ整備を始めていた。中国の覇権を警戒してきた安倍政権だったが、経済界の要望もあり、「透明性の確保」などを条件として第三国における経済協力という形で「一帯一路」への協力に舵を切る。

周辺国と緊張関係にある中、安倍政権は、ロシアとの平和条約締結を目指し、北方領土交渉を本格化させようとするのだが……。

章扉写真
2018年9月、プーチン露大統領（左）と対話する安倍首相。日露の北方領土交渉はここから動き始めた（写真　内閣広報室）

社会の認識変えた働き方改革

——2018年1月22日に通常国会を召集し、施政方針演説で働き方改革関連法の実現を最優先課題に掲げました。1947年の労働基準法制定以来の「70年ぶりの大改革」と位置づけ、長時間労働の是正や、多様な働き方の促進を目指しました。働き方改革に取り組むきっかけは何だったのでしょうか。

経済界の要望を受け、第1次内閣の時に「ホワイトカラーエグゼンプション」を導入しようとしました。オフィスワーカーなど頭脳労働者に対して、労働時間ではなく成果に応じて報酬を支払う制度です。でも、野党から「残業代ゼロ法案」と批判され、国会に法案を提出できませんでした。その改革にもう一度チャレンジしようということです。名称を「高度プロフェッショナル制度（高プロ）」に変えて、実現しようと考えました。

しかし、働き方改革に取り組むことを決定づけたのは、2015年の電通の女性社員の過労死自殺でした。それによって、長時間労働の是正が重要なテーマになったのです。そもそも、少子高齢化による労働力不足の解消もしなければならない。それならば、働き方を見直す改革をすべてまとめて実施したらいいのではないか、と考えたのです。

——長時間労働の是正は大切ですが、長く続いてきた勤勉を美徳とする日本人の価値観を崩すのは難しいとは思いませんでしたか。

欧米では、アダムが知恵の木のリンゴを食べて労働の苦役を与えられたように、働くことは、罰のようなものです。でも、日本は労働を肯定的に受け止めてきた。だから、割と若い世代の経営者からも、働き方改革を実現したら、経済が持たなくなるのではないか、といった冷ややかな意見が出ていました。でも、ワークライフバランスを考えて仕事と生活の調和を図り、いろいろな働き方を選択できるようにすれば、人生は豊かになるし、同時に企業の生産性が上がっていく可能性がある。改革を行う時に反対論はつきものですから、気にしませんでした。

——政府は16年9月、日本経済団体連合会（経団連）や日本労働組合総連合会（連合）を含めた働き方改革実現会議を官邸に設け、17年3月に会議が実行計画をまとめました。実行計画は、①残業に罰則付きの上限規制を導入、②非正規の待遇を改善するための同一労働同一賃金実現、③高収入の専門職に脱時間給制度（高プロ）を適用、④あらかじめ決めた時間を働いたと見なす裁量労働制の対象拡大——などが柱でした。18年に国会提出した関連法案も、この実行計画に沿った内容でした。

働き方改革実現会議には、経団連の榊原定征《さだゆき》会長と連合の神津里季生《こうづりきお》会長がメンバーに入っていて、長時間労働の是正に関して突っ込んだ議論になったのです。

政府の案は、事実上無制限になっている残業を原則として「月45時間、年間３６０時間まで」

として、繁忙期でも、労使で特例を結んで月100時間未満に抑える、という内容でした。私は榊原さんら経営側に、「長時間労働の是正は、短時間で効率を上げることにつながるから、必ずしもマイナスではない」と説明しました。残業に罰則付きで規制をかけるわけで、経営側にとっては相当のリスクですが、榊原さんらは協力してくれました。

ところが、神津さんはこの案に賛成かどうか、明言しなかったのです。政府や経営側を評価することを避けつつ、果実だけをいただこうという姿勢は、ご都合主義が過ぎるでしょう。だから私は神津さんに「労使で一致しなければ意味がない。労働側が評価しないのであれば、この案はなくなりますよ」と迫ったのです。結局、神津さんが賛成を表明してくれたので、罰則付きの残業時間の上限規制導入が決まりました。

世の中には「残業自慢」という言葉があるでしょう。もちろん、本当に忙しい時もありますが、割と暇な日もありますね。実は私もサラリーマンだった時などは、17時の終業で帰宅せず、だらだらと残業していたことがあったのです。何となく、皆が帰らないから、という理由でね。そうした風潮を改めることで生産性が向上するならば、厳しい改革に踏み込むべきでしょう。

厚労省の資料改竄

――2018年2月14日、裁量労働に関する安倍さんの答弁に誤りがあったことが分かり、撤回に追い込まれました。2月28日には、働き方改革関連法案から、裁量労働制の拡大に関する法案を除外することを決めました。

私の答弁は、「裁量労働制で働く方の労働時間は、一般労働者よりも短いというデータもある」というものでした。だからこそ、裁量労働制の対象業務を広げる意義は大きい、ということが言いたかったのですが、その前提となる労働時間のデータにミスがありました。厚生労働省の「労働時間等総合実態調査」という聞き取り調査のデータには、「1日の残業が45時間」とか、「1週間に35時間残業をしている人の1か月分が、2時間半」など、あまりにも杜撰なミスがあり、話にならなかったのです。際限なくミスが見つかるので、裁量労働制の拡大部分を関連法案から外さざるを得なかった。

高プロの導入対象は、為替ディーラーなど業種が限られていますが、裁量労働制の対象拡大は、様々な労働者を対象にしていたので、経済界にとっては非常に大切なテーマだったのですが、異常値ばかりの資料を基に、法整備はできないでしょう。

――厚労省の調査のミスは何が原因だと思いますか。厚生省が労働省と一緒になり、組織が肥大化したという影響もありますか。

役人が劣化してしまった、ということではないでしょうか。調査はいい加減、それを取りまとめれば、普通は誤りに気がつくことも、目を通していないから気がつかない。

2月28日に私が裁量労働制の拡大の断念を表明した際、国会で「(ミスの)実態を把握しなければならない」と言ったら、厚労省幹部は「何をどこまで把握すればいいのか」と困っていたそうです。ミスの原因を調べ、見直すための調査をするのは当たり前でしょう。もちろん厚労省は省庁再編で大きくなり過ぎて、政治の目が届きにくくなったという問題もありますが、もっと根が深い気がします。

実は裁量労働制に関する国会審議の際には、私の手元にあったのは役所が作成した答弁書類だけ。綺麗に整理された、つまりは「改竄」された答弁書類だけで、件のミスだらけの労働時間等総合実態調査の資料もなかったのです。ところが、野党議員はそのミスだらけの調査資料を持っていた。そして私を「実態調査の数字と内容が違う」と追及してくるのですが、資料がないので、私は答えられない。

私が加藤勝信厚労相に答弁をお願いするのだけれども、野党は「総理が答えろ」と言う。加藤さんは「すぐに本省と連絡を取ります」と言う。仕方がないので、私が働き方改革の理念とか意義とか、時間稼ぎの答弁をするわけです。すると野党は「そんなことは聞いていない」と怒る。本当にあの時の予算委員会は苦しかった。なぜ私の手元にない資料を、野党議員が持っているのか。「厚労省は野党と通じているんじゃないか」と、疑心暗鬼に陥りましたよ。

小泉（純一郎）内閣の時、少子化が想定以上に進み、実際の合計特殊出生率が推計値と大きく離れてしまったことがあったのです。すると厚労省幹部は、特定の年代だけに限った「出生コーホート別の分析」という資料をいきなり持ち出してきて、「推計値と整合性は取れている」と言い出したのです。そんな特殊な数値は聞いたこともなかった。官僚の無謬性とは、こういうことなんだな、と思ったことがありました。

――同一労働同一賃金の導入には、人件費の増加を懸念する経済界が慎重でした。

確かにそうですが、私の実兄・寛信の岳父でもある牛尾治朗元経済同友会代表幹事は、「理屈で言えば、同じ仕事をしているのだから、同一労働同一賃金は当然だ」という考えだったのです。私は当初、同一労働同一賃金には慎重な答弁をしていたのだけれど、野党の「非正規の中にも、実質的に正社員と同じ働きをしている人もいる」という主張を聞いているうちに、野党の主張に分がある、と思い始めたのです。非正規の待遇を上げれば、消費につながっていくわけです。賃金が上がり、消費が増え、企業が潤って投資をして生産性が上がれば、また賃金が上がる、という安倍内閣が掲げた「経済の好循環」という目標にも合致していますしね。

そのほかにも、兼業・副業の拡大も盛り込みました。経営側は、情報漏洩のリスクを警戒し、利益相反になると反対していましたが、いきなりベンチャー企業を設立しようにも、そこまでの勇気はないから、今の会社と兼業でやってみたいという人も増えていました。スタートアップを後押しすることは、時代の流れでしょう。

労働法制の議論をしていて感じたのは、固定観念にとらわれている人が多かったことです。労働組合は、年功序列や新卒の一括採用を前提に、旧来の労働者の待遇を良くすることに熱心でした。働き方改革という言葉が定着し、世の中の「長時間労働イコール善」という考え方はだいぶなくなったでしょう。ブラック企業は、敬遠されるようになりました。苦労してやった甲斐はありました。

森友問題再燃、財務省による決裁文書の改竄

——3月2日、森友学園への国有地売却問題に関して、朝日新聞が「財務省の決裁文書が書き換えられた疑いがある」とスクープし、財務省は、改竄を行っていたことを認めました。財務省の佐川宣寿理財局長は、森友問題が発覚した2017年に、「森友側との面会記録は残っていない」「価格交渉を行っていない」といった趣旨の答弁をしていました。改竄は、そうした答弁と整合性を図るために、佐川氏が主導したと結論づけられています。安倍さんは、価格交渉の有無などを調べなかったのですか。

文書の改竄なんて、思いもよりませんでした。常識ではあり得ないわけです。改竄は、佐川さんの指示で課長以下がかかわっていたわけです。そこまで官邸の目は届きません。

この当時、官僚の不祥事が起きると、「官邸一強の弊害だ、おごりだ」とか、「官僚が私に忖度したんじゃないか」と言われました。でも、仮に官僚が忖度していたとしても、忖度される側の私は、分からないでしょう。

そんなに官邸が強すぎると批判するのであれば、ではどうすればいいのですか、と言いたかった。批判していた人は、官邸の力が弱体化し、政治が機能しなくなれば満足だったのですか。私には全く理解できません。

私は自民党総裁として12年、14年、17年の衆院選、13年、16年、19年参院選と、国政選挙で6連勝しました。総裁選は12年、15年（無投票）、18年で勝ったわけです。この九つの選挙で、一つでも負けたら、安倍内閣は終わりだったんです。政権選択ではない参院選だって、負けたら党内で倒されちゃいますから。実際、第1次内閣にはそういう側面がありました。選挙で勝利を得るために、官邸主導で政策を推進し、全力を尽くすのは当然でしょう。

――財務省は、決裁文書にあった「本件は鴻池祥肇《こうのいけよしただ》参院議員からの陳情案件」「本件の特殊性」といった記載のほか、安倍昭恵首相夫人が学園側に「いい土地ですから前に進めてください」と述べたとされるくだりも削除していました。首相の関与が疑われても仕方がない状況だった思います。

鴻池さんは財務省に問い合わせをしていました。だから「鴻池案件」という言葉が使われた。鴻池さんのほかにも、多くの議員が文書には登場し、削除されているわけです。森友側は、政治家を使い、国有地を安く購入しようとしたのは明らかです。

妻に関しては、森友側が妻の名前に言及した部分があり、財務省はその部分を削除していた。そこには、「安倍昭恵案件」と書かれているわけではありません。

改竄なんかするから、まるですごい底の深い疑惑があるかのように世論に受け取られてしまったのです。

――加計学園の獣医学部新設を巡っても新たな展開がありました。柳瀬唯夫首相秘書官が15年4月、愛媛県職員らと面会し、「本件は首相案件」と発言したとされる記録が見つかりました。柳瀬氏は

18年5月10日、国会に参考人として呼ばれ、県や今治市職員、加計学園職員との面会を認める一方、首相案件という発言は否定しました。

あらゆる案件が「首相案件」にされてしまうのは、私の意向だと強調すれば実現する、という考えが根底にあるからです。メモを残した愛媛県や今治市も同じでしょう。

加計学園に対しては、17年1月に獣医学部の新設が認められました。日本で獣医学部が新設されるのは、52年ぶりのことでした。しかも、国家戦略特区の制度を利用して、ようやく認められたわけでしょう。競争相手を増やしたくない獣医師会側が、新設を認めないよう政界に働きかけていたのです。

医療系の大学も、新設が難しい。獣医師会と同様に、競争相手を増やしたくない医師会の意向が働いています。そうした構造的な問題を改革しなければならなかったのですが、私がやったら「加計のためか」などと疑われてしまったでしょう。踏み込むことはしませんでした。

――森友、加計問題で野党の追及を受けているさなかの4月18日、財務省の福田淳一事務次官がセクハラ報道で辞任しました。複数の女性記者に対してセクハラ行為をしていたということですが、官僚に足を引っ張られたという思いはありましたか。

長く政権を担っていれば、いろいろな問題が起きますよ。一つ一つ乗り越えていくしかないのです。

福田さんはなかなか面白い男でした。財務官僚はまじめで暗い人も多いのだけれど、彼は違いました。私は嫌いではありませんでした。

財務官僚は、官邸の首相執務室に複数で来て、私に財政政策について説明をする時、1人の役人しかしゃべらないのです。同席している財務省の数人は、私が何を言うかメモを取っているだけなのです。私が「うーん」と考えていても、誰も発言しません。私の前では一切議論しない。要は、情報収集が目的で官邸に足を運んでいるのです。そして官邸を去ってから、財務省内で作戦会議を開いて対応を決める。私が増税に慎重な話をした場合、私の方針を覆すためにいろいろと画策するわけです。

同じ官僚でも経済産業省の役人は、執務室に来て私の考えを聞くと、その場で議論を始めるのです。私の面前で、官僚数人が延々と話しまくることもありました。「ちょっと君たち、総理を無視して議論に華を咲かせるなよ」と思ったこともあるくらいです。

外務官僚は、担当地域の局によって縦割りが激しく、個人プレーでいろいろ主張するのです。警察官僚は、私が暴力団の情勢に関心があったから、暴力団の抗争の説明には来るのですが、それ以外の案件で、執務室に来ることは稀でしたね。官僚は、役所によってカラーが違います。

福田さんは財務官僚の中では珍しく、自由闊達に意見交換をしようというタイプでした。私が増税回避の話をすると、「総理、それは困りますよ。勘弁してください」と物怖じせずに言ってきました。ただ、セクハラは許されません。

北朝鮮情勢の転機は平昌冬季五輪

――外交では2018年、北朝鮮を巡る情勢が大きく動きました。平昌《ピョンチャン》冬季五輪（2月9～25日）期間中の2月10日、北朝鮮の金正恩国務委員会委員長の実妹・金与正《キムヨジョン》党中央委員会第1副部長が、ソウルで文在寅《ムンジェイン》韓国大統領と会談し、文氏に訪朝を要請しました。平昌五輪の開会式には安倍さんも出席していましたが、当時、米朝関係改善の機運を感じていましたか。

南北に融和ムードはありました。韓国と北朝鮮は、開会式で統一旗を掲げて合同で入場しました。女子アイスホッケーは、南北合同チームで出場したわけです。でも、この融和ムードが、米朝の首脳会談にまで発展していくとは思いもよりませんでした。

平昌五輪の開会式に、米国からはペンス副大統領が来ていました。ペンスは北朝鮮に対し、伝統的な共和党らしく厳しい姿勢でした。日米の緊密な関係を、北朝鮮や韓国にアピールしたかったようで、平昌のホテルで私と会談した後、「副大統領専用車に一緒に乗ってレセプション会場まで行こう」と提案してきたのです。2人で一緒に会場に入るところを、南北に見せたかったのでしょう。ペンスとは会談と車内で、随分と対北朝鮮政策について話しました。

レセプション会場に着くと、北朝鮮序列2位の金永南《キムヨンナム》最高人民会議常任委員長と私のテーブルが一緒だったのです。

――会話をしましたか。

ええ。ただ、金永南は「拉致問題は解決済みだ」とか、「過去の清算をしろ」といった通り一遍のことしか言いませんでした。私と彼が話している時は、会場中の人が注目していました。

――金与正第1副部長とは言葉を交わさなかったのですか。

金与正も近くに座っていましたが、一切話しませんでした。彼女の周囲は、秘密警察と思しき職員が固めていました。彼らのガードを突破して金与正に近づこうとして、もし止められたら、日本の威信にかかわります。そこまでやる必要はないでしょう。

圧力重視のペンスや私の考えとは別に、南北、米朝の首脳会談に向けた調整は、平昌以降、どんどん進んでいきました。今思えば、トランプ米大統領は平昌五輪の時にはすでに、北朝鮮と何らかのディール(取引)をしようと考えていたのかもしれません。米朝首脳会談で核開発を中止させ、金正恩に対して経済発展に向けたチャンスを与えよう。その過程では、日本に大きな役割、つまり経済支援を行わせ、将来的には米国も投資する、ということを想定していたかもしれない。

――北朝鮮は17年、短・中距離の弾道ミサイルを繰り返し発射し、核実験も16年に二度、17年に一度と立て続けに行いました。そして17年11月に、米本土に到達可能な大陸間弾道ミサイル(ICBM)の発射に成功し、「核武力完成の歴史的大業」を実現した、という声明を発表しました。緊張をギリギリまで高め、18年になると一気に対話機運を高めるのに成功しました。金正恩の周到な舞台回しに、日本も米国も引きずられたと言えるのではないでしょうか。

そういう見方はできます。ただ、米国は17年、対北朝鮮の軍事オペレーションを本気で検討し、圧力をギリギリまで高めていました。米本土を標的にされることを看過できなかったわけです。秋に米軍は空母3隻の打撃群を西太平洋や日本海などに展開しました。空爆を想定したB52戦略爆撃機はたびたび飛来し、ミサイルを搭載した米潜水艦も、日本海近海で運用されていました。金正恩としては自国の安全保障に関し相当の焦りがあったと思います。それが18年の方針転換につながったのかもしれません。

――韓国が一気に対話路線に舵を切り、3月5日には韓国の徐薫《ソフン》国家情報院長と鄭《チョン》義溶《ウィヨン》国家安全保障室長が訪朝し、平壌で金正恩氏と会談した。ここで米朝首脳会談に前向きな北朝鮮側の意向が判明してくる。

韓国の訪朝団はその後、日米両国に報告に来ました。3月13日、私は徐薫から詳細な説明を受けたのだけれども、どうも、話を盛っている気がしたのです。徐薫は、「北朝鮮は、核やミサイルを放棄します。だから、休戦状態の朝鮮戦争を終わらせて、平和協定を結ぶことができるのです。金正恩は立派な方です」といった話をするのです。

――4月27日に南北首脳会談が行われ、その2日後に、会談に同席していた徐薫氏は再び安倍さんを表敬訪問しました。韓国は相当前のめりでしたか。

徐薫は、「金正恩はスイスに留学しているので、西側の事情をよく知っていました」と言い、金正恩の言葉として、「自分の安全は、米国によって確保されている。経済発展を目指し、海外からも投資を呼び込む」と紹介していました。徐薫は、北朝鮮は日本と国交を正常化して、日本の援助も受ける道を選ぶでしょう、とも語っていました。でも、どこまでが金正恩の意思で、どこからが韓国の希望なのか、よく分からなかった。それだけ、イケイケだったということでしょう。

史上初の米朝首脳会談へ　揺らぐ圧力路線

――日本は長年、北朝鮮に対して圧力路線で臨んできました。輸出入の全面禁止や船舶の入港禁止といった制裁を行ってきたほか、ミサイル発射に対しては、国連安全保障理事会の非難決議採択を各国に働きかけた経緯があります。韓国側の説明を受けて、日本も対話路線に転換した方がいいと思いましたか。

私は、制裁を続けるべきだと思っていました。米国の軍事的な圧力は北朝鮮に効いている。だから北朝鮮は韓国の仲介に乗ってくるわけで、もう少し制裁を続けるべきだ、と。でも、トランプはそうではなかった。米朝は直前までツイッターで互いに激しく罵倒し合っていたにもかかわらず、突如として対話路線に舵を切ったわけです。3月、トランプが「金正恩に会う」と明言したので、すぐにトランプと電話で会談しましたが、トランプの頭の中は、すでにディール・モードになっていました。

――4月17～18日にかけて米フロリダを訪問し、トランプ氏の別荘で首脳会談を行いました。核・弾道ミサイルの「完全、検証可能かつ不可逆的な廃棄」を目指す方針で一致したと伝えられています。

私はトランプに、「在韓米軍を撤退させてもらっては困る。米朝首脳会談をやるならば、拉致問題解決の必要性もしっかり言ってもらいたい」と述べました。「完全、検証可能かつ不可逆的な非核化」を意味するCVID（Complete, Verifiable and Irreversible Denuclearization）は、日米共通の目標であり、しっかり実現しなければならない、とも強調しました。実は会談前に、米国の国家安全保障会議（NSC）のメンバーから、「ミスター安倍からトランプに、しっかりCVIDを守るように言ってほしい」と繰り返し要請されていたのです。トランプは米朝首脳会談に前のめりになっていたので、米国の安全保障チームの主張を聞き入れようとしなかったのでしょう。でも、この時の会談で、トランプは私の話に対して「分かった」とは言わないのです。大きなディールを控えている時に、俺の背中に荷物を乗せるな、という感じでした。

――史上初の米朝首脳会談は6月12日、シンガポールで行われました。日米首脳は電話会談を繰り返し、6月7日には、ワシントンで再び直接会談しました。頻繁に連絡を取り合ったのは、トランプが安易に妥協して北朝鮮と関係を改善することを危惧したからですか。

日米が北朝鮮への圧力を主導する。そういう政策を何とかトランプに取ってもらいたかったのです。私は「金正恩が最も恐れているのは、突然トマホークを撃ち込まれて、自分の命、一族の命が失われることだ。武力行使のプレッシャーをかけられるのは、米国だけだ」とトランプに言い続けました。

トランプは、国際社会で、いきなり軍事行使をするタイプだ、と警戒されていると思いますが、実は全く逆なんです。彼は、根がビジネスマンですから、お金がかかることには慎重でした。お金の勘定で外交・安全保障を考えるわけです。例えば、「米韓合同軍事演習には莫大なお金がかかっている。もったいない。やめてしまえ」と言うわけです。

米軍が2017年、日本海周辺に空母打撃群を派遣した時も、トランプは当初、私に「空母1隻を移動させるのに、いくらかかっているか知っているか？　私は気にくわない。空母は軍港にとどめておいた方がいい」と言っていたのです。確かに、空母打撃群は、空母1隻に加えて、イージス艦や補給艦など数隻の艦艇と、潜水艦や約70機の航空団などで編成されているので、それらの移動には相当の経費がかかるでしょう。でも、私は「いや、空母をパールハーバーやサンディエゴ、横須賀の港に置いておくだけでは、空母の意味がないでしょう。空母打撃群は、海洋で活動するためにあるのです。大西洋、太平洋、インド洋、アラビア海。アメリカの戦略的な利益に合致する場所にいるべきです。たまたま今はその場所が、日本海だということです」と反論したのです。そうしたら、トランプは、国家安全保障担当大統領補佐官のハーバート・マクマスターに向かって、「マクマスター、どうなんだよ」と。マクマスターは「安倍さんの言う通りです」と答えていました。それでもトランプは「俺は納得がいかない」とぶつぶつ言っていました。何とかその場は収めてもらいましたが、苦労しました。

しかしもし、「トランプが実は軍事行動に消極的な人物だ」と金正恩が知ってしまったら、圧力が利かなくなってしまいます。だから、絶対に外部には気づかせないようにしなければならなかったのです。「トランプはいざとなったらやるぞ」と北朝鮮に思わせておく必要がありました。私だけでなく、米国の安全保障チームも、トランプの本性を隠しておこうと必死でした。

米朝首脳会談前に繰り返し対話したのは、CVIDを堅持しようとしたためです。でもなかなかうまくいかない。4月27日に南北首脳会談があり、金正恩は初めて板門店《パンムンジョム》の軍事境界線を越えて韓国に入りました。文在寅韓国大統領は「もう戦争は起きない。朝鮮戦争の終戦を目指す」と言い、米朝首脳会談に向けた環境を整えようとしたわけです。私はトランプに「文在寅は楽観的過ぎる」と言ったのですが、分かってもらえなかった。

そこで私は、米朝会談の直前、論点を絞ったのです。CVIDは、そもそも世界が共有している基本的な方針だから、トランプへの要請から外そうと。日本としては、拉致問題の提起を優先しようと決めました。

私はトランプに、「拉致問題を解決できなければ、北朝鮮支援の金を出せといわれても、日本は出せない。日朝の国交正常化は、普通の国同士の正常化とは事情が全く違う。日本は税金を使って、過去の清算をしなければならない。国民の納得感が得られなければ、支援は無理だ」と話しました。「かつて韓国が『漢江《ハンガン》の奇跡』と呼ばれる経済成長を達成したのも、1965年に結んだ日韓請求権協定・経済協力協定に基づいて、日本が5億ドルを援助したおかげだ」ともね。するとトランプは、日本が北朝鮮を支援するという話に興味を示したんです。

——米朝首脳会談では、CVIDが共同声明に盛り込まれませんでした。北朝鮮が「完全な非核化」に取り組む代わりに、米国は北朝鮮の体制の「安全の保証」を約束しました。ミサイル問題が事実上放置されてしまいました。

私は核兵器だけでなく、ICBMや中距離ミサイル、生物兵器もすべて廃棄させるべきだとトランプに言っていましたが、トランプは聞く耳を持たなかった。彼にとって、外交は新しい分野であり、北朝鮮問題に長年携わってきたわけでもない。歴史に名を残すことを考えていたトランプを、米国務省、ホワイトハウスの安全保障チーム、そして私も、止められなかったのです。

——米朝首脳会談を踏まえ、安倍さんは「拉致問題について北朝鮮と直接向き合う」と述べるようになり、金正恩との直接会談に意欲を示し始めました。対米追従、対米従属といった見方も出ましたが、どう受け止めていましたか。

対米従属と言われても、米国が米朝首脳会談をやるという決断をしてしまったら、変えられません。トランプの思考は、我々の考えている論理とは違うから、交わらなかったのです。現実に米朝首脳会談が行われるのであれば、それを前提に、我々は最良の選択をするしかなかったのです。米国を批判したって、何の実利も生まれない。ならばこの機会を利用して、拉致問題を何とか前進させることを考えなければならない。トランプは19年2月にもベトナムで金正恩と会談しましたが、その時も拉致問題を取り上げてくれました。

南北首脳会談では文在寅が、19年6月の中朝首脳会談では習近平中国国家主席が、ともに拉致問題の解決を金正恩との会談で提起していました。外交は一対一だけではない。米国だけを見ていても、うまくはいきません。各国にそれぞれ思惑がある中で、多元的に進める必要があります。「安倍も所詮、米国頼みかよ」と言われたのだけれど、米国は、日本にはできない戦力投射をやれるわけでしょう。私が、用心棒役のトランプと良好な関係を築いて、「大統領、いざという時は頼みますよ」とお願いすることは、北朝鮮にとっては脅威なわけです。私が北朝鮮に「この野郎、ふざけるな」と言ったって、北は、日本が軍事行使できないことを知っているから、「お前なんか、どうせ弱いだろう」と、日本の足元を見てくる。だから、トランプに踏み込んでもらって、彼の口から拉致問題に言及してもらうことが大切だったのです。そうすれば、北朝鮮も日本との関係を正常化しなければならないという意識が強まるでしょう。

——18年の夏から秋にかけては、北村滋内閣情報官が、モンゴルやベトナムで北朝鮮の情報部門である朝鮮労働党統一戦線部幹部と接触した、と繰り返し報じられました。北朝鮮との交渉にはどのような方針で臨んだのですか。

北朝鮮は独裁政権ですから、外務省の局長や閣僚レベルで協議を重ねて、首脳合意につなげていく、という一般的な外交交渉が通じません。独裁者1人が判断するのだから、独裁者に近い人物に接触し、日本側の考えを正確に伝えていくことが重要になります。

拉致は犯罪ですから、基本的に北朝鮮の外務省のテリトリーではないのです。工作員やスパイの情報を扱っている情報部門を交渉相手にしなければならない。その中で、金正恩や、妹の金与正に近い人物を探ったわけです。

もちろん北朝鮮外務省の中にも、日本との交渉は大事だと考えている人物がいました。例えば、外交官の宋日昊《ソンイルホ》国交正常化交渉担当大使は、危ない橋は渡ろうとはしないけれど、交渉をまとめようという意欲がありました。日本と関係を改善し、02年に小泉純一郎首相と金正日国防委員会委員長が合意した日朝平壌宣言を履行することになれば、北朝鮮は大きな経済協力を引き出せるわけです。宣言には、無償資金など様々な経済協力が盛り込まれていますから。

使えるルートはすべて使う。そして、交渉の情報はすべて私に集約し、判断は私がする。そういう考えで臨んでいました。

ただ、時を経るごとに交渉が難しくなっていくとも感じていました。拉致に関与した関係者は、いなくなっていくわけですから。発生当時にもう少し政治が適切に対処していれば、と悔やまれます。

中国の「一帯一路」とAIIB構想

――中国の李克強首相が5月8〜11日の日程で来日し、日中韓サミットや日中首脳会談が行われました。李氏との会談では、中国の巨大経済圏構想「一帯一路」について話し合う合同委員会の設置などで合意しました。尖閣諸島の問題などで対立する中、日中の融和ムードが醸成されていくことになりましたが、どういう背景があったのですか。

中国側の求めに、我々が応じたということです。

習近平が提唱し、推進する「一帯一路」構想とは、中国を起点に、アジア、中東、アフリカ東岸、ヨーロッパを、陸路の「一帯」（シルクロード経済ベルト）と、海路の「一路」（21世紀海上シルクロード）で結び、経済協力関係を構築するという中国の国家的戦略です。①経済政策、②インフラの連結、③貿易の円滑化、④資金の融通、⑤人的交流――の5分野で、交易の拡大や経済の活性化を図ることを目的にしています。

「一帯一路」の構想にどういう態度で臨むかを決める上では、まず、中国が主導するアジアインフラ投資銀行（ＡＩＩＢ）への対応を考えなければいけません。「一帯一路」と、対外輸出を行う能力を備えたＡＩＩＢは、表裏一体の関係にありますから。

習近平がＡＩＩＢの構想を発表した２０１３年当時は、かなりの警戒感が我々にもありました。日本が主導するアジア開発銀行（ＡＤＢ）に対抗し、帝国をアジアにつくろうとしているのではないか、とか、米国と覇権争いをするつもりだろう、といった見方です。だから「一帯一路」に関して、私は「意思決定過程が不透明」と牽制していたのです。

ところが15年、ＡＩＩＢが設置される直前に、まず英国が西側で最初にＡＩＩＢに参加すると表明したのです。その後もフランス、ドイツ、イタリア、韓国などが参加を表明していく。米国は反対していたのですが、同盟国は皆、中国の構想になびいていきました。最初に米国の同盟国の英国がＡＩＩＢに加わることで、中国の言いなりにならなくて済む、という機運が生まれたからだと思います。

確かに、ＡＩＩＢに透明度の高い投資を行わせるには、外側から批判するだけではなく、内側から監督する手もあります。また、実際にＡＩＩＢが発足し、運用を始めたら、世界銀行やＡＤＢと競争するというより、ＡＤＢなどの関与を求めてきたんです。そういう意味で、ＡＩＩＢへの警戒感はだんだんと薄れていきました。

他方、経済界は、「一帯一路」をチャンスととらえ、海外への投資を増やしたいという思いが強かった。「一帯一路」は、国際的に信用格付けの低い国への投資をテコに、中国の覇権を広げようとする点では問題ですが、新興国の港湾や道路を整備すること自体は、悪いことではないでしょう。しかも、どうやら大風呂敷を広げているだけで、覇権には至っていない。それならば、いくつか条件を付けて協力することも可能だと判断したのです。その条件が、適正な融資による対象国の財政健全化を維持することや、プロジェクトの開放性、透明性、経済性を確保することです。要は、質の高いインフラを整備しよう、という呼びかけです。

そこでまず17年5月、中国とパイプがある二階俊博幹事長に訪中してもらい、二階さんから習近平に、私の親書を手渡してもらいました。二階さんは、３０００人の訪中団を率いて15年に訪中したこともあり、中国側も実力を認めている人物でしたから、習近平も会ったのでしょう。二階さんが経済産業相時代、経産省総務課長として仕えていた今井尚哉首相秘書官に同行してもらいました。

そして17年11月、ベトナム・ダナンで習近平と会談した時、私が「第三国でも日中が協力して、ビジネスを展開していく」と言って協力する方針を表明しました。

中国公船は、尖閣諸島周辺での活動を繰り返していますが、17年から18年の頃は減っていたのです。これは、私の「一帯一路」への協力姿勢の表明や、18年秋の訪中が背景にあります。「一帯一路」を認めてもらおうと、中国は秋波を送ってくるわけです。特に、国内政治を担当する李克強首相は、あらゆる場面で私に会おうとしてきました。

直接、「一帯一路」の話をするわけではないのですが、協力してほしいという感じを醸し出していました。まだ私が「一帯一路」に厳しい姿勢を取り続けていた時期、東アジア首脳会議で各国の首脳がみんなで雑談している最中に、李克強が私の元に来て、「ちょっとお話をしたい」と言ってきたのです。では立ち話でも、と向かったら、李克強は、日本語の通訳を連れて来ていた。首脳会談を予定していないのに。

通常は、私が日本語で話し、それを日本の外務省職員が英語に通訳し、先方が英訳を中国語に替える、という手順を踏むのだけれど、李克強は「時間がかかってイライラするから、日本語通訳を連れてきました」と言う。そして、「テレビカメラの前を2人で歩きましょう」と提案してきた。中国は、「一帯一路」への日本の協力が得られず、国際社会で信用がなかなか上がらないことに危機感を抱いていたそうです。

――中国との関係を、「対立から包摂へ」と舵を切り替えたということですか。

「戦略的な包摂」と言うべきかな。まずは、中国の動きを阻止するよりも、日本が関与することで質の高いインフラ整備を実施していけるのではないか、と考えました。その方が新興国にとっても、日本の経済界にとってもプラスだろう、と。

また、我々が積極的に協力するということは、民主主義という基本的な価値観を共有する国々の基準に、国営企業ばかりの中国が合わせられるかどうか、試されることになるわけです。ハイスタンダードな取り組みができますか？　と、中国に突きつけるという狙いもありました。まさしく、お互いの関係が利益になるならば、付き合うという戦略的互恵関係です。ちなみに、私と二階幹事長の間柄も、戦略的互恵関係だったと言えるでしょう。

——5月9日の李克強氏との会談では、自衛隊と中国軍の偶発的な衝突を防ぐ「海空連絡メカニズム」の運用開始でも合意しました。防衛当局間のホットラインの設置や、艦艇や航空機が直接通信する仕組みの構築、平時の定期会合が柱です。

日中ともに不測の事態を招きたくないという点は一致していた。1962年のキューバ危機では、米ソの間でなかなか意思疎通ができず、一触即発の状態になりましたが、キューバ危機後は、米ソ間に綿密な連絡手段ができ上がりました。今の尖閣諸島周辺も、戦争寸前の状態にならないとは限りません。必ず踏みとどまるようにするには、こうした仕組みが不可欠なのです。

オウム真理教事件、13人の死刑執行

――7月6日と26日に、オウム真理教事件の教祖・麻原彰晃こと松本智津夫死刑囚ら事件にかかわった13人の死刑が執行された。

オウムの一連の事件は、戦後の事件としては一番衝撃的だったのではないかな。いずれも起きたのは平成の時です。坂本堤《つつみ》弁護士一家殺害事件は、平成元年の1989年、その後の松本、地下鉄両サリン事件は94年、95年でした。被害者や遺族が受けた恐怖や悲しみは、想像を絶します。95年に、当時の山梨県上九一色村に警察の大部隊が捜査に入りましたが、私はまだ当選1回生だった。驚くばかりでした。

2019年には、天皇陛下の退位を控えていました。平成の事件だから、その時代のうちに終わらせるという意味はあったのでしょうが、死刑の執行については、完全に法相の専権事項なのです。首相は関与しません。

実はある死刑囚の死刑を執行する前に、ある法相が私に説明に来たのですが、「いや、すべてあなたの判断です」と押し返したことがありました。責任の分散を図ろうとしたのかもしれませんが、それは受け入れられません。

オウム真理教が過激になるきっかけは、1990年衆院選での敗北でしょう。坂本弁護士事件の後ではありますが、選挙の敗北で、どう影響力を行使すればいいか迷走し、武力革命に舵を切ったと言えるんじゃないかな。

死刑執行は、人の命を奪うわけですから、法相の心の重荷は計り知れません。一生、その事実を背負うことになる。安倍内閣で法相を務めてくれた人は皆、丁寧に公判記録を読んで、慎重を期して最後に決裁印を押していたと思います。オウム真理教の13人の刑を執行した上川陽子法相も、苦しかったでしょう。松本智津夫死刑囚に死刑を執行したら、未解明の犯罪が分からなくなってしまう、といった声がありましたが、教祖然として問題の本質を曖昧にしていれば、永遠にその死刑囚は執行を免れることになってしまいます。それはおかしい。

――上川さんから連絡はあったのですか。

事前の説明はありませんでしたが、刑の執行時に連絡がありました。「今から死刑執行が行われます。順次刑場に向かっています」とね。私は返す言葉がなく、「お疲れ様です。ご苦労様です」としか言えませんでした。

石破氏との一騎打ち、自民党総裁選

――自民党総裁選（9月7日告示、20日投開票）が6年ぶりに行われ、石破茂元幹事長との一騎打ちとなりました。安倍さんは当時、すでに5年8か月にわたる政権運営の実績がありました。現職が負けることはないという自信はありましたか。

2018年は、森友学園の国有地売却を巡る公文書改竄が明らかになり、加計学園の獣医学部新設問題も、総裁選の頃はまだ尾を引いていたので、政治とカネの問題に焦点が当たっていました。7年9か月間の政権運営全体で見れば、16年がモリ・カケの第1波、17年がモリ・カケ第2

波という感じで、安倍政権にとっては谷でした。

モリ・カケは、私に問題がないことの証明ができなかったのが痛かった。それと、登場人物が、マスコミが取り上げやすいキャラクターが立った人ばかりで、盛り上がった面もあると思います。

——森友・加計学園問題を甘く見ていたのではないですか。首相の名誉にかかわることなのだから、例えば森友問題ならば、財務省理財局や近畿財務局、国土交通省大阪航空局の関係者などを全員呼んで、自ら調べるという手もあったはずです。

森友学園との国有地の値下げ交渉なんて、全く身に覚えのない話だから、一時的な言いがかりだろう、と思っていたのです。確かに、調査機関を設置する手もあったかな。

——積極的に真相を究明しようという攻めの姿勢が見えませんでした。有権者に逃げている印象も与えたと思います。

基本的には、事態を過小評価していたと思います。

——総裁選で、石破さんは、森友・加計問題を念頭に、「正直」「公正」をスローガンに掲げ、「間違いは間違いとおわびする姿勢が必要だ」と安倍さんを批判していました。

野党と戦っている気分でしたね。私が弱っている時は、ここぞとばかりに襲いかかってくるなあと思いました。

でも、石破さんも、獣医学部新設の問題にはかかわっていたでしょう。15年の地方創生相・国家戦略特区担当の時、石破4条件（①新たな分野のニーズ、②既存の大学で対応できない、③教授陣・施設が充実、④獣医師の需給バランスに悪影響を与えない）を決めて、事実上、獣医学部新設の申請を認めにくいようにしたわけです。獣医師会の政界工作に従って、要望を聞いてあげたということではないですか。だから総裁選の途中から、彼はあまり「公平」「公正」を主張しなくなりました。

――総裁選は投開票の結果、安倍さん553票で68・5%、石破さんが254票で31・5%を獲得しました。選挙前の予想では、安倍さんは現職だから、8割程度集票するのではないか、という予想もありました。

絶対勝てる選挙って、正直、力が入らないのです。私自身も闘志を維持するのが大変でした。首相の職務をこなしながら、党首選挙に臨むというのは、はっきり言って、余計な仕事に思えてしまいました。欧米の党首選では、現職へのチャレンジ権はありますが、せいぜい1日程度で終わるわけです。モリ・カケの影響もあったし、判官贔屓で石破氏を応援するという雰囲気もつくられてしまいました。

――総裁選中に、石破派の齋藤健農相が、「安倍氏を支持する議員から、「石破氏を応援するなら辞表を書いてからやれ」と、圧力をかけられた」と明らかにしました。安倍さんは「本当にそういう出来事があったなら、名前を言っていただきたい。陣営に聞いたが、みんな「あるはずがない」と怒っていた」と反発しました。大人げないという批判もありました。

確かに、私はあの時、「圧力はけしからんですね。私は齋藤さんを信頼している」と、齋藤さんを擁護することもできました。でも、古い人間の発想かもしれないけれど、自民党総裁選は権力闘争ですから、みんな相当の覚悟で誰かを応援しているわけです。クラスの学級委員長を決める選挙とは違うのです。そこで泣き言を言うのは、私は、心情的に納得がいかなかった。

齋藤さんは通商にも農政にも明るいことで知られていました。私も評価していたので、残念だった。でも、石破さんも、石破さんを支持する人も、総裁選で現職の私と戦うということは、安倍内閣を否定しているわけです。だったら、けじめをつけて閣僚を辞めるのが筋でしょう。閣僚ポストに守られて発信をしながら、総裁選で別の人を応援するのは、理解に苦しみます。

安倍は度量が狭い、と言われましたが、角福戦争（田中角栄、福田赳夫両元首相の主導権争い）の頃の政争なんて、こんな柔《やわ》なレベルではないでしょう。

――総裁選後の10月2日、第4次安倍改造内閣を発足させました。安倍内閣で最多の12人を初入閣させました。総裁選の論功行賞ですね。

12人の初入閣は、ちょっとやりすぎた感じはあるけれど、総裁選の直後で、いろいろな人たちが人事への期待を表明していましたからね。皆さん、自己評価が高い人ばかりなのです。そんなに多くの希望に応えられるほど、ポストはないんだよ、と思いながら、いつも人事をやっていましたよ。本当に人事は嫌でした。

――IT・科学技術担当の平井卓也氏、経済再生担当の茂木敏充氏は、その後、それぞれの分野で活躍することになりました。

自己評価ではなく、私の考えで就任してもらった2人ですね。平井さんはネットメディアに詳しい。民主党政権時代、野党自民党のIT戦略特命委員長として、政府のシステムの問題を指摘していたのを覚えていたので、IT担当相をお願いしたのです。平井さんは、菅義偉内閣でもIT相としてデジタル庁の発足を主導しました。この人事は当たりでした。

茂木さんには、日米間で日米物品貿易協定（TAG）の通商交渉が始まるので、お願いしようと思ったのです。彼の実務能力の高さを買って。

――内閣改造直前の9月末に訪米し、ニューヨークでトランプ氏との首脳会談に臨みました。農産品など幅広い品目を対象に、関税を見直す新たな交渉の開始で合意しました。この会談までは麻生太郎副総理とペンス副大統領の間で通商交渉をしていたはずですが、麻生・ペンス両氏の枠組みは機能しなかったのですか。

ペンスが慎重で、交渉に乗ってこなかったのです。難しい交渉になるから、責任を負うのを嫌がったのかもしれません。我々は、農産品や自動車への関税引き上げを警戒していたわけです。ただ、先方が交渉をサボタージュしてくれたことは、日本にとって都合が良かったとも言えます。もうこれ以上待てないという米側の意向があり、TAGを始めることにしたのです。茂木さんならば、うまくまとめてくれるのではないかと期待していました。

茂木さんと米通商代表（USTR）のロバート・ライトハイザーとの本格的な通商交渉は19年4月に始まりますが、茂木さんは積極的な協議で、19年秋にはしっかりした合意にこぎ着けてくれました。日本の市場開放は、環太平洋経済連携協定（ＴＰＰ）など過去の経済連携協定の水準にとどめる内容で、非常にうまくいったと思います。

最終的には、19年9月に私が訪米し、トランプと最終合意して共同声明に署名したのです。この時、トランプはライトハイザーのことを、「彼は性格が悪いが、仕事はしっかりこなすんだよ」と言ったので、私が茂木さんについて「こちらは性格も良いし、仕事もできる」と返答したら、日本側の代表団が爆笑するということがありました。

――内閣改造では、衆院当選3回で石破派の山下貴司氏を法相に抜擢しました。この人事は、総裁選で争った石破氏への当てつけと受け止められましたね。

総裁選で石破さんは、日露交渉について「経済協力をしたから、領土問題が前進するとは思わない」と言い、日朝関係に関しては「平壌に連絡事務所を開設する」と打ち出していました。あまりにも私と考え方が違ったので、それならば石破派からは一本釣りして驚かせてやろう、と考えたのです。山下さんは議員外交で拉致問題に取り組んでいたので、私は評価していました。彼の選挙応援にも私は行っていました。

内閣改造の直前、彼には「君の名前が表に出たらつぶされるから、絶対に口外するな。石破さんにも言ってはいけない」と伝えたのです。一本釣りが分かれば、石破派の反発に遭いますから。それを彼は守ってくれたので、この時の改造人事は、マスコミ報道でも最後まで法相ピースが埋まらなかったのです。

安倍政権を倒そうとした財務省との暗闘

――2018年10月15日の臨時閣議で、消費税率を19年10月1日に8％から10％に引き上げる方針を正式に決めました。中小小売店での買い物でキャッシュレス決済を利用した消費者に、2％の増税分をポイントで還元する制度をつくる方針も示しました。消費増税は二度の延期があり、ようやく社会保障と税の一体改革に盛り込まれた10％への道筋が付いたことになります。財務省との暗闘は、政権の体力を奪いましたか。

消費税率は14年4月に8％、19年10月に10％になったわけですが、10％への引き上げは、二度の延期を経たわけです。最初の増税見送りは、14年11月の衆院選で、二度目の見送りは16年参院選でした。

14年に見送りを決めたのは、8％に増税したことによる景気の冷え込みが酷過ぎたからです。財務省は、8％に引き上げてもすぐに景気は回復する、と説明していたけれど、14年の国内総生産（GDP）は、4～6月期、7～9月期と2四半期連続でマイナス成長でした。財務官僚は、私が増税見送りを表明する直前の11月、私が外遊から帰国する際の政府専用機に、麻生副総理兼財務相に同乗してもらって、私を説得しようとしたわけです。しかしその機内で7～9月期の速報値が判明し、「とてもじゃないが増税できない」と私が麻生さんに説明し、納得してもらったわけです。

この時、財務官僚は、麻生さんによる説得という手段に加えて、谷垣禎一幹事長を担いで安倍政権批判を展開し、私を引きずり下ろそうと画策したのです。前述しましたが、彼らは省益のためなら政権を倒すことも辞さない。谷垣さんは12年に一体改革の合意を決めた当時の総裁だし、「合意を守るべきだ」と谷垣さんに言ってもらおうと。谷垣さんは財務相経験者だし、主張は増税派に近い。けれども、財務省の謀略には乗らなかったのです。政治の不安定化を招くようなことを嫌ったのだと思います。

二度目の増税延期を決める前の15年に、生活必需品などの税率を低くする軽減税率の導入を巡って、財務省はまた策を弄しました。

公明党が14年の衆院選公約で、軽減税率導入を掲げていたので、実現はやむを得ないと判断していたのでしょうが、財務省は軽減額をできるだけ小さくしたかった。与党協議が秋から冬に行われて、公明党は、痛税感の緩和と景気への配慮から「酒類を除く飲食料品」などを対象に軽減額を1兆3000億円に、と主張していたのです。一方、財務省は自民党の財政再建派の議員と組んで、まず4000億円の範囲で対象品目を絞ると掲げ、結局、5000億円を落としどころにして決着させようとしました。

この財務省の手法に、菅義偉官房長官が激怒したのです。そして公明党の主張をおおむね呑んで、1兆円規模に引き上げました。この時も財務省の抵抗はすさまじかった。

官邸内では、14年の財務省の謀略は夏に始まっていたので「夏の陣」、冬に決着した15年の軽減税率を巡る運動を「冬の陣」と呼んで、財務省は怖い、という話をしていました。結局、16年の参院選で二度目の増税見送りを決めるので、軽減税率導入は19年10月からになりましたが。

――田中角栄や竹下登など歴代の首相は、旧大蔵省と良好な関係を築いて政権を運営してきました。首相が大蔵省を使っているのか、大蔵省に使われているのか分かりにくい面もありましたが、安倍内閣は、財務省との関係では異質でした。

小泉内閣も財務省主導の政権でした。消費税は増税しないと公約しましたが、代わりに、歳出カットを大幅に進めることにしたわけです。

私も、第1次内閣の時は、財務官僚の言うことを結構尊重していました。でも、第2次内閣になって、彼らの言う通りにやる必要はないと考えるようになりました。だって、デフレ下における増税は、政策として間違っている。ことさら財務省を悪玉にするつもりはないけれど、彼らは、税収の増減を気にしているだけで、実体経済を考えていません。

財務省は常に霞が関のチャンピオンだったわけです。ところが安倍政権では、経済産業省出身の今井政務秘書官が力を持っていた。財務省にとっては、不愉快だったと思いますよ。

財務省の幹部は、参院のドンと言われた青木幹雄元参院幹事長や、公明党の支持母体である創価学会幹部のもとを頻繁に訪れて、安倍政権の先行きを話し合っていたようです。そして内閣支持率が落ちると、財務官僚は、自分たちが主導する新政権の準備を始めるわけです。「目先の政権維持しか興味がない政治家は愚かだ。やはり国の財政をあずかっている自分たちが、一番偉い」

という考え方なのでしょうね。国が滅びても、財政規律が保たれてさえいれば、満足なんです。でも、考えようによっては、財務省にとって、安倍政権ほど素晴らしい政権はないとも言えます。結局、消費税を二度増税し、経済成長で税収も増やしたわけですから。

——財務省との暗闘が7年9か月の安倍内閣の間中、続いていたということですか。

財務省と、党の財政再建派議員がタッグを組んで、「安倍おろし」を仕掛けることを警戒していたから、増税先送りの判断は、必ず選挙とセットだったのです。そうでなければ、倒されていたかもしれません。

私は密かに疑っているのですが、森友学園の国有地売却問題は、私の足を掬うための財務省の策略の可能性がゼロではない。財務省は当初から森友側との土地取引が深刻な問題だと分かっていたはずなのです。でも、私の元には、土地取引の交渉記録など資料は届けられませんでした。森友問題は、マスコミの報道で初めて知ることが多かったのです。

自由で開かれたインド太平洋

——2016年8月にケニアで開かれた「第6回アフリカ開発会議(TICADⅥ)」の基調講演で、日本の新たな外交指針となる「自由で開かれたインド太平洋戦略(FOIP=Free and Open Indo-Pacific Strategy)」を発表しました。アジアからアフリカに及ぶ地域の成長に向けて、自由と法の支配、市場経済を広げていくと表明しました。FOIPはなぜこのタイミングで、しかもアフ

リカで表明したのでしょうか。

東南アジアで表明したら、中国を刺激してしまうでしょう。ケニアでの演説ならば、それほど注目されない。その後、様々な場面で主張して徐々に国際社会に浸透させていくという点で、アフリカでの表明は良かったと思います。

FOIPは、長年温めてきてでき上がった構想です。まず、06年の第1次内閣発足前に出版した『美しい国へ』（文春新書）の中で、インドとの関係を重視する方針を掲げたのがきっかけです。インドは、日本と歴史認識の問題を抱えていないし、自由や民主主義といった普遍的価値を共有している。ならば協力を深めることができるはずだ、という考えが根底にありました。

そして首相就任後の07年8月のインド訪問時に、「二つの海の交わり」と題した演説をするわけです。「太平洋とインド洋は自由の海、繁栄の海として、ダイナミックな結合をもたらしている。これを広げていく責任が日印両国にはある」という内容でした。日本は海洋国家として、アジア・太平洋にとどまらず、より広いインド・太平洋地域を意識して外交を展開した方が国益につながるのではないか、と考えたわけです。この演説が、「自由で開かれたインド太平洋」の原点です。

普遍的価値という観点で見た場合、豪州とも協力できる。外交の基軸としては日米同盟がある。日米豪印の4か国は、インド・太平洋という大きな経済圏を構成しているわけで、公共財として、この海洋の権益を守っていく責任があるではないか、と訴えていくことにしました。

日米豪印の具体的な協力としては、戦略対話や合同演習を念頭に置いたクアッド（QUAD＝Quadrilateral Security Dialogue）も掲げました。これも、第1次内閣当時の07年から対話が始まっています。

若干の試行錯誤はありました。QUADをもう一度立て直そうと思って、野党時代の12年に、国際NPO団体に英語の論文で「セキュリティダイヤモンド構想（Asia's Democratic Security Diamond）」を発表しました。日米豪印を結んだ四角形をダイヤモンドととらえ、法の支配やシーレーンの安全確保を4か国で担おう、という内容でした。でも、この呼び方は定着しませんでしたね。

FOIPもQUADも、様々な過程を経ましたが、各国の首脳に粘り強く呼びかけ続けてきた結果、ようやく国際社会の共通認識になったでしょう。

――FOIPは、強引な海洋進出や軍備増強を続けている中国包囲網との受け止めも当初はありました。

中国が巨大経済圏構想「一帯一路」を掲げ、覇権を広げようとしているのではないか、という懸念は拭えません。一方で、「自由で開かれた海」は、シーレーンを抱える中国にとっても重要でしょう。日本としては戦略的に、普遍的価値を共有する国々と協力しつつ、中国も排除しませんよ、という立場を取っています。

日本は戦時中、大東亜共栄圏という構想を掲げていました。侵略を正当化するものだという批判はありますが、欧米の帝国主義からアジア各国を解放するという概念自体は、ある意味で正しいと言えるのではないでしょうか。

日中戦争・太平洋戦争に対する過度な反省から、戦後、日本は外交的なチャレンジを封じられて、理念や構想をあまり掲げてきませんでした。よく知られているのは、福田赳夫首相が東南アジアとの協力を訴えた「福田ドクトリン」や、橋本龍太郎首相が中央アジア、ロシア、中国との信頼関係構築を呼びかけた「ユーラシア外交」くらいです。それらが定着しなかったのは、長期政権ではなかったという事情もあるでしょう。

――FOIPは日米共通の認識となりましたが、掲げた当初、米国の反応はどうでしたか。

オバマ政権は中国を「責任あるステークホルダー（利害関係者）」と位置付けていました。つまり、経済的な実利を考えて、衝突を避けたわけです。政権後半には、中国との協力に傾いていました。私はオバマ米大統領にFOIPについて説明しましたが、正直、あまり乗ってきませんでした。

トランプは、外交の理念や構想というものに、関心が薄かったかもしれません。だから、大統領に近い安全保障担当の面々に、FOIPの重要性を訴えました。大統領補佐官のジョン・ボルトン、ロバート・オブライエン、NSCのアジア上級部長、後に副補佐官になるマシュー・ポッティンジャーらが対象でした。ボルトン、オブライエンと私の考えは完全に一致していました。

――長年、非同盟中立を掲げてきたインドは、安倍さんの構想をどう受け止めていましたか。

インドは欧米にとっては厄介な国なのです。非同盟中立と言いながら、冷戦期には対中戦略からソ連に接近し、その後も武器はロシアから買っているわけです。英国をはじめとする欧州のアングロサクソンによる支配への反感があるのでしょう。欧米は、インドにやや手こずっていました。

一方、インドにとって、日本は特別な存在なのです。1957年に祖父の岸信介首相はインドを訪問していますが、この時同行した通訳から聞いた話で、首脳会談の時、ニューデリーの官邸の前には人が群がっていたそうなのです。当時のジャワハルラール・ネルー印首相は祖父と会談後、「群衆を前に演説するので、ついでにあなたを紹介しよう」と言って祖父を連れていった。そこでネルーは「岸は、かつてロシア帝国との戦争に勝った国の首相だ。日本は、我々に英国と戦い、独立を勝ち取る勇気を与えてくれたんだ」とスピーチし、拍手喝采を浴びたそうです。

インドを植民地としていた英国を弱体化させる狙いがあったのは事実でしょうが、第2次世界大戦で、日本がインドの独立運動を支援したことで、インドは日本を尊敬してくれているのです。もちろん、戦後も日本に好意的なのは、政府開発援助による支援でインドの発展を後押ししたという背景もあるからでしょう。

第1次内閣では、マンモハン・シン印首相にQUADを持ちかけたのですが、残念ながら慎重でした。中国との関係がこじれるのを警戒したのだと思います。第2次内閣では、モディ印首相が理解を示してくれました。モディは、米国と豪州の構想だったら乗らない。しかし日本が主導するのであれば、賛同しましょう、という考えでした。

――2017年に、FOIPから「戦略」という言葉を削除しました。中国の反発が強かったためですか。

中国はFOIPをとても嫌がっていたのです。「やりたければ勝手にやれ」という態度ですが、東南アジア諸国連合（ASEAN）の国々には、賛同するな、というプレッシャーをかけていました。

「戦略」という表現は、具体的な防衛協力まで想起させる言葉です。当初は使っていたのですが、ASEANがたじろいじゃったんです。日本に対して、「あまりにも中国を刺激しすぎではないですか」という感じでした。確かに、「戦略」よりも表現が穏やかな「構想」ととらえてもらった方が、国際社会全体に広げていく上でも理解を得やすいでしょう。

7年ぶりの訪中　中国との付き合い方

――10月25〜27日にかけて、中国・北京を訪問した。国際会議への出席を除いた日本の首相の訪中は、2011年の野田佳彦首相以来、7年ぶりでした。安倍さんは「競争から協調へ、日中関係を新しい時代へと押し上げていきたい」と表明しました。日中両国企業の経済協力などかなり協調路線に踏み込んだ背景は何だったのでしょうか。

中国は非常に戦略的な外交を展開する国です。どの国と付き合う上でも、中国にはゲームプランがあります。我々も対中外交については、綿密なプランを持つことが不可欠です。

まず、日本にとって21世紀最大の外交・安全保障上の課題は、台頭する中国とどう向き合うかでしょう。中国の軍事的台頭は、防衛白書では「懸念」と言い続けていますが、それは正直、「脅威」と言わざるを得なくなっています。だから私は、防衛力を強化し、日米同盟を深化させ、多国間の防衛協力を進めたのです。そのための具体策として、自由で開かれたインド太平洋の構想を唱え、安全保障関連法を整備し、日本の信頼を高めて情報を入手しやすくする特定秘密保護法や、テロ等準備罪などを実現したわけです。

経済においても、TPPの締結で、共通の価値観を基盤とする貿易ルールづくりを進めていきました。

一方で、脅威に対抗していくだけでは、政治の責任は果たせません。中国の市場は大きい。日本経済が成長していく上でも、中国との関係を断つことはできません。安全保障上の課題をマネージしながら、経済面では中国の市場的価値を日本のチャンスに変えていくことが、政治の技術です。

――13年12月に靖国神社に参拝し、日中関係は決定的に冷え込んだと言われましたが、そこからどうやって改善の道筋を探ったのでしょうか。

民主党政権下の12年に日本が尖閣諸島を国有化した時点から、日中関係は冷え込んでいるのです。これ以上悪くなりようがないくらいに。私は靖国を参拝したことによって、ようやく指導者として役割と責任を果たすことができたと安堵しました。後は、日中関係をどう改善するかを考えるわけですが、どちらかというと、先方から態度を変えてきたのです。

14年11月に北京でアジア太平洋経済協力（APEC）首脳会議が開かれた時、そして15年4月のジャカルタでのバンドン会議の際も、習近平国家主席と会談したのですが、非常に険悪なムードでした。習主席は笑顔一つ見せなかった。

ところが16年9月、中国・杭州での主要20か国・地域（G20）首脳会議の時に会ったら、和やかな感じに変わっていたのです。

G20終了後、湖でパーティーが開かれたのですが、中国は、湖の上に透明の板みたいなものを張って、水上を歩けるようにしてセレモニーを行ったのです。そしてバレリーナが「白鳥の湖」を湖の上で踊った。私の隣にいた英国のメイ首相は「Wonderful」と連呼し、「やっぱり独裁国家でなければ、こんなセレモニーはできない。民主主義国家でこんな派手なことをするのは無理よね」と感嘆していました。

セレモニー終了後に日中首脳会談を行い、私が「こんなに素晴らしいセレモニーは見たことがありません」と水を向けたら、習近平が相好を崩して「そうでしょうね。印象に残りましたか」と言って、普通に会話を始めたのです。カメラの前で握手する時は硬い表情のままだったのですが、部屋に入ってからの会談は、笑顔で始まりました。


――習近平氏は元首、李克強氏は首相という立場です。同じ首脳会談でも、違いを感じましたか。

習近平は元首然としているわけです。李克強は、高度の知識を持った行政官、テクノクラートといった雰囲気です。李克強はそうした立場を貫いて、党内で序列を高めることに成功したのでしょう。国際会議では、座っている習近平に外相の王毅が書類を届ける時、跪いて、頭を垂れて書類を渡すのです。私に対してそんなことまでする政治家や官僚は一人もいません。権威主義の国は違うなあと思ったことがあります。

第1次内閣の時に対面した胡錦濤国家主席と、温家宝首相というのは、ツートップに近い関係だったような気がします。それに比べると、習近平と李克強の関係は、歴然と立場が異なる。習・李の関係は、中国の初代最高指導者である毛沢東と、首相として毛に仕えることに腐心した周恩来との関係に似ているんじゃないかな。

第2次内閣以降の7年9か月間で、私は81回、海外出張に出かけました。私は世界中のどの国の首脳と会談しても、必ず中国の話題を出して、軍備増強や強引な海洋進出を警戒すべきだと説いてきました。すると、私の考えに同調する首脳もいれば、そうでもない首脳もいる。中国と親しい国であれば、私が中国の悪口を言っていることを告げ口するでしょう。それは百も承知で、あえて言うのです。

なぜかというと、これは勘でしかありませんが、中国という国は、こちらが勝負を仕掛けると、こちらの力を一定程度認めるようなところがあるのではないか、と思うのです。日本もなかなかやるじゃないか、と。そして警戒し、対抗策を取ってくる。

中国との外交は、将棋と同じです。相手に金の駒を取られそうになったら、飛車や角を奪う一手を打たないといけない。中国の強引な振る舞いを改めさせるには、こちらが選挙に勝ち続け、中国に対して、厄介な安倍政権は長く続くぞ、と思わせる。そういう神経戦を繰り広げてきた気がします。将棋を指しても、盤面をひっくり返すだけの韓国とは、全く違います。

――武力行使ができない日本は、「身の丈に合った外交」をすべきだという声がかつてはありました。

それじゃダメなんです。どちらかと言えば、誇大広告でいいのです。例えばフランスの経済力は、国内総生産（GDP）で見れば日本の6割程度でしょう。英国だってロシアだって、日本より低いわけです。フランスの売りは何かと言えば、文化と核保有という点に加えて、圧倒的な大国意識を持っていることでしょう。大国意識だけで大きな顔をしている国は、世界中にいっぱいあるのです。世界第3位の経済力を誇る日本が、ちまっとしている必要はない。

――7年ぶりの訪中での習近平氏との首脳会談は、和やかなムードでしたか。

いや、そうでもありません。この年は、尖閣諸島への領海侵入は減っていたとはいえ、そのまま中国が手を緩めるかどうかは分かりませんでした。私は「我々の決意を見誤らないようにしてもらいたい」とさんざん言いました。領土を守る姿勢に変わりはない、いざという時は武力衝突も辞さないぞ、ということです。

首脳会談後の成果文書では、「東シナ海を平和・協力・友好の海とする」と盛り込んだのですが、この文言でいったん合意することが大事だったのです。もしその後、中国が強引な海洋進出を続けようとしたら、「合意に反しているではないか」と我々は主張できますから。

東シナ海のガス田開発に関しては、日中共同で開発することなどを柱とした08年の合意を堅持することで一致しました。防衛当局間の海空連絡メカニズムに基づくホットラインの早期開設などでも合意しました。経済では、第三国での日中企業による経済協力、日本産農産物の輸入規制の緩和などが合意事項になりました。中国は首脳会談直後、新潟県産のコメに限って解禁しましたが、残念ながら道半ばです。

——第三国での経済協力は、日中の企業が共同でインフラ整備をすることを政府が後押しするものでした。「一帯一路」を支援するという方針転換は、政府内でどのように決まったのですか。

訪中前に、国家安全保障会議（ＮＳＣ）で二度議論したのです。協力するかどうかね。外務省は一貫して反対でした。私も、かつては警戒していたのだけれども、日本がアフリカまでどーんと道路を造れますか。それは無理でしょう。だったら、中国に取り組んでもらえばいいではないか、と考えたのです。

中国は、アフリカなどで事業を受注するために酷いことをしているわけです。政府高官に賄賂を贈り、ベンツを買ってあげて、大統領の宮殿を造っているわけでしょう。日本の援助は綺麗です。だから、受注競争では勝てないのです。かつてある中東の高官から、「日本も中国の援助の手法を学んだ方がいい。やっぱり権力者を喜ばせなきゃダメだ」と言われたことがあったのですが、そんなことはできない。

賄賂がほしい人に、道徳を説いても仕方がないでしょう。ならば、どうするか。開放性や透明性の確保、債務の健全性など、こちらの原則を出して、その基準を守るならば、日本も中国に協力しようと転換したのです。

外交の基本はリアリズムです。イデオロギーに基づく外交をやっても、誰も付いてきてくれません。世界の国々は、いかに国益を確保するかを巡ってつばぜり合いをしているわけでしょう。硬直的な考え方にとらわれていたら、結局、国は衰退しちゃいます。

徴用工裁判

――韓国人の元徴用工（旧朝鮮半島出身労働者）が新日鉄住金（現日本製鉄）に賠償を求めた訴訟は、2018年10月30日、韓国大法院（最高裁）が同社の上告を棄却し、慰謝料支払いを命じる判決が確定した。大法院は11月29日にも、三菱重工業に対して同様の判決を下した。安倍さんは「国際法に照らして、あり得ない判断だ」と述べていましたが、歴史問題を蒸し返す韓国に、打つ手はなかったのですか。

日韓の国交正常化に伴って結ばれた1965年の日韓請求権協定・経済協力協定は、国際法上、条約に当たるのです。そこには、賠償請求権問題は「完全かつ最終的に解決された」と明記されています。しかも、当時の交渉で、韓国側は元徴用工への補償金が協定に含まれると説明し、その後、朴正煕政権は、補償を実施したのです。その条約を否定する判断は、国際社会ではあり得ない。

大法院の主張は、理解不能でしょう。盧武鉉《ノムヒョン》政権は2005年、日韓間の協定を見直す「官民共同委員会」を設置しましたが、結局、戦時労働者への補償は、日本から受け取った賠償金に含まれる、と結論づけました。さらに、かつての朴政権は日本からもらった資金をインフラ整備に使いすぎたから、もっと徴用工の遺族らに使うべきだと決めて、韓国政府自ら、追加補償を実施したわけです。その委員会には、当時、大統領府で首席秘書官だった文在寅大統領が、政府委員として参加していたわけです。文大統領は、韓国大法院の判断が国際法違反だと分かっているはずなのですが、反日を政権の浮揚材料に使いたいのでしょう。文大統領は確信犯です。

――元徴用工を巡る判決後、文氏との直接会談は、19年12月の日中韓首脳会談時まで実現しませんでした。19年の会談では、徴用工問題は協議の継続ということで決着しましたが、真相はどうだったのですか。

文在寅は私の前で、司法の判断に困っている、という顔をするんですよ。「何とかします」と言うのだけど、安倍政権の間、何もしなかった。その後のことですが、21年6月に別の元徴用工訴訟について、韓国地裁は元徴用工側の訴えを却下しました。18年の大法院判決も否定しましたが、その後も訴訟は続いています。注意深く見ていかないといけません。

――中韓、とりわけ最近は韓国ですが、歴史問題を取り上げて国際社会で日本を貶める外交を続けています。元慰安婦問題でも、慰安婦を象徴する少女像を世界のあちらこちらに設置しています。

歴史を巡る戦いでなぜこれほど日本は弱いのでしょうか。

外務省が戦ってこなかったのは事実です。歴史問題は、時が経てば風化していくからやり過ごそう、という姿勢だったのですね。でも、それでは既成事実化してしまいます。だから安倍政権になって相当変えました。劣勢をはね返そうとしたのです。国境や領土は断固として守る、中韓は国際法を遵守せよ、という主張を強めたのです。韓国大使はもちろん、元慰安婦を象徴する少女像が設置されたドイツの大使らにも、明確に指示しました。「劣勢でも戦え。テレビに出て堂々と反論しろ。ゆったりワイン飲んでいる場合じゃないぞ」と。

北方領土交渉打開へ　2島返還に舵

――2018年秋以降は北方領土交渉にも注目が集まりました。11月14日のシンガポールでの日露首脳会談では、歯舞群島、色丹島の2島引き渡しを明記した1956年の日ソ共同宣言を交渉の「基礎」とする方針で、プーチン露大統領と合意しました。12月にはブエノスアイレスで再び会談し、河野太郎、セルゲイ・ラブロフ両外相を交渉の責任者に決めました。4島の帰属問題を解決して平和条約を締結する、という長年の交渉方針とは趣が異なります。唐突だった印象があります。

9月10日にロシア・ウラジオストクで開かれた東方経済フォーラムの席上、プーチンが思いきったボールを投げてきたのがきっかけです。「年末までに前提条件なしに平和条約を結ぼう」という提案でした。彼の意図を計りかねて、フォーラムを中座した時、プーチンに「日本の立場は、

4島の帰属問題を解決するわけだから、呑めません」と話したのです。

ただ、プーチンが踏み込んできたので、11月のシンガポールでの会談に向けて、こちらも策を練ったのです。「おい日本はどうするんだ」と問いかけられたのだから、思い切って勝負しようと。

日ソ共同宣言は、両国の国会が批准してる公式な文書で、事実上、条約なわけです。いろいろな経緯があって日本はこれを認めなかったわけですが、ニュートラルに考えれば、この共同宣言を日本が無視しているのは、おかしな話です。そこで原点に戻ろう、としたわけです。

シンガポールでは、プーチンと両国の通訳だけの会談で、まず、私の親父の話を持ち出しました。ソ連時代の1991年4月、ゴルバチョフ大統領が来日した時、膵臓がんの末期だった安倍晋太郎は、衆院議長公邸にいたゴルバチョフに会いに行ったのです。プーチンは「そのあたりの事情は知っている」と言っていました。

私は、「普段、私は父の車椅子を押していたが、あの時、親父は自ら歩き、青白い顔でゴルバチョフと短時間会った。そして「真の友好を育てましょう。あなたのおかげでその土台が築かれました」と初来日への謝意を述べたんです」と説明しました。さらに、「父の世代は、先の大戦で多くの人が戦死した。生き残った者の責任として、最後に残った平和条約問題を解決し、日ソ関係を正常化したいと親父は考えていた。私も選挙に勝利し、政治基盤を安定させることができた。だから思い切って新しい時代を切り開きたい」と言って、日ソ共同宣言の話題を持ち出したのです。

プーチンはこの時、「平和条約締結は歴史的な課題だ。領土問題の解決は、日露双方の国民のためになるだろう」と言いました。その後、森喜朗元総理の話に移り、私が「シンガポールに来る前に、森元総理に会った。だんだんと元気になってきましたよ」と報告したら、プーチンはものすごく喜んで、「ヨシロウは友人であり先輩であり、同志のような関係だ。昨年会った時は、がんが進行しており、今生の別れだと思って非常に落ち込んだ。本当に良かった」と応じていました。私はプーチンと計27回会談しましたが、森さんとプーチンほどの信頼関係までは、築けなかったかもしれません。

その後、日露の外務官僚などを含めた拡大会合の場で、私はプーチンと約束したことを説明し、2島返還に向けた交渉をスタートすることになりました。

——「日ソ共同宣言を基礎に交渉」と報道発表する際には、日露両国で内容をすり合わせましたか。

もちろんです。この時も、細かい表現でもめたのです。実は私は最初、「日ソ共同宣言のプロセスを完成させるため」という言い方をしました。するとプーチンが「プロセスを完成させる、という概念は、ロシア語にはない」と言い出した。それで私は「プーチンは何らかの意図を隠しているのではないか」と警戒し、長年、私のロシア語通訳を務めてくれている城野啓介君（外務省ロシア課課長補佐）に相談したのです。確かに、私の「プロセスを完成させる」という言い方も、ややおかしい。結局、城野君が「『基礎』ならば、日露で同義になる」というので、もう一度日露ですり合わせて、日本側は「基礎に」という言葉に落ち着くのです。ロシア語でも「日ソ共同宣言に基づいて、とか宣言を基盤に」といった表現になりました。

――シンガポール会談の調整段階で、ロシア側は、日ソ共同宣言を交渉の基礎とすることに前向きでしたか。

外務省は、従来の4島の帰属問題云々にこだわっていました。ロシア外務省も、非常に日本との交渉に慎重です。本来、外交交渉を担うべきラインが、あまり機能しないのですね。

そこで、プーチンに近い人物を探ったところ、セルゲイ・ナルイシキン対外情報庁（SVR）長官がいたわけです。プーチンは元KGBで、SVRは、KGBの後継機関ですから、プーチンはナルイシキンを信用していました。しかも、ナルイシキンは過去に何度か来日していて、日本のことにも多少知識がある。この分野の専門は、北村滋内閣情報官でしたから、北村さんからナルイシキンを通じて、プーチンに日ソ共同宣言でどうか、という話をしてもらったわけです。プーチンには、しっかり日本側の考えは届いていました。

ブエノスアイレスでは、河野太郎、ラブロフ両外相を交渉の責任者に決めました。プーチンから、「詳細は次官級をヘッドにした作業部会でやろう」という提案があったので、日本が森健良《たけお》外務審議官、ロシアはイーゴリ・モルグロフ外務次官に、実務レベルの交渉を任せることにしたのです。この時まではとても順調に運んでいたのですが、年が明けて2019年に、いざ交渉が始まると、ラブロフとモルグロフは協議をぶちこわしていくわけです。

ロシア側は、「交渉の前提としてまず、第2次世界大戦の結果、北方4島は正当にロシア領になったと認めろ」と言ってきた。日本がポツダム宣言受諾を表明した後に、ソ連は北方4島を奪ったわけだから、日本としては受け入れられない話です。さらに、日米安全保障条約やミサイル防衛に難癖を付けてきた。

ロシアはよく、「米軍は日本のどこにでも基地を置くことができるから、北方領土を返還したら、米軍がミサイル基地を置くんじゃないか」と言っていました。

私はシンガポール会談の時、プーチンに「確かにシミュレーションとして、それはあり得るでしょう。しかし、米ソ冷戦時代を含め、米軍は日本のどこにいましたか？　北海道から一番遠く、暖かい沖縄ですよ。北海道は、我が自衛隊が守っている。北海道にもいないのに、さらに寒い北方領土に、米軍が基地を置くはずがないでしょう」と言いました。

日米安保条約に付随する日米地位協定では、「日本側の同意なしに米軍の施設・区域を設置することはできない」と定めていますが、一方で、北方領土に関しては、「施設・区域を設けないと日本がソ連と約束することは、安保上問題がある」という外務省の文書が残っているのも事実です。

そこで私は、正直にこの協定の話をした上で、「私とトランプの極めて良好な関係を考えれば、仮に私とウラジーミルの間で「米軍基地を北方領土には置かない」と約束しても、トランプが怒ることはないでしょう。そもそもトランプは、在日米軍基地の負担が重い、と文句を言っているくらいですから」と言って説得したのです。この時はプーチンも「分かりやすい。問題ない」と納得してくれていました。

12月のブエノスアイレスでの会談では、翌年6月に大阪で開かれるG20首脳会議での合意を目指す、という考えで一致していたのです。プーチンは「明日から外相間で交渉を始めてもいいくらいだ」と言い、横にいたラブロフの方を向きながら、「彼は何もやることがないから、ウイスキーばかり飲んでいる。体に悪い。飲むならウォッカだろう」と言って笑っていました。この時が、安倍政権の中で日露が最も近づいた時だったと思います。本当に2島返還の合意に向けたチャンスだったのですが、19年になって外相や次官級の協議になったら、ロシアは原理主義に戻ってしまいました。

――ロシア国内で領土返還に対する反対運動が起きたことが、プーチン氏を弱腰にさせた原因でしょうか。

プーチンも、交渉に障害が入らないようにと工夫していたようなのですが、ダメだったということですかね。

私も一生懸命説得したけれど、ロシアの米国不信は拭えなかったのかもしれません。1989年の東西ドイツ統一の時、東側のポーランド、チェコ、ハンガリーは、北大西洋条約機構（NATO）には加盟しなかった。ところがその後、加盟が実現し、今ではポーランドとルーマニアに、米国のミサイル防衛システム・イージスアショアまで配備されるようになっています。イランの攻撃に備えたものですが、ロシア側は対ロシアも念頭にあると考えていました。そうしたことも、プーチンの頭の中にはあったのでしょう。

19世紀にドイツを統一したビスマルクは、「鉄と血」、つまり兵器と兵力でしか、問題は解決できないと言って統一を成し遂げました。04年の中露の国境画定も、1969年に国境付近の川で軍事衝突が起きて、両国が解決しようとなったわけです。日本がテーブルの上で、いくら法の正当性を述べたところで、ロシアにとっては痛くも痒くもないとも言えます。

そういう観点からすれば、尖閣諸島も絶対に奪われてはならないのです。いったん占領されたら、いくら交渉したって返還は難しくなりますから。

第10章

新元号「令和」へ

トランプ来日、ハメネイ師との会談、韓国、GSOMIA破棄へ

2019

江戸時代後期の光格天皇以来、約200年ぶりとなる退位による皇位継承が行われ、2019年5月1日、元号が「平成」から「令和」に改められた。1400年近い歴史を持つ元号の選定に、安倍首相は苦悩もしたが、天皇陛下の初の国賓としてトランプ米大統領を日本に招待するなど国内は祝賀ムードに沸いた。11月20日には、桂太郎首相の通算在任日数を抜き、安倍氏が首相として憲政史上最長を記録する。

日韓関係は悪化の一途をたどり、ついに韓国が両国の安全のために結んだ軍事情報包括保護協定（GSOMIA）破棄を通告する事態に。国会では「桜を見る会」を巡る問題が浮上し、安倍氏への批判が強まっていく。

章扉写真
2019年5月、茂原カントリークラブでゴルフを行ったトランプ大統領（中）と安倍首相（写真　内閣広報室）

新元号「令和」に　幻の「万和」と「天翔」

――政府は2019年4月1日の閣議で、「平成」に代わる新たな元号を「令和」に決めました。645年の「大化」以降、248番目の元号は、日本最古の歌集・万葉集の一節からの引用でした。確認可能な平成まで77の元号の出典は、すべて中国の古典（漢籍）で、日本人が著作した古典（国書）からの出典は初めてでした。安倍さんは決定までの段取りに相当関与したようですが、どんな経緯があったのですか。

私は、杉田和博官房副長官と、元号を担当していた古谷《ふるや》一之官房副長官補に新元号の選定を任せていたのです。「国書からの引用も選択肢に入れてほしい」とは伝えていましたが、事務レベルの検討で良い案が出てきて、淡々と決まっていくだろうと楽観視していました。

そして発表が近づいた3月20日、いくつかの元号案を見せてもらいました。私は、「これがいいね」という案が出てくるのだろうと思っていたのですが、大変申し訳ないが、どれもピンとこなかった。日本人の心情に溶け込み、一体感を醸成する感じがしませんでした。

――4月1日に開かれた「元号に関する懇談会」には、「英弘《えいこう》」「広至《こうし》」「令和」「久化《きゅうか》」「万和《ばんな》」「万保《ばんぽう》」の6案が示されました。3月の検討段階でもこうした案がありましたか。

官邸幹部が「これがいいでしょう」と私に推してきたのが、「万和」でした。「万和」に私を誘導しようとしたのです。でも、濁音が入っているので、響きが良くない。私はどうしても気に入らなかったのです。

「英弘」は、響きとしては綺麗な感じで良かったのだけれど、「英弘《ひでひろ》」という名前の人が多いでしょう。会社名で使っているケースもある。だから、これも一押しという感じにならなかった。

古谷さんは、今まで多くの学者に礼を尽くして検討をお願いし、案をいただいてきたわけです。幾つかに絞り込んで私に提示したにもかかわらず、私がダメ出ししたので、古谷さんは「え！」と驚いていました。

学者の皆さんにも、選定に携わった官僚にも大変申し訳なかったのですが、元号は、取り返しがつきません。もし国民から「安倍はなんでこんなものを選んだんだ」と言われたら、元号制度の存立自体が揺らいでしまいます。そうなったら、首相辞任どころの話じゃない。切腹ものでしょう。だから追加で新たな案を出してほしいと発注したのです。

——内密に学者から提案してもらっていた元号案は、100以上あると言われていましたが、その中からもう一度選び直そうとはしなかったのですか。

事務レベルの段階で落とした案には、落としたなりの理由があるのです。だから、全く新しい案でなければ、ダメだったのです。

そこで、途中から元号案のチームに今井尚哉政務秘書官に参加してもらいました。今井さんは

「ストーリーが湧いてくるもの、情景が浮かぶものが良い」と言って、杉田さんや古谷さんを補佐するわけです。

そして3月27日、新たな案が出てきた。その中に、「令和」や「天翔《てんしょう》」があったのです。実は私は一瞬、「天翔」もいいな、と思ったのです。「天翔」も、国書からの出典だと言われていました。ところがよく調べたら、葬儀社の社名に使われていることが分かったのです。「俗用されていない」という元号の基準に反していて、ふさわしくないという判断になったのです。一方、「令和」という字の組み合わせは、熟語ではほとんどありませんでした。この2文字をずっと見ていると、だんだんと「味があるじゃないか」と思い始めました。

――「令和」は、『万葉集』の「梅花《うめのはな》の歌三十二首」の序文からの引用でした。大宰帥《だざいのそち》（大宰府長官）だった大伴旅人《おおとものたびと》の邸宅で開かれた宴の様子を説明したとされている、「初春の令月にして、気淑《よ》く風和らぎ、梅は鏡前《きょうぜん》の粉《こ》を披《ひら》き、蘭は珮後《はいご》の香《こう》を薫《かお》らす」という箇所を引いていますね。

今井さんが指摘していた通り、全体のストーリーがあり、何となく情景も浮かぶでしょう。普段は「令」の字を「令」と書いてしまうのだけれど、「令」と書くと、凜とした雰囲気が出る。令室、令嬢、令息という言葉には、気品を感じるでしょう。「令」の音としての響きも美しい。そこに「和」が加わり、和みや穏やかさが出てきます。

元号は、天皇陛下を象徴するものでなくてはなりません。私の勝手な思いですが、「令和」という字は、当時の皇太子ご夫妻にふさわしいのではないか、と感じたのです。大正時代は大正天皇とともに、昭和時代は昭和天皇とともに、日本人は歩んできたわけでしょう。時代と天皇は直結していますから、今上陛下、皇后陛下の新しい時代に合った元号として、令和に決めることにしました。

――令和の選者は、万葉集などの日本文化や古典の研究家である中西進国際日本文化研究センター名誉教授だと言われていますが、事実ですか。

ご本人が半ば認めていらっしゃいますね。マスコミの間では、安倍の名前にちなんで「安」や「案」の文字を元号に入れるんじゃないか、という見方がありましたが、そんな噂話が出る段階で、使えるわけがないでしょう。事務レベルの検討段階では、「安」の字が入った元号案もあったようですが、即刻却下しましたよ。「安」の字だけは絶対に使うな、と指示しました。

――4月1日の元号に関する懇談会やその後の閣議で、「令和」に異論は出ませんでしたか。

懇談会では、有識者の9人全員から意見を聞いたところ、ほとんどが令和に理解を示してくれました。閣議でも閣僚全員にどう思うかを述べてもらいました。多数決を取るつもりはなかったけれど、多くが賛同してくれました。

――読売新聞社が新元号決定直後に行った全国世論調査では、「令和」に「好感を持っている」と答えた人が62%で、「なじみにくい感じ」が31%でした。

最初、なじみにくいと感じた人がいても、仕方がないでしょう。でも、マスコミ各社の調査では、好感を持って受け止めた人の方が多かったので安心しました。

――「令和」は、万葉集の出典という一方で、おおもとをたどれば中国の詩文集「文選《もんぜん》」の句を踏まえたものだという指摘もありました。どう受け止めましたか。

「令」は、命令の「令」だという人もいましたね。でも、令には「良い」という意味があるし、敬称で使うこともある。「安倍の命令みたいだ」という人は、難癖を付けたかっただけです。

国書といっても、漢字は中国発祥だろうという人もいました。それなら漢字をやめて、全部平仮名にしたら元号にふさわしいのか、ということです。どこまで日本人は自虐的なんだと啞然としました。

――1989年1月の昭和から平成への改元発表は、竹下登首相の時代でしたが、小渕恵三官房長官が「平成」の墨書を掲げ、竹下首相の談話を読み上げました。その後、小渕氏の写真や映像が何度も使われたため、改元は小渕首相時代（1998～2000年）だったと勘違いしている人もいました。「令和」の発表は、菅義偉官房長官が墨書を掲げて行いましたが、首相談話や、新元号に込められた意義は、安倍さん自らが記者会見して発表しました。平成改元のように誤って受け止められないようにするためですか。

そうです。私が表に出ると、「改元の政治利用」とか「生臭い動きだ」といった見方が出てしまうだろうから、最初は記者会見したくなかったのです。でも、後世、令和への改元は菅首相時代だったと勘違いされるのも良くない。内閣内政審議室長として竹下内閣を支えた的場順三元官房副長官から聞いた話ですが、竹下さんも、自分がやれば良かった、と後悔していたそうです。

――2019年の元日や、年度替わりの4月1日の改元という手もあったと思いますが、なぜ5月1日を選んだのですか。

元日の改元が一番自然だと思っていたのですが、宮内庁が反対したのです。元日前後は「皇室行事がいろいろと立て込んでいる」と言ってきました。畏《かしこ》き所から、そういう声が降ってきたら、「分かりました」と言うほかないでしょう。19年4月1日は、4年に一度の統一地方選の最中に当たります。全国で選挙をしている時に、退位や即位の儀式を行うのはふさわしくないでしょう。

――新元号を定めた政令は、4月1日に当時の天皇陛下が署名、公布しました。政令の施行日は、皇太子さまが即位する5月1日とした。一方、自民党の保守派の国会議員は、天皇一代に元号一つを定める「一世一元」制を重視し、「新元号は新天皇が署名、公布すべきだ」と主張していました。当時の皇太子さまの即位後に新元号が使われるのに、皇太子さまがその政令に署名しないのは問題だ、という主張でしたが、どうやって説得したのですか。

保守派は、5月1日に新しい天皇陛下が誕生し、新天皇の最初のお仕事として政令に署名すべきだ、と主張していました。しかし、新しい天皇陛下というお立場で署名するとしたら、新天皇なのだから、すでに元号も新しくなっていないとおかしい。矛盾が生じるのです。手続き上の問題であるにもかかわらず、なかなか反発が収まらなかった。

だから私が保守派の議員や、保守派と同様の主張をしている神社本庁を説得して回りました。「政令に署名するのは、役所仕事でしかない。大切なのは、天皇の臣である総理大臣が、天皇陛下や皇太子さまの元に行き、元号についてお伺いを立てることです」と説得して回ったのです。
平成の改元時には、小渕官房長官が公表する前に、宮内庁長官に電話し、宮内庁長官から今の上皇陛下に報告したそうです。だから、「竹下政権の平成改元は、電話で知らせたのです。私はちゃんと足を運びます」と保守派に言いました。それでようやく矛を収めてもらいました。

――安倍さんは2月22日と3月29日に東京・元赤坂の東宮御所に当時の皇太子さまを訪ねました。皇位継承や元号選定に関する段取りを説明したのですね。

元号選定に天皇陛下がかかわったことになると、天皇の政治的権能を禁じる憲法に違反するおそれがある、という見方が出てきます。しかし、元号は、天皇陛下の時代の象徴という意味合いもあります。ならば、元号案を天皇陛下にも皇太子殿下にもお見せするのは、問題ないでしょう。保守派もそれで納得します。それに、皇室と距離を置くために、電話で直前に元号をお知らせするというのは、今の時代には合っていないんじゃないかな。

それにしても、退位による改元は想定外でした。退位の法整備や様々な皇室関連行事、改元の手続きなどで結構、苦労しました。でも、そうした機会に直面したのは、時代に選ばれた保守政権の使命だと思って取り組みました。

毎月勤労統計の不適切調査

――19年の通常国会では、従業員の賃金の変化などを調べる厚生労働省の毎月勤労統計の調査手法

が不適切だったことが問題になりました。従業員500人以上の事業所は、すべて調査対象とするルールでしたが、東京都では04年以降、全数調査ではなく抽出調査を行っていました。このため雇用保険や労災保険に過少給付があったことが判明し、追加の給付が行われました。安倍内閣以前からの厚労省の問題がまたしても発覚しましたが、どう受け止めましたか。

第1次内閣の時に、年金保険料の納付記録が漏れていた「消えた年金」問題が明らかになりました。18年は、働き方改革の根拠となる裁量労働制のデータがいい加減だった。19年は、毎月勤労統計の不適切な調査を放置する職務怠慢。そして20年以降は、新型コロナウイルス対策で検査や医療の問題が起きました。厚労省は政権の足を引っ張りすぎですよ。

毎月勤労統計の問題点はいろいろありました。全数調査のルールを無視して抽出調査を行っていたこと。抽出調査でも、補正を行えば精度を保てるのに、漫然と前例に倣って補正を怠っていたこと。また、対外的には全数調査だと偽って発表していたことなどです。統計が杜撰だと、政策への信頼を失ってしまいます。毎月勤労統計は70年以上続いているのに、調査手法の基本を変えてこなかったのも良くなかった。オンラインでの調査などを進めるよう指示し、今は改善されつつあります。

——国会審議では、中規模事業所(30~499人)の抽出方式を18年に変更したことも問題視されました。数年ごとにすべての事業者を入れ替えていたのを、数値が大幅に変動するのを是正するため、18年から部分的な入れ替えに変更していました。中江元哉首相秘書官が15年、厚労省幹部に

「調査方法の改善の可能性を考えるべきだ」と述べていたため、野党は、賃金上昇率を押し上げるために圧力をかけたのではないかと追及していました。そんなことはあり得るのですか。

中江さんの指示は、当然でしょう。毎回の調査ですべての事業所を入れ替えていたら、調査結果は全く変わってしまい、「この統計は何の意味があるの」ということになります。

国会で野党は、調査対象を一切入れ替えずに前年調査と共通している事業所だけで比べれば、1人当たりの実質賃金はマイナスだと主張していました。実質賃金が伸び悩んでいることを理由に、アベノミクスは失敗だったと批判したかったわけです。でも、そもそも企業が人を雇えば、若い人や非正規が多いのだから、平均の賃金は下がります。実際、雇用者数は12年から19年にかけて約500万人増えましたが、雇用形態別で見れば、増加した雇用者の7割を非正規が占めていました。そういう意味では、実質賃金だけを取り上げても、経済の実態を反映しているとは言えない。

私は、国内の労働者の所得を合計した「総雇用者所得」を経済指標として重視すべきだと言っていたのです。みんなの稼ぎの総枠です。それは名目、物価変動を差し引いた実質ともにプラスになっていました。法人企業統計の従業員給与や賞与も、改善基調にありました。企業がベースアップをしていたのだから、当然です。連合もその点は評価していたから、野党に文句を言われる筋合いはなかった。打倒安倍政権を掲げた野党のためにする議論だったわけです。

一方で、統計が多すぎるという問題は残っています。政府の基幹統計は50以上ある。格差や貧困率の調査では、総務省の全国家計構造調査と、厚労省の国民生活基礎調査という似通ったものがある。安倍内閣でこうした課題に手を付けられなかったのは残念です。

桜田五輪相、塚田国交副大臣の失言

――桜田義孝五輪相が4月10日、盛岡市出身の高橋比奈子自民党衆院議員のパーティーで「復興以上に大事なのは高橋さんだ」と述べたことで辞表を提出し、安倍さんが事実上更迭しました。4月5日には塚田一郎国土交通副大臣が、安倍さんや麻生太郎副総理の地元の道路建設について、「私は物分かりがいい。（首相や副総理に）忖度する」と言って引責辞任しています。失言が続けば内閣の命取りになりかねません。閣僚らの失言は避けようと思っても避けられないことなのですか。

内閣が、政治家一家のサラブレッドのような人や、官僚出身者ばかりだったら、つまらないでしょう。いろいろな人がいていい。桜田さんは農家に生まれ、大学の夜間部に通いながら大工のアルバイトで学費を稼ぎ、一代で建設会社をつくり、地元の人に推されて地方議員、国会議員になったわけです。大変な苦労をずっとしてきたわけです。そういう人だからこそ、人の気持ちが分かるという面はあるでしょう。人間として愛すべき人なんです。桜田さんは、東京五輪が決まった時の文部科学副大臣で、五輪に関する知見もあった。ただ残念ながら、話すのが苦手だったということです。

塚田さんの発言は、福岡県知事選の応援演説の際に出たものです。この時の知事選は、福岡が地元の麻生副総理が推す新人と、二階（俊博）派の武田良太衆院議員らが支援する現職の分裂選挙でした。知事選は麻生・武田の代理戦争で、麻生派には負けられない戦いでした。そうした中で、麻生派の塚田さんが北九州市に呼ばれ、演説で無理をしてしまった。ユーモアが過ぎたわけです。失言が重なりましたが、事情はそれぞれ異なりました。

――第1次内閣を含めた安倍さんの通算在任日数は、2019年2月23日に2617日となり、歴代4位の吉田茂首相（2616日）を抜きました。この年の6月には伊藤博文首相（2720日）、8月に佐藤榮作首相（2798日）を超え、11月20日に桂太郎首相（2886日）を抜いて、憲政史上最長となりました。「安倍一強」に緩みや奢りが生じていると言われましたが、そういう雰囲気を感じていましたか。

もちろん内閣に「緩みがなかった」とまでは言いませんが、首相というポストにいれば、こういう失言や辞任があり得ることも織り込み済みで、常に人事をやらないといけないのです。政策通で答弁が安定している、資金面も極めてクリーンだという人だけで人事を回していたら、限られたメンバーばかりを登用することになる。それでは党内が持ちません。多様性があるからこそ、面白いという側面もあるでしょう。人事に100点満点なんか、あり得ません。

トランプ大統領、国賓来日

――トランプ米大統領が5月25～28日の日程で国賓として来日した。天皇陛下が即位後、初めて会

見する外国元首となりました。トランプ氏に来日してもらうという段取りはいつ頃から考えていたのですか。

2018年秋にニューヨークのトランプ・タワーで2人で食事をした時です。9月21日の私の誕生日をちょっと過ぎたくらいで、トランプがいきなり部屋の電気を落として、ろうそくの立ったケーキを持ってきて、ハッピーバースデーを歌い出したのです。そこで、新しい天皇陛下の最初の国賓としてお迎えしたい、と打診したのです。

――トランプ氏は19年4月、日本を訪問することについて、米プロフットボールNFLの頂点を決めるスーパーボウルを引き合いに出し、「即位はそれより100倍大事な行事だ」と安倍さんから言われて決めたと言っていました。そう言って説得したのですか。

その発言はちょっと大げさです。トランプが「スーパーボウルと比べて、どのくらい大事な行事なのか」と聞いてきたので、「スーパーボウルは毎年やっているでしょう。即位は違います。日本の歴史上、126代の陛下ですよ」と答えたのです。「英国の王室とどちらが長いのか」と聞かれて、「遥かに長い。日本は万世一系、ワンブラッドだ」と言ったら、トランプは驚いたのです。米国にはそういう歴史や伝統がないからでしょう。

――5月27日、東京・元赤坂迎賓館で開かれた日米首脳会談では、貿易協定交渉の成果を8月にまとめる方針で一致しました。貿易協定は、実際はこの年の9月に最終合意し、共同声明に署名しましたが、8月に成果を出すという点は、7月の参院選を意識したからですか。

首脳会談の冒頭、トランプにテレビカメラの前で「8月には非常にいい発表ができるだろう」と言ってもらいました。参院選の前に交渉をまとめるとなると、当然、日本も強硬な姿勢で臨まなくてはならない。それよりは、冷静な形で合意した方がいいと思ったので、トランプに頼んだのです。

首脳会談の時点では、まだ厄介な交渉が残っていました。米国産牛肉の関税率は38・5％でしたが、これを引き下げるにしても、環太平洋経済連携協定（TPP）に参加するカナダやニュージーランドなどと同じ9％の水準にとどめなくてはなりません。割安な商品が増えて消費者は恩恵を受けますが、農業や畜産業への影響も考慮しなければならないですから。また、米国が日本車にかけている関税（乗用車で2・5％）も、追加関税は何とか避けたかった。そういう交渉を控えていたので、トランプも一定の時間がかかることは理解してくれました。

――野党は国会審議で、日米で何かしらの密約を結んでいるのに、参院選への影響を考慮し、隠しているのではないかと疑っていました。

密約を結べるくらいなら楽だったでしょうけど、茂木敏充経済再生相と米通商代表（USTR）のライトハイザーの交渉は、結構なガチンコ勝負になっていました。野党も、密約があるというならせめて何かしらの書類でも示すべきですよ。内容がどうなっているのか、日本はどこまで妥協しているのか、こっちが野党に聞きたいくらいでした。

――首脳会談に先立ち、皇居で天皇、皇后両陛下とトランプ大統領夫妻との会見が行われました。

大統領には何かアドバイスしましたか。

トランプは権威を尊重しますよ。陸軍関連の学校に通っていた影響もあるかもしれない。天皇陛下にお会いする前も、「シンゾウは私と会う時、いつもスーツのボタンをしているけれど、私もした方がいいか」と聞いてきたので、「私の前ではしなくていいから、陛下の前ではボタンをしてくれ」とお願いしました。会見の冒頭では忘れていたみたいだけれど、その後、しっかりボタンを留めていました。

前日の26日は大相撲夏場所の千秋楽を一緒に観戦しました。トランプは表彰状を読み上げて、特注トロフィー（アメリカ合衆国大統領杯）を優勝した朝乃山関に渡しましたが、その直前まで「アサノヤマ・ヒロキ（朝乃山広暉）、レイワ・ワン（令和元年）」という発音を控室で繰り返し練習して、私も驚いたくらいです。

――トランプ氏は、迎賓館で拉致被害者家族会と面会したほか、神奈川県の海上自衛隊横須賀基地で護衛艦「かが」に乗艦しました。安倍さんとのゴルフや炉端焼き店での会食もあり、日米の親密さをアピールしました。

拉致被害者家族会とトランプの面会は、17年に続いて二度目でした。この時は、拉致被害者の有本恵子さんの父親の明弘さんが代表として話をしましたが、話が長くなりました。大統領のお付きの人が、「大統領にも次の日程があるのでそろそろ」と打ち切ろうとしたら、トランプが「この人にとってとても大切なことを話している。最後まで聞こう」と言って、十分に時間を取ったのです。その後、トランプが移動するのですが、有本さんが「私は実はまだ言い足りないんだ」と言う。そこで有本さんからトランプに手紙を書いてもらうことにしたのです。

その後、首脳会談の時にトランプに手紙が渡され、帰国後、トランプは有本さんに直筆で返信を寄越したそうです。「私はあなたのために頑張っている。安倍首相もそうだ。あなたは必ず勝つ」と英語で書かれていたそうです。トランプの誠実さを感じました。

トランプはとにかく型破りでした。大統領専用車ビーストに海外で同乗したのは私が初めてでした。大相撲観戦後、六本木の炉端焼き店に行く時に乗ったのですが、大統領の車列は30台くらいあるので、私と別々の車だと店に到着する時間がずれてしまうのです。だから外務省幹部が米側に、大統領専用車に私を乗せるよう頼んだ。ところが当日の朝、「シークレットサービスが反対している。海外で大統領専用車に外国の首脳が一緒に乗った例はない」と却下されたのです。外務省幹部は「総理からトランプに直接お願いしてみてください」と言う。「え、その調整、俺がやるのかよ」とは思いましたが、昼間、ゴルフ場でトランプに頼んだら、OKと言う。

彼の車で発進すると、歩道にいた大勢の人が手を振ってくれていたのです。トランプがそれを見て、「みんな手を振っているけど、シンゾウに振っているのか？　それとも私に振っているのか」と聞いてきたので、「車に星条旗がたなびいているのだから、あなたに振っているんですよ」と答えた。すると嬉しそうにトランプも手を振るわけです。「でも、向こうから車内が見えないだろう」と言って、車内のライトをつけた。すると前に座っていたシークレットサービスが

「ダメだ、電気を消して」とたしなめるのです。ビーストは2台で走っていて、どちらに大統領が乗っているか分からないようにしているのですが、その意味がなくなっちゃうというわけです。するとトランプは「シンゾウ、大丈夫だ。この車は200発の弾丸を同じ場所に撃ち込まれても、貫通しないから」と自慢するのです。それに対して同乗していたメラニア・トランプ夫人が「201発目が来たら、どうするの?」と聞いて、みんなで笑いました。やはり時間を共有するということは、大事なんです。

——いろいろと趣向を凝らしたことに対して、歓待しすぎだという批判も出ました。

でも、あの時は天皇皇后両陛下のお客様という立場ですから、政府がしっかり対応するのは当然でしょう。

イランのハメネイ師、ロハニ大統領との会談

——トランプ氏の国賓来日の直前、安倍さんが6月にイランを訪問し、最高指導者のアリー・ハメネイ師とハサン・ロハニ大統領と会談する方向だと報じられ、トランプ氏は日米首脳会談で、安倍さんのイラン訪問に理解を示しました。イラン情勢は緊迫していました。2015年7月のイラン核合意は、イランが核開発を制限する代わりに、欧米諸国が経済制裁を解除する内容でしたが、トランプ氏は18年5月、核合意からの離脱を表明し、その後、制裁を発動しました。「親イスラエル」色を鮮明にして在米のユダヤ人支持層などにアピールする狙いがあったようです。イランは反

発し、高濃縮ウランの開発に踏み切ると宣言していました。イランと米国の橋渡し役を果たせると思った根拠は何ですか。

世界有数の産油国であるイランは、日本にとって重要な石油供給国です。百田尚樹さんのベストセラー『海賊とよばれた男』にも描かれているように、日本人は戦後、イランを支配していた英国の反発を押し切って、イランから原油を買い付け、貧窮していた地元の人々を助けたわけです。日イランはそういう良好な関係にあります。世界最大級と言われるイランのアザデガン油田の開発にしても、日本は権益を保持していたのに、米国のイラン制裁強化で撤退を余儀なくされた。そして日本の代わりを中国企業が穴埋めし、開発契約をイランと結んでしまった。日イラン関係を放置しておくのは、あまりにももったいないでしょう。

イランのロハニ大統領は、国連総会に私が行くと、必ず首脳会談を持ちかけてきたのです。私は1983年に父・安倍晋太郎外相のイラン訪問に同行していて、その時の大統領だったのが、最高指導者ハメネイ師でした。私は当時、ハメネイ師には会っていないのですが、同行したという事実をもって、ハメネイ師にも会える関係だと、トランプやロハニに思わせておこうとしました。ハメネイ師は、大統領の上に立ち、あらゆる統治権を握っています。海外の首脳もそう簡単には会えない人物です。

——日本は、核合意を締結した国連安全保障理事会常任理事国5か国とドイツの枠組みに入っておらず、イラン情勢に関して口出しするのは難しかったと思います。日本とイランの対話に向けて、

米国をどうやって説得したのですか。

米国はホワイトハウス、国務省、国防総省、議会、すべてイランに厳しかった。ひそかに核や弾道ミサイルを開発している、許せない、という感じでした。でもトランプはディールを重視するから、もしかしたら違うのではないかと思ったのです。

最初にトランプに「イランについてどう思っているか」と聞いたのは、2018年4月の訪米時でした。首脳会議の全体会合では、米側にばれちゃいますから、まずは一対一の会談で探ってみたのです。「私はハメネイ師とも会える。対話の道を探ってみたい」と言ったら、トランプは興味を持ったのです。「シンゾウがイランと話をできるんだったら、話してもらいたい」と、むしろ対話に積極的でした。イラン核合意は、15年の締結から一定の期限が来ると、核開発の制限が解除されてしまうサンセット条項が問題になっていました。トランプはよく理解していて、「サンセット条項を何とか変えられないだろうか」と私に言ってきました。

もちろんトランプが私のイラン訪問にOKを出しても、イランとの対話は簡単なことではありません。安全保障担当のボルトン米大統領補佐官は、「交渉は不要、イランの体制の転換が必要だ」と主張していたわけですから、その後の調整は大変でした。

トランプが国賓として来日した時、「シンゾウとイランが非常に近いことは承知している」と期待感を示していました。特別近いというほどの関係ではないのだけれど、あの時は、日本の国益につながるのだから、とにかくやってみようという思いでした。

――6月12、13日に、現職首相としては1978年の福田赳夫氏以来、41年ぶりにイランを訪問し、ロハニ大統領、ハメネイ師と会談しました。安倍さんは米国との対話を促しましたが、ハメネイ師は拒否する考えを示したため、会談は不調に終わりました。安倍さんがハメネイ師と会談したその日に、イラン沖のホルムズ海峡付近を航行していた日本のタンカーが何者かによって攻撃を受けてもいます。米国はイランの犯行と見ていましたが、真相は闇の中です。日本への抗議という明快な意思があったかどうかも定かではありませんが、世界の耳目を集めました。

大変残念な結果でした。ロハニは首脳会談で、私に様々な要請をしてきた。ただ、ハメネイ師は堅かった。「自分の立場は、強硬でいくしかない」ということでした。攻撃されたタンカーはパナマ船籍で、日本の海運会社が運行していましたが、日の丸を掲げていなかった。日本を狙ったかどうかは分かりません。

G20首脳会議

――6月28、29日には大阪市で20か国・地域(G20)首脳会議が開かれ、プラスチックゴミの削減や気候変動問題への対処を盛り込んだ首脳宣言が発表されました。しかし米国は2017年、気候変動問題に関する国際的な枠組み「パリ協定」からの離脱を表明していました。首脳宣言をまとめるまでには相当苦労したと推察しました。

大阪でのG20首脳会議の開催は、18年2月に決まりました。私が議長になるのだから、多くの首脳に協力を求めてきました。G20のテーマは、自由貿易やデジタル化の促進、質の高いインフラ投資や環境問題など、多岐にわたります。大阪では、デジタル化や、海洋プラスチック、気候変動に焦点が当たりました。

デジタル化の推進は、欧米も中露も異論なくまとまり、海洋プラスチックゴミに関しても、リサイクルや技術革新を進めて50年までに海に流出する追加的な汚染をゼロにする、ということで一致できました。

ただ、気候変動については最後までもめたのです。米国が全く譲歩しようとしなかった。日本は首脳宣言で、気候変動問題は2本に書き分けようとしたのです。

一つは、パリ協定の署名国について、「協定の不可逆性を確認し、それを実施することを決意している署名国は、完全な履行へのコミットメント（関与）を再確認する」と盛り込む。もう一つは、別の項で米国について、「パリ協定から脱退するとの決定を再確認する」と協定離脱を認めつつ、「引き続き二酸化炭素排出量を減らし、よりクリーンな環境を提供し続ける」と明記しようとしたのです。

ところが米国は、この案を認めない。絶対書くな、と言う。一方、フランスやドイツは、米国が反対してその項が入らなければ、米国を批判する材料になるから、それはそれで構わない、と言うのです。でも、気候変動に関する米国の立場を成果文書に何も書き込まないわけにはいかないでしょう。

米国は、首脳会合の2週間前に長野・軽井沢で開かれた環境相会合では、こうした書き分けを認めていたのです。でも、サミットのシェルパ（補佐役）は、絶対にダメだと主張していました。仕方なく、私がトランプの元に環境大臣会合のペーパーを持っていって、直談判したのです。「環境相会合の文書のここに、米国のことも書いてありますよ」とトランプに言ったら、トランプは「少し文章を直させてくれ」と言って、自ら手書きで修文したのです。その修文した紙を米国のシェルパの元に持って行かせて、「これ、トランプの字だろ」と言ったら、ようやくOKとなったのです。

最終的な首脳宣言の文言は、トランプの修文通りにはいかなかったのだけれど、まとめることができました。大統領のサインは、徳川家の三つ葉葵の家紋のついた印籠みたいなものです。水戸黄門のように、家紋を見たら誰もがひれ伏すのだなと思いました。

――大阪では日中首脳会談を行い、習近平国家主席に20年の国賓としての来日を招請し、習氏も応じました。会談は和やかなムードでしたか。

この時は、日本国内で中国を歓迎するムードがありました。拉致問題についても、習近平は北朝鮮の金正恩国務委員会委員長に直接、解決の必要性を唱えていました。中国と日本に人権に関する共通の基盤はありませんが、日本の求めに応じてくれていた、ということでしょう。

老後2000万円問題

——金融庁の有識者会議・金融審議会の作業部会が6月3日に公表した報告書で、65歳で退職して95歳まで生きる夫婦の場合、公的年金だけでは「毎月の赤字額が5万円」になるとし、30年間で約2000万円が不足するという試算を示しました。資産運用など「自助」の重要性を呼びかける狙いがあったようだが、「赤字」という刺激的な表現が不安を広げ、誰もが2000万円が必要という誤解も生みました。デリケートな問題であり、丁寧さを欠いたと思いませんか。

金融審議会は首相の諮問機関ですが、事前に私には一切説明がなかったのです。マスコミ報道で騒ぎになった時は、鉄砲水に見舞われた感じでした。試算は、総務省の家計調査から機械的に不足額を割り出したにすぎないのです。高齢者の生活は、貯蓄の有無や、子どもと同居しているかどうかなどによって大きく違うでしょう。マスコミが報告書の一部の表現だけを切り取った側面はありますが、あの報告書は乱暴すぎました。

——麻生副総理（金融相）は、報告書を受け取りませんでした。大人げない感じもしました。

受け取ったら内容を政府として認めることになっちゃいます。麻生さんは怒っていたのでしょう。金融庁に少しでも政治センスがあれば、7月に参院選を控えているのだから、騒ぎになるような報告を選挙直前には出さないようにしようと考えたのだろうけど、金融庁は無頓着でしたね。社会保障の話題は選挙に響きますから、私も必死でした。野党は年金制度の不安を煽っていたけれど、公的年金の積立金の運用益は、毎年黒字でした。選挙では、民主党政権時代よりも年金財政は好転しているから、安心してほしいと訴えました。

参院選、憲法改正の争点化狙う

――参院選が7月4日公示・21日投開票の日程で行われ、自民、公明両党は改選定数（124）の過半数を上回る71議席を獲得して勝利しました。非改選を含めた議席は141議席となり、参院定数（245）の過半数を超えました。事前のマスコミの情勢調査でも、自民優位と伝えられていましたが、ある程度勝算はありましたか。

大体そんなものだろうという予想はしていました。競っていた選挙区で勝てたのが大きかった。改選定数3の兵庫は、自民、公明、日本維新の会で決まりだろうと高をくくっていたら、自民党の終盤情勢調査では、立憲民主党が自民を上回っていたのです。慌てて私が兵庫県連の幹部に電話したら、幹部が、なぜか東京にいると言う。「危ないから、とにかく早く地元に帰って集票しなさい」と言いました。それで何とか自民候補が3着で滑り込みました。

東京（改選定数6）、北海道（同3）、千葉（同3）で自民が2人勝利したのが大きかった。改選定数1の「1人区」は、22勝10敗でした。2016年から改選定数が「2」から「1」に減った宮城、長野、新潟の3県は、16年も19年も野党系に敗れました。そこは反省材料です。

――与党と、憲法改正に前向きな維新、無所属議員を含む勢力では、国会発議に必要な164議席

に届かなかったことをどう受け止めましたか。

公明党は、憲法の原則を変えずに、時代に応じて条文を増やす「加憲」を掲げています。ただ、だからといって改憲勢力に計算するのは、無理があるでしょう。自民党内だって、憲法改正の内容次第では、全員がまとまらないかもしれません。「3分の2の改憲勢力」などという表現は、実質的にはあまり意味がないのです。

――麻生氏はこの時も、「本気で憲法を改正したいなら、10月の消費増税前に衆院を解散すべきだ」と主張していたようですが、衆院選との同日選は考えましたか。

同日選での勝利が、憲法改正に直結するならやったかもしれません。でも、仮に同日選で勝ったとしても、そうはなりません。自民党内をまとめ、公明党を説得し、維新を含めた野党に協力を得なければ、憲法改正は無理です。

14年衆院選、16年参院選、17年衆院選と勝ち続けていく中で、憲法改正を何とかできるのではないか、という思いはありました。でも、公明党はなかなか乗ってこない。ならばいかに世論を喚起するか。そう考えて、19年の参院選では、憲法審査会の論議に応じない野党を批判することにしたのです。「令和の日本がどのような国を目指すのか、理想を語るのは憲法だ。この1年、国会の憲法審査会は衆院で2時間余り、参院ではたった3分しか開かれていない。本当にこれでいいのか」と選挙で訴えました。私の総裁任期も21年までだったので、19年の参院選では本当に力を入れたのです。でも、麻生さんは「時間が足りない。もう1期、総裁をやれ。そして憲法改正を実現しなさい」と私に言っていました。もちろんそこまで図々しくやろうとは思っていませんでしたけどね。

――参院選での勝利を受けて、9月11日に第4次安倍再改造内閣を発足させた。この時は自民党役員人事に焦点が当たり、16年8月からの在職が3年を超えていた二階俊博幹事長を交代させ、後継に岸田文雄政調会長を充てる案が取りざたされていました。しかし結局、二階、岸田両氏を続投させたのはなぜですか。

二階さんは、選挙の責任者として17年の衆院選に勝利し、18年には私の自民党総裁選への3選出馬の道を開き、そして19年の参院選でも、党の勝利に貢献したわけです。幹事長を交代させる理由が見当たらないでしょう。私の総裁任期中は、代えるつもりはありませんでした。

――安倍さんは以前から岸田政調会長を買っていた。岸田さん本人も、幹事長ポストを希望していたようですが。

二階さんは党内を掌握していたでしょう。当時、二階さんに匹敵するほどの力は、岸田さんにはなかった。岸田さんは、幹事長にならなくて良かったと思いますよ。もしなっていたら、党内の嫉妬と怨嗟でつぶされていたかもしれません。

日米貿易交渉が決着

――日米の貿易協定交渉がまとまり、安倍さんが9月に訪米してトランプ大統領と最終合意を確認し、共同声明に署名した。農業分野では、日本が38・5%としている米国産牛肉への関税を2033年度までに9%に引き下げる。豚肉は高価格品にかけている4・3%の関税を27年度までにゼロにする。コメは協定の対象から除外することになりました。一方、自動車や車部品は、日本が米国に要求していた2・5%の完全撤廃が継続協議となり、協定が履行されている間は、日本の自動車・部品に米国が制裁関税を課さないことも確認しました。最終的に協定は20年1月に発効しますが、交渉はほぼうまくいったという認識ですか。

茂木経済再生相とライトハイザー米通商代表（USTR）の閣僚級協議は19年4月に始まりましたが、こんなに早くまとまるとは思っていませんでした。米国が合意を急いだのです。米国第一主義を高らかに宣言し、保護主義政策を掲げて当選したトランプの強い意向により、米国は17年、自由貿易を推進する環太平洋経済連携協定（TPP）を離脱しました。

一方、日本や豪州などは18年、TPPを発効させて、加盟国間で互いに関税を引き下げました。そうした状況で何が起こったかというと、豪州などTPP加盟国産の牛肉関税率は、それまでの38・5%から10ポイント以上、下がった。その影響で、店頭で安く売れるようになったのです。これに対し、米国産牛肉に日本がかけている関税は38・5%のままなので、豪州産などに比べて高い。つまり、競争条件が悪化したのです。だから米政府が焦り、日本に「TPP同様の扱い」での早期妥結を求めてきたのです。米国の農家が米中貿易摩擦の影響で、中国向けの輸出が減っていたという影響もあったと思います。また、コメは協定の対象外ですから、コメ農家に影響はありません。
米国は日本車や自動車部品に2・5%の関税をかけていますが、為替次第でその影響は抑えられるでしょう。日本車への制裁関税や、輸入台数に上限を設ける数量規制を回避することもできました。日本自動車工業会の豊田章男会長（トヨタ自動車社長）がすぐに、「自由で公正な貿易環境が維持・強化されることを歓迎する」というコメントを発表したように、業界は高く評価していました。
そうやって全体を見ると、この協定で日本は実を取っているのです。ただ、こういう話は表舞台ではなかなかしにくい。私が記者会見で、「日米双方にウィンウィン（共存共栄）となる結論を得ることができた」と述べたのも、米国を怒らせては意味がないからです。日本も結構譲歩しましたね、ということにしておけばいいのです。

――トランプ氏は8月、仏・ビアリッツで開かれた先進7か国（G7）首脳会議（サミット）の際、安倍さんと会談し、貿易協定とは別に、日本が米国産トウモロコシを購入すると発表しました。

ビアリッツでの日米首脳会談の後に、もう一度トランプが私に会いたいと言い出したので、何事かと思いながら会ってみたら、「トウモロコシを買ってくれないか」と言うのです。それで日本の状況を調べたら、害虫の発生で確かにトウモロコシの生産量は減っているという。でも、買うのは政府ではなくて民間です。だから私は、「購入するのは構わないが、別途新たに買うのではなく、日本企業が予定している数量を前倒しで購入する。それでも構わないか。量は言わないではしい」と言ったのです。それでもトランプは「素晴らしい」と喜んで、予定していなかった共同記者発表をすることになりました。そこでトランプは「米国には大量のトウモロコシが余っている。安倍首相から実際に購入すると農家が聞けば、喜ぶだろう。すでに生産された数億ドル分を全部購入する予定だと簡単に言及してほしい」とテレビカメラの前で言い、私は「害虫対策の観点から、日本としても購入が必要だ」と応じました。

トランプは、日本によるトウモロコシの購入を20年の米大統領選に向けたアピール材料に使いたかったのです。米国のトウモロコシ農家は、オハイオ州など大統領選のたびに勝利政党が変動する「スイングステート」の地域に多い。これはトランプへのサービスですが、トウモロコシの前倒し購入で、自動車の制裁関税が避けられるなら、費用対効果として悪くはないと思いました。

通算在任日数が桂太郎首相を抜き歴代最長に

――11月20日に、安倍さんの通算在任日数が戦前の桂太郎首相を抜いて憲政史上最長の2887日となりました。この日数は意識していましたか。

周囲が言うから意識するだけですよ。「五輪まであと何日」みたいな気分にはなりません。

桂太郎は、日露戦争に勝った時の首相ですが、世の中ではあまり知られていなかったと思います。私が歴代最長になるので、桂太郎に改めて注目が集まった面があります。だから私も、いつか在任日数を抜かれ、「安倍を抜いて1位に」と報道される時に、「安倍って誰?」と言われるのかなと考えていた程度です。

自民党総裁として衆参合わせて6回の国政選挙と、総裁選3回を勝たなければ、歴代最長にならなかったわけですから、今後誰が総裁、首相になっても、とんでもなく大変ですよ。読売巨人軍が1965年から73年まで、9年間連続してプロ野球日本シリーズを制覇した「V9」みたいなものでしょう。しかも、衆院選で大勝したら、次の参院選はしっぺ返しが来るケースが多い。結局、一つ勝っても、ほっとする暇がないのです。常に公約を実現していかなければならないプレッシャーを抱えて政権運営をすることになります。

ある種の運も必要です。絶対にチャンスを逃さないというつもりで、運をつかみに行く。そして手放さない。後ろに引いたら、一瞬で終わりです。

桜を見る会

――首相主催の「桜を見る会」について聞きます。「桜を見る会」は1952年から原則毎年、各界で功績を残した人を慰労するために開かれていて、経費は国の予算が支出されていました。ところが第2次安倍内閣発足以降、参加者と支出が増え、出席者の中に安倍さんの地元後援会関係者が数多く含まれていたことから、私物化しているという批判を浴びました。2019年11月の参院予算委員会で共産党議員が取り上げたことで一気に問題となりましたが、まず、参加者が増えた理由は何ですか。

民主党政権時代を含め、過去に首相を務めた人たちの多くが「桜を見る会」に、自分の後援会関係者や国会議員などを招待していました。内閣府が招待者を取りまとめる際には、長年の慣行で、官邸や与党に招待者の推薦依頼を行い、その推薦に沿って招待していたのです。私も、そうした手法が慣例だからと、あまり気にしていなかったのですが、招待基準が曖昧だったのは事実でしょう。山口県の私の地元事務所が参加者を募集し、出席者が膨らんだのも確かです。その点は反省しています。私のために「桜を見る会」が中止となってしまったのも、大変申し訳ないと思っています。

――「桜を見る会」の前日には、安倍さんの後援会員らが参加する「前夜祭」が13年から19年まで、東京都内のホテルで開かれていました。支援者が1人5000円の会費を支払い、飲食が提供されていました。19年11月の段階で安倍さんは「後援会としての収入、支出は一切ない」と述べて違法性を否定していましたが、実際には開催費用の不足分をホテル側に補塡しており、東京地検特捜部は20年12月、政治団体「安倍晋三後援会」代表を務める公設第1秘書を政治資金規正法違反（不記載）で略式起訴しました。安倍さんは嫌疑不十分で不起訴となりましたが、政治資金の透明化を目指した法律が、足元で踏みにじられていたことになります。

「桜を見る会」が国会で取り上げられた際には、事務所に何度も確認し、私の知る限りのことを話しました。しかし、結果としてそれは事実に反していた。秘書が略式起訴されたことについては、私が知らない中で行われていたこととはいえ、責任を痛感しています。政治資金収支報告書を訂正したことも、おわびしなければなりません。

――「差額は補填していない」「事務所は関与していない」といった事実と異なる答弁が19年11月から20年3月までで計118回あったという。立法府を軽視していたと言われても仕方がないでしょう。

内閣総理大臣の答弁が事実と違ったことは、まさに国会の信頼にかかわることです。政治的責任は重いと思っています。

――検察審査会は21年7月、政治資金規正法違反（不記載）については安倍さんの不起訴を「相当」とする一方、会費の補填について、一部の参加者の供述に基づいて公職選挙法違反（寄付の禁止）を不起訴としたのは「不当」と議決しました。この問題はなお尾を引いています。

その点は東京地検が捜査中なので、現時点でコメントは控えさせていただきます（21年9月23日時点。同年12月28日、東京地検特捜部は公職選挙法違反と政治資金規正法違反の疑いで告発された安倍氏について、再び不起訴処分と発表した）。

韓国、GSOMIA破棄へ　日韓関係は悪化の一途

――韓国向けの輸出管理の厳格化について聞きます。まず7月1日、経済産業省は、半導体の洗浄に使うフッ化水素など3品目について不適切な事案が見つかったとして、外国為替及び外国貿易法（外為法）に基づいて規制を強化し、個別の申請と許可を必要としました。実質的な輸出制限とも

言えます。8月2日には政令を改正し、輸出手続きの簡略化という優遇措置を受けられる対象国27か国から韓国を除外し、3品目以外についても個別申請を求めることにしました。一連の対韓措置の理由は何ですか。

韓国は、日本との関係の基盤を損なう対応をしてきたわけです。2018年秋に、日本企業に元徴用工（旧朝鮮半島出身労働者）への賠償を命じる判決を確定させ、その後も何ら解決策を講じようとしていなかった。そうした文在寅政権に、どう対応していくかという問題が、輸出規制の強化につながりました。もちろん韓国の半導体材料に安全保障上の懸念があったのは事実です。でも、信頼関係があれば、もう少し違った対応を取ったでしょう。政府としては、輸出管理の厳格化と徴用工問題は「全く次元の異なる問題だ」という立場を取りました。ただ、私は「国と国との約束が守れない中において、貿易管理は当然だ」とも述べました。あえて二つの問題がリンクしているかのように示したのは、韓国に元徴用工の問題を深刻に受け止めてもらうためでした。

――韓国政府は8月22日、日本への対抗措置として、日韓間で秘密情報を交換するための軍事情報包括保護協定（GSOMIA）の破棄を決めました。米国からの強い要請を受けて、結果的に韓国は協定の有効期限が切れる11月に破棄を撤回しましたが、この韓国のGSOMIA破棄を日本側は織り込み済みでしたか。

いや、驚きました。安全保障の問題を理由に輸出管理を厳格化する日本の措置は、自由貿易を原則とする世界貿易機関（WTO）のルールでも認められているわけです。一方、彼らは、単に感情的になってGSOMIAの破棄を言い出した。対抗措置を取るなら、普通はもう少し建設的なことを考えるでしょう。しかも、米国にとっても日韓間の情報共有が重要だという視点が抜け落ちていたから、米国の不信を買ったのです。

――米国にとって日韓はともに東アジアの重要な同盟国なので、両国の対立激化は、アジア太平洋地域における米国の影響力低下につながりかねません。このため、米国はマーク・エスパー国防長官が訪韓し、文在寅大統領にGSOMIAの継続を迫りました。

米国の韓国に対する圧力はすごかった。日米韓の安全保障協力が台無しになれば、対北朝鮮政策を見直さなければならない。それに、ミサイル発射情報などを日韓で共有できなくなったら、常に米国を介して日韓で情報を交換することにもなりかねません。そんなことまで、米軍はやっていられないでしょう。

――輸出管理の厳格化を発案したのは誰ですか。

経済産業省です。経産省出身の今井尚哉政務秘書官と長谷川榮一首相補佐官がかかわりました。かつて中国が、ハイブリッド車のモーターなどに必要なレアアース(希土類)の輸出枠を削減し、WTOのルールに違反すると認定されたことがあります。日本の韓国への措置は、輸出の手続きを厳しくするだけで、輸出制限とは異なるので、WTO上、問題ありません。こうした手法を考え出した今井さんや長谷川さんはさすがだなと思いました。

自衛隊を中東に派遣へ

――中東ホルムズ海峡周辺では、安倍さんがイランを訪問していた6月、日本が運航していたタンカーが何者かによって攻撃を受けたほか、イランの軍事組織「イスラム革命防衛隊」が英国のタンカーを拿捕するなど、情勢が緊迫化していました。米国は、ホルムズ海峡などの安全確保のための有志連合を結成させましたが、日本は12月、米国主導の作戦には加わらず、独自に海上自衛隊をオマーン湾などに派遣することを決めました。中東への派遣を決めるまでの調整は苦労しましたか。

有志連合の構想は、マイク・ポンペオ米国務長官が7月に提唱し、トランプ大統領も「自国の船舶を自ら防衛すべきだ」と訴えていました。我々はどういう立場を取るべきか、国家安全保障会議などで相当議論しました。

まず、安倍政権は日米同盟が基軸です。ホルムズ海峡は、原油や天然ガスなどの流通の要所で、日本が輸入する原油の約8割が通過しています。航行の安全を確保する責任が日本にはあります。何もしなければ、米国は無論、世界から厳しい目を向けられてしまいます。

しかし、中東に自衛隊を派遣すれば、かえって緊張を高めてしまう恐れもある。しかも派遣のハードルは高い。安全保障関連法で、日本への直接の武力攻撃の恐れがあれば、重要影響事態として後方支援活動ができます。日本の存立が脅かされる明白な危険があれば、存立危機事態として集団的自衛権の行使が可能です。だけど、ホルムズ海峡はそこまで差し迫った状況ではありませんでした。有志連合の活動を認める国連安全保障理事会の決議があれば、補給活動ができますが、決議もない。

海上自衛隊は、海賊対処法に基づいて09年から、ホルムズ海峡近くのアデン湾で海賊の取り締まりに従事していますが、対象はあくまでも海賊なので、一般の船舶の安全確保には適用できません。

私は、米国と協議し、関係が良好なイランの理解も得られる形で派遣しようと考えました。それが有志連合には入らずに、防衛省設置法4条の「調査・研究」に基づく情報収集活動でした。そしていざという時は、海上警備行動に切り替えて武力行使を伴う護衛もできるようにしよう、ということです。

有志連合の構想には、中東の緊張を高めるからという理由で、それほど多くの国が参加しませんでした。その点も、日本が独自の行動をとる上で幸いしました。

――情報収集活動の範囲は、オマーン湾、アラビア海北部などの公海で、イランの領海を含むホルムズ海峡を除外しました。これはイランへの配慮ですね。

いろいろ情報収集やシミュレーションをしたところ、欧米各国は、各海域をゾーンディフェンスのような形で守り、航行の安全確保に携わっていたのです。だから我々はホルムズ海峡の外側でしっかりとやろうと判断しました。このミッションは、現実を重視した結果です。

――トランプ大統領は日本の立場を理解してくれましたか。

トランプに事前に説明したところ、「日本はイランとの関係を切らない方がいい」と言われました。日本が中東で大規模に活動する必要はない、という考えでした。

――自衛隊派遣の布石として、来日したイランのロハニ大統領と12月20日に会談し、中東派遣への理解を求めたわけですか。

イランという当時西側に「敵対的」と見られていた国の大統領がG7の国を訪れただけでも、ニュースでしょう。ロハニは海自派遣について、「どうぞ、いらっしゃってください」とは言いませんでしたが、一応、了解してもらった。

――安倍さんは20年の1月11～15日の日程で、イランと敵対するサウジアラビア、アラブ首長国連邦（UAE）、オマーンの3か国を訪問した。中東の緊張を少しでも緩和させる狙いだったのですか。

緊張緩和と自衛隊の派遣に理解を得るためでしたが、20年の年明け早々、米軍がイスラム革命防衛隊のガセム・ソレイマニ司令官を殺害しました。この司令官は、レバノン、シリア、イラクそしてアラビア半島でも破壊工作や米兵への攻撃を主導した人物で、イランの国民的英雄と言われていました。イランがどう報復に出るのかを注視していたら、米軍や有志連合の部隊が駐留するイラクの基地に対し、弾道ミサイルを撃ち込みました。しかし、死傷者は出なかった。つまり、人がいない場所をあえて狙うという抑制的な態度だったので、「これならば全面的な軍事衝突にはならないだろう」と思い、念のため国家安全保障会議を開いて各種情報を検討した上で訪問することにしました。

3か国では、特にUAEとサウジアラビアは、イランの核やミサイル開発を警戒していました。ただ、サウジの実質的な国家指導者であるムハンマド・ビン・サルマン皇太子は、「イランと対話してくれ」という感じでした。サウジとイランは16年に断交しているんですが、イエメンの内戦状態を止めたいという考えでは一致していたのです。

サウジの人はベドウィン（砂漠の住人）なので、月に1回砂漠にテントを張って、そこで昔の生活をするのです。皇太子には、北西部にあるアル・ウラーという町のテントで会談しようと言われ、1時間半ほどかけてウラーに向かったのです。

ところが途中から道がなくなり、砂漠の中をベンツのSUVで走っていたら、SUVの車列が夜中の真っ暗な中、砂地にタイヤがはまり、前にも後にも進まなくなってしまったのです。私のSPですら「どうすればいいんだ」と動揺していました。砂漠の中で10分ほど立ち往生していたら、遠くに動いている車が見える。それがトヨタのランドクルーザーだったのです。そこで無理矢理、ランドクルーザーに乗っている人にお願いして、私とSP数人だけ、車を乗り換えさせてもらって、ウラーに向かったのです。通訳も到着が遅れてしまったため、会談では一生懸命、英語で何とか会話していました。通訳が到着した時は正直ほっとしましたよ。

――警護の体制に問題があったとも言えます。

いや、先遣隊が現地入りし、砂漠の中での会談は「とても無理です」と言っていました。にもかかわらず、私が行くと決断したわけですから、仕方がないでしょう。先遣隊は、人を乗せないで走ったそうです。それで実際に我々が車に乗り込んだら、タイヤが砂にめり込んでしまった。ただ、その後は新型コロナウイルスの感染拡大で、中東で外交を展開する余裕はなくなってしまいました。

――中東外交を総括すればどうなりますか。

トランプともロハニとも何度も会い、腹を割って話した感触としては、米国は、イラン核合意の期限を問題視していました。期限が切れたら、また核開発を始めるのはおかしいではないか、ということです。だからもう一度、新たな合意を結ぶことができれば、関係は改善するはずです。

一方、イランは、日本のようになりたいのかもしれません。日本は核拡散防止条約（NPT）に基づく国際原子力機関（IAEA）の査察を受け入れて、核物質の平和利用を認めてもらっている。イランもNPT加盟国なんだから、査察を受け入れる代わりに原子力のエネルギー利用を認めてほしい、という考えです。でも、彼らは、高濃縮ウランの製造を進めている。民生利用なら低濃縮ウランで事足りるはずで、疑いの目を向けられてもやむを得ないでしょう。だから欧米はイランには厳しい態度を取るのです。

中東の安定という点では、イスラエルのネタニヤフ首相や、パレスチナのマフムード・アッバス議長と話し、米国では、中東和平構想を提唱していたクシュナー大統領上級顧問とも相談していました。この3人を東京に呼び、和平協定に向けた協議をするという計画を密かに進めていました。アッバスは乗り気で、ネタニヤフは「米国がいいと言えば、日本に行こう」と言っていました。残念ながら実現には至りませんでした。

終 章

憲政史上最長の長期政権が実現できた理由

なぜ、7年9か月もの長期にわたり、政権を担い続けることができたのか。なぜ通算首相在任期間で戦前の桂太郎を抜いて日本憲政史上最長になり得たのか……。

最大の理由として安倍氏が挙げたのは、第1次内閣で挫折を経験したことだった。ともに苦悩した仲間たちとともに第2次内閣に臨み、有権者の最大のニーズである経済政策を優先し、党内の結束を引き締めたという。政策決定の舞台裏、煩悶と孤独の日々を振り返り、長期政権を実現した理由を自ら総括した。

章扉写真
2013年3月、政府専用機内で秘書官一同を集めて記念撮影する安倍夫妻（写真　内閣広報室）

第1次内閣の挫折こそが最大の糧

——歴代最長の7年9か月、政権を担い続けることができた理由は様々だと思います。人事の巧妙な配置や、働き方改革など野党が求めていた政策を実現し、支持のウイングを広げたこと。また、特定秘密保護法、安全保障関連法やテロ等準備罪の創設など批判がある施策でも、必要ならば断固とした姿勢で実現したことなどが挙げられますが、長期政権となった一番大きな理由は何だと考えていますか。

人事や、支持のウィングを広げるための戦術も大きな要素だと思います。でも、長期政権を実現できた最大の理由は、2006年9月から1年間、第1次内閣で失敗を経験したことでしょう。私は第1次内閣で首相に就任するまでに、官房副長官を3年以上、さらに官房長官を1年やり、首相官邸の役割や中央省庁との関係、政策決定の仕組みなどをある程度分かっているつもりでした。官邸を十分に経験しているから、首相になってもやっていけると思っていたのですが、そうした考え方は、うぬぼれでした。総理大臣となって見る景色は、官房長官や副長官として見るものとは、全く別だったのです。

首相の決断は、国の最終判断ですから、すべての国民に影響します。防衛や防災に限らず、経済や社会保障政策の間違いは、人の生死を左右します。それがいかに重いことかを、最初に首相に就任する時は、分かっていなかった。官房長官として私を支えてくれた菅義偉前首相も、退任の記者会見（21年9月28日）で、「最終決定者である総理大臣と、そうでない官房長官は違う」と述べていました。まさにその通りです。首相と官房長官の重圧の差は計りしれません。

私は第1次内閣当時、首相の職を担うには未熟すぎました。例えば人事では、閣僚未経験の塩崎恭久さんをいきなり官房長官に据えました。私の初入閣が官房長官だったので、塩崎さんもこなせるだろうと考えていたのです。塩崎さんには相当苦労をかけました。06年の自民党総裁選で争った谷垣禎一元総裁は、ハト派だし、財政再建を主張していたので、谷垣さんの入閣を見送るとともに、谷垣派にも閣僚ポストを割り振りませんでした。自分でやりたいようにやる、という考えで、党内に配慮や目配りができなかった。そうやって振り返ると、経験不足、準備不足は甚だしかったと思います。

かつ、肩に力が入りすぎていた側面もありました。戦後生まれの初の首相、52歳での首相就任は戦後最年少だったので、期待に応えなければ、という思いが強すぎましたね。

第1次内閣は、06年9月26日に高い支持率で華々しくスタートしたにもかかわらず、厳しい批判を浴び続け、わずか1年で退陣しました。この失敗は非常に大きかったと思います。あの1年間は、普通の政治家人生の15年分くらいに当たるんじゃないかな。

その経験があったからこそ、第2次内閣以降、政権を安定させることができたのでしょう。第

2次内閣が発足した12年12月26日、再び官邸に入った時には、同じ過ちは繰り返さないという思いを強く持っていました。

ともに挫折を経験した人たち

――第2次内閣の人事は、安定感を優先させました。

経験を積んでいたのは、私だけではありません。だから、2次内閣をつくる時は、1次内閣のメンバーにもう一度、私を支えてほしいとお願いしたのです。必ずあの時の失敗、挫折の経験を活かしてくれるだろうと思ってね。

例えば、菅さんは1次内閣で総務相でした。2次内閣以降、経済再生相や党税調会長として私を支えてくれた甘利明さんは、経済産業相でした。麻生太郎副総裁兼財務相も、1次内閣で外相だった。高村正彦元副総裁には、2007年8月の内閣改造からわずかな期間でしたが、防衛相をお願いしました。1次内閣の下村博文官房副長官、世耕弘成《ひろしげ》首相補佐官も含め、2次内閣以降の主要なメンバーは、皆、1次内閣で私と苦しい時間を共有してくれた仲間です。

そして、このメンバーの配置が、2次内閣ではうまくいきました。アベノミクスの司令塔役として甘利さん、内閣の要として菅さん、麻生さん。そして党内を抑える役割が高村さん。この配置に成功したことが、政権を安定させ、かつ戦略的に政策を遂行することにつながったと思います。

第1次内閣の時の首相官邸のスタッフにも、再び一緒に仕事をしてほしいと呼びかけました。

今井尚哉首相補佐官兼政務秘書官は、第1次内閣では広報担当の秘書官でした。北村滋国家安全保障局長は、危機管理・防衛などを担当する秘書官でした。長谷川榮一首相補佐官兼内閣広報官は、第1次内閣でも内閣広報官だったし、佐伯耕三、中江元哉、鈴木浩の3秘書官も、第1次内閣当時、首相秘書官ではなかったですが、官房長官秘書官や内閣副広報官などのポジションに就いていて、官邸に勤務していました。

官邸スタッフの中には、出身省庁の省益ばかり考えて、首相と距離を置く秘書官などもいると思います。でも、私の官邸チームは、日本の針路に携わる仕事にやりがいを感じてくれていたと思います。官邸チームは、非常に一体感があり、皆が私を支えてくれようとしました。これは運が良かった。だから、かつて厳しい体験をした官邸チームで、もう一度、政治を動かしてみようと思ったわけです。

――第2次内閣は、官邸スタッフに経済産業省出身者が多かったので、「経産政権」と揶揄されることもありました。その中心にいたのが今井政務秘書官でした。今井氏を政務秘書官に充てたのはなぜですか。

第1次内閣の秘書官とは、07年の退陣後も年に何度か、食事をしていました。あの1年間は、非常に濃密な時間でしたから、何となく気が合うのです。そういう人間関係を続けていた中で、私が12年9月に総裁選に再びチャレンジする時、今井さんには、政策のアドバイスをもらったのです。彼は内政・外交のオールラウンドプレーヤーです。もちろん情熱もある。

第1次内閣の07年に「消えた年金」が問題になった時、今井さんが「総理は打ち首です」と私にいきなり言い出したのです。何事かと思ったら、今井さんがサウナに行ったら、サウナにいた大勢の客が「消えた年金」について話していて、「安倍は打ち首だな」と言って盛り上がっていたそうなのです。今井さんは、その話をそのまま私に伝えたのです。耳障りなことでも、平気で話してくれる人をそばに置いておくのは大事でしょう。

第2次内閣以降も、今井さんは平気で私に厳しいことを言い続けました。「首脳会談で紙を読んでばかりいてはダメだ、相手の反応を見なきゃ」などと言ってくるわけです。

私も嫌になって、大概にしてくれよ、と思ったことが何度もあります。ただ、そういう今井さんをはじめ、多くのスタッフが私のために身を粉にして働いてくれました。

——首相官邸の機能は第1次内閣とそれほど変わっていないのに、第2次内閣になると、官邸のスタッフが一丸となった印象があります。第1次内閣の反省を踏まえて、何か気をつけていたことはあったのですか。

第1次内閣では、閣僚の失言や事務所費の問題など逆風が吹いたら、巻き返す時間がなかったのです。私の体調が悪くなったことも大きい。

橋本龍太郎首相が進めた行政改革で、01年に中央省庁が再編されるとともに、内閣官房や内閣府が首相を補佐する機関に位置づけられ、重要政策の立案や各省庁の総合調整を行うことになりました。首相や官邸の権限も強まったわけです。ただ、いくら立派な仕組みや組織ができ上がったところで、そこで働く官僚と私の間に信頼関係が構築できていなければ、うまくいくわけがありません。そこで第2次内閣では、できるだけスタッフと触れ合う機会をつくりました。積極的に雑談をしたわけです。

例えば国会がない日は、できるだけ秘書官や、官邸詰めの参事官らと昼食を一緒に取るようにしました。そこで雑談をするわけです。時にはテレビでワイドショーを見ながら、政治に限らず、いろいろな話題について議論しました。ジョークを言い合い、官邸チームの面々とざっくばらんに話をしたのです。その結果、みんなで一体になって頑張っていこうという雰囲気をつくることができたのではないかなと思います。

リーダーは育てるものではない

――安倍さんが次世代のリーダーを育てなかったことが、「ポスト安倍」がなかなか出てこず、長期政権につながったと見る向きもあります。

それは関係ないでしょう。次世代の人は育てるものではなく、自然と育ってくるものですよ。私は第2次内閣以降、多くの人を閣僚や党役員として起用しました。そうしたポジションに就けば、野党だけでなく、自民党内からも風当たりが強くなります。それを突破できなかった人も多い。一方で、2021年9月の自民党総裁選に出馬した河野太郎、岸田文雄、高市早苗、野田聖子の4人は、全員、私の内閣で要職をこなしました。その重圧を乗り越えられたから、総裁候補として党内に認知されたわけでしょう。

私は、小泉純一郎元首相には、いくつもポストに就けてもらいましたが、育てられたとは思っていません。私を官房副長官にしてくれたのは、森喜朗元首相です。森さんの後継の小泉さんは、引き続き私を副長官にしましたが、それは、小泉さんや私が所属していた派閥・清和政策研究会の中から、不満が出ないようにするためだったと思います。清和研の中には、かねて福田赳夫派と安倍晋太郎派がある。その対立を抑えるために、福田康夫官房長官、安倍晋三官房副長官の体制を取っただけだと思いますよ。

その後、小泉さんが私を幹事長にしたのは、自民党支持者の中で私の人気があったから、それを選挙目当てで利用しようと考えたわけでしょう。だって、当選3回で幹事長に抜擢って、私よりベテラン議員の方が圧倒的に多いのに、やり過ぎですよ。育成という面で考えたら、不適切でしょう。甘利さんらが副幹事長として支えてくれなければ、乗り越えることはできませんでした。

もちろん、私を倒しに来る人に対しては、こちらも厳しい姿勢を見せて、倒しに行きました。政界ではそれが当たり前です。私と石破茂元幹事長は、18年の総裁選で戦いましたが、私と石破氏は、育てる、育てないという関係ではないでしょう。

保守派論客の支持

――経済学者やタカ派の有識者に助けられたという意識はありますか。

ええ。政策面では、アベノミクスを支えてくれた経済学者の存在は不可欠でした。浜田宏一エール大名誉教授、本田悦朗静岡県立大教授、高橋洋一嘉悦大教授ら、いわゆる「リフレ派」といわれた人たちが、しっかり理論武装し、私の主張をバックアップしてくれました。財務省や財政再建派の議員と対峙する上でも、高橋さんたちは大きな役割を果たしてくれました。

それとは別に、保守派の論客が私を支持してくれていることも強みでした。ジャーナリストの櫻井よしこさん、評論家の金美齢《きんびれい》さんとは、できるだけ会い、意思疎通を重ねるようにしました。

保守派の論客の中には、私に100点満点を要求してくる人がいます。「春季・秋季の例大祭のたびに靖国神社に参拝しろ、韓国とは断交しろ」といった主張です。でも、そんなことを言われても、現実の政治では無理でしょう。

2015年に韓国と慰安婦問題に関する合意を結んだ時も、保守派から「韓国に金を出すなんて、安倍は血迷ったのか」と厳しく批判されました。そういう中で、櫻井さんたちも苦しかったとは思いますが、しっかりと私を応援してくれました。櫻井さんは「このお金は、韓国との手切れ金だ」といった主張をして、保守派を宥めてくれた。保守派にとって、60点、70点の私が倒れてしまったら、次は0点の人が首相になってしまう可能性がある、という考え方だったのだと思います。

芸能界や文化人では、津川雅彦さんが私を囲むサークルをつくってくれました。いつも会食の場を設けて、芸能人など数十人を集めてくれました。私にとって大きな財産となりました。

経済最優先が国民のニーズだった

――第1次内閣は、戦後レジームからの脱却を掲げて、教育基本法の改正などに取り組みました。理念先行型の政策遂行とも言えます。しかし、それでは政権運営が続かないと考えて、第2次内閣以降は経済再生を最優先課題に掲げたということですか。

第1次内閣で掲げた理念、あれはあれで正しかったと思います。第1次内閣の最初の所信表明演説では、「活力とチャンスと優しさに満ちあふれ、自律の精神を大事にする、世界に開かれた『美しい国、日本』」を目指すと訴えました。「美しい国」とは、文化、伝統、自然、歴史を大切にし、自由な社会を基本とし、規律を知る、凜とした国だと唱えました。この演説は、国家観や時代認識を堂々と示していたと思います。

一方、第2次内閣発足当初の2012年末から13年は、民主党政権下で悪化した経済状況を何とかしてくれ、という国民的なニーズに応えることを優先したわけです。

私が再び首相に就いた当時は、行きすぎた円高で大手の製造業が生産拠点を海外へどんどん移し、移転できない中小企業、小規模事業者は、日本国内の工場を閉めざるを得ない状況に追い込まれていました。12年の倒産件数は1万2000件を超えていた。20年のほぼ1・5倍の多さです。

そうした状況をマクロ経済の視点から分析し、企業収益の改善や雇用の創出に取り組むことにしたのです。デフレからの脱却を目指した、いわゆるアベノミクスです。

その結果、雇用の創出には成功したわけです。政治に求められる経済分野の最大の眼目は、雇用でしょう。民主党政権時代の失業率は5％を超えていましたが、第2次安倍内閣の16年度以降は、「完全雇用」と呼ばれる3％を下回る状態が続いていきます。10年は0・52倍だった平均有効求人倍率も、18年には1・61倍にまで改善しました。高卒、大卒の就職率も過去最高水準となりました。

安倍内閣は、若年層の支持が非常に高かった。その理由は雇用、特に就職の環境を改善したことだと思います。高齢者に支持が偏ってきた古い自民党のイメージを変えることにも成功しました。


——若年層は、安全保障政策を重視し、憲法改正を唱えた安倍さんのタカ派的な言動に共感を得たという見方がありますが、そうではなく、経済状況の好転が大きいと考えているわけですか。


タカ派的な側面が支持されたということもあるでしょう。インターネットを活用し、世界各国の動向を知る若者は増えました。そうなると、抑止力と対処能力を高めて国の安全を守るのは、国際社会では当たり前なのだということに気づきます。国益を守るために、時にはハードライナー（強硬路線）で進まなければならないと、彼らは知ったわけです。

もちろん主張の偏ったサイトばかり見ていたら、考え方が硬直的になり、非常に危うい。そういうネットの問題は無視できません。ただ、日本では、あらゆる主義主張がネット上にあふれています。いろいろな情報に触れていく中で、しっかりとした国家観を養っていく若者も多いと思います。

とはいえ、地道に景気回復に取り組まなかったら、いくらタカ派の政策を掲げていても、戦後最長の政権にはならなかったでしょう。

第2次内閣以降の12年12月から、コロナ禍になる直前まで、景気拡大局面が続きました。高度成長期の「いざなぎ景気」（1965年11月～70年7月、57か月間）を超え、戦後最長（2002年2月～08年2月、73か月間）に匹敵する状況になったわけです。

国民に景気拡大の実感が乏しかったことは、認めます。生産性の向上や、賃金の引き上げは、道半ばでした。経済の好循環を目指したアベノミクスが、すべてうまくいったわけではありませんが、ある程度の成果をあげ、多くの国民に支持されたのは事実でしょう。

日銀の資料に、全国を9地域に分けて景気動向をまとめる地域経済報告（さくらレポート）というものがあるのですが、02年から08年の小泉、第1次安倍、福田の3内閣の景気回復局面で、「景気が良い」という判断が続いていたのは、主に関東甲信越と東海地域だけなのです。この地域は、大企業や、輸出産業中心の企業が多いからです。反面、北海道と四国は、景気回復局面でも厳しい状況でした。輸出産業が少ないからです。

第2次内閣で再登板してからは、北海道から沖縄まで9地域すべてをプラスにすることを目指しました。そのために、観光産業を伸ばすことに努めました。輸出型企業の工場がなくても、風光明媚な景色や文化財があれば、観光産業は潤います。だから、北海道や四国にもインバウンドで多くの外国人が訪れ、景気と雇用に大きく貢献したわけです。

そうやって経済を立て直すことを「安倍政権の一丁目一番地」として掲げる一方、我々が歴史的使命と考えた政策も、同時に遂行していくことにしました。

どの内閣も、政権発足当初はご祝儀相場があり、支持率は高い。ただ、それにあぐらをかいて、明確な国家戦略のない、あやふやな政策遂行をしていたら、途端に支持を失います。だから私は、国民的なニーズだった経済政策の実行を根幹に据えて、絶対にその歩みを止めようとしなかったのです。通常、内閣支持率はだんだんと落ちていくものですが、12年末から13年にかけては、しばらく支持が上がっていきました。そうした政権は珍しいでしょう。これは、経済政策への期待からだと思います。

政権が揺らぐのは、自民党内の信頼を失う時

——第2次内閣以降の最大の目標は、集団的自衛権の限定行使を容認する憲法解釈の変更だったと思いますが、解釈変更は、政権に返り咲いてから約1年半後の2014年7月でした。その前に経済政策を強化し、支持を高めておこうと考えたのですか。

集団的自衛権に関する憲法解釈変更と、安全保障関連法の整備は、日米関係への危惧が背景にあります。

沖縄県の米軍普天間飛行場の名護市辺野古への移設計画で、民主党の鳩山由紀夫政権は「県外移設」を唱え、計画は迷走しました。日米の信頼関係が失われた状況を、何としても改善しなければならないと、私は相当の危機感を持っていました。

祖父の岸信介は、旧日米安全保障条約では日本の安全を確保できないと考えて、条約改定に取り組んだわけです。米国による日本防衛義務を明確にするとともに、日本の基地提供によって、双務性を高めたわけです。安保闘争で祖父の政権は倒れましたが、日米同盟は強化されました。条約改定が間違っていなかったことは、歴史が証明しているでしょう。

私は、冷え込んでいた日米関係を修復し、中国の軍備増強や北朝鮮の核・ミサイル問題に対処するには、ある程度、防衛力の強化が必要だと考えていました。生活を豊かにするための経済政策を実行しつつ、安保政策の変更を進めることにしました。

ただ、政策の優先順位も考えなければなりません。13年には環太平洋経済連携協定（TPP）の各国の交渉が進み始めており、日本の交渉参加も早急に決めなければならなかった。集団的自衛権の解釈変更とTPPの二兎を追えば、政権に負荷がかかります。だから13年夏の参院選までは、TPPの交渉参加を優先したのです。

さらに、13年の参院選後は、特定秘密保護法を整備し、国家安全保障会議（NSC）と国家安全保障局（NSS）を創設しました。

特定秘密保護法は、当時は内閣情報官だった北村さんが、「海外と情報のやり取りをするのに、どうしても必要だ」と主張していたので、その熱意をくみ取り、参院選の直後に取り組むことにしたのです。

第1次内閣の積み残しの課題だったNSCとNSSは、外交、軍事、情報を一元的に扱い、外交・安全保障政策を決めていく組織です。安全保障関連法を整備する前に設置したのは、そうしなければ、官邸の考え方が米国などに的確に伝わらないのではないかと思ったからです。

例えば、米国のNSCの担当者が来日しても、日本にカウンターパート（対等の担当者）がいなければ、外務官僚と防衛官僚の双方と相談しなければならない。両省が違う話を米側にしてしまう恐れもある。そうした事態を避けるために、官邸に外交・安保の司令塔組織を置くことは重要でしょう。日米間で機密情報を話し合う際、特定秘密保護法があれば、日本側の担当者は秘密を守ることになり、米側も安心して話ができる。この点で、北村さんの主張は正しかったと思います。

――特定秘密保護法は、際限なく秘密指定が広がり、自由な言論が脅かされるといった反対論が強く、内閣支持率が下落しました。

10ポイントくらい失っちゃいましたね。でも、特定秘密保護法は、官僚による恣意的な運用をなくす上でも、法整備の意義は大きかったと思います。

過去に間違いを犯したことはないという官僚の無謬性というのは、すさまじいです。官僚が用意する政治家の国会答弁は、今までもミスはないけれど、今後はもっと良くなる、という内容になりがちです。正直に言って、非常に分かりにくい。だから私は、特定秘密保護法の審議で、大きな方針転換をしました。過去に過ちはあったと認めたわけです。

核の密約の問題は、まさしくそうでしょう。1969年11月の日米首脳会談で極秘に結ばれた約束で、米軍は、沖縄に配備していた核兵器を沖縄返還前にすべて撤去するが、極東有事の際には再び持ち込む権利がある、ということを日本側が認める内容です。だが、この密約は、外務官僚の恣意的な判断で、時の総理に伝えたり、伝えなかったりしていた。これは明らかに間違っています。現に私は、第1次内閣当時、この密約の存在を聞かされていませんでした。こんなことは許されません。だから私は、核の密約を例に挙げて、特定秘密保護法が整備され、秘密指定と解除の基準が明確になれば、こうした官僚による恣意的な運用は一切なくなる、と答弁したわけです。

2010年9月に、尖閣諸島付近で中国漁船が海上保安庁の巡視船に衝突した事件では、当時の民主党の菅直人首相が事件のビデオを非公開にすると決めました。でも、その法的根拠はない。特定秘密保護法は、秘密指定するかどうかを決める根拠となるわけです。

政権が揺らぐのは、自民党内の信頼を失う時です。それを私は第1次内閣で痛感した。だから第2次内閣以降は、世論の反対が多い政策に関しては、党大会の演説で「この法整備は我が党の使命だ。歴史的な要請でもある。やるべきことを成していこう」と訴えるように心がけたのです。安全保障関連法も、テロ等準備罪を創設する組織犯罪処罰法の改正についても、そう呼びかけました。すると、党内がぐっと引き締まる。たとえ内閣や党の支持率を減らしたとしても、責任ある保守政党としてやらなければならないのだ、と自民党議員や党員が意気に感じてくれるのですね。

――長く首相を務めていた故に、外交で存在感を発揮できた側面もあるでしょう。

それは大きいですね。先進7か国（G7）首脳会議や主要20か国・地域（G20）首脳会議、アジア太平洋経済協力（APEC）の首脳会議など、いろんな場面がありますが、インターネットなど情報技術が発達した結果、「自分たちのリーダーはちゃんと仕事をしているのか」ということに多くの国民が関心を持つようになっていると思います。

私は第1次内閣で、ドイツのメルケル首相やロシアのプーチン大統領らと付き合い、首相に再び就任した段階で、すでに一定の関係があった。第2次内閣以降は、年数を重ねていくにつれ、こちらも国際会議に場慣れしていきます。そして、各国の新しい首脳は私に挨拶に来る。そもそも日本は大国ですから、日本の首相に会いたいという首脳は多いわけです。様々な会議で私が発言していくようになると、私の周りに人がだんだんと集まってくるようになりました。また、そうした映像は日本に届くわけです。長くなればなるほど、国際社会は無論、日本国内でも存在感を増していくことになったのだと思います。

動画、ツイッター、インスタグラム

細かいことですが、安倍内閣は広報に力を入れたことが特徴だと言えるでしょう。とにかく官邸のホームページやインスタグラムの動画の再生回数を増やそう、私のツイッターの画像を工夫しよう、と心がけました。広報担当の佐伯秘書官と相談し、ビジュアル動画や写真の投稿に相当努力しました。

例えば、2019年にトランプ米大統領が来日し、千葉でゴルフをした時、私とトランプの「自撮り」のツーショット写真をツイッターなどに投稿しました。あれは佐伯君の発案で、「総理、記念撮影なんかより、絶対、自撮りの方がいいです」と言うので、やったわけです。ただ、実行するのは大変でした。まずホワイトハウスに自撮りを容認してもらい、トランプにも直接、「自撮りするよ」と了解してもらわなければなりませんでした。でも、結果は非常に好評でした。

役人は、政府の動画や写真がどれだけ見られているかを、気にしないのです。ただ予算を黙々と消費しようとする。私は「それじゃダメだろう」と言って、いろいろな動画について、細かく指示してきました。私は映画好きだから、ビジュアルにはうるさいのです。

防衛大の卒業式での私の訓示を映した動画は、大幅に修正しました。防衛省が最初につくった動画では、演説の15分間、延々と私を映しているわけです。私は「こんな映像、誰だって2、3分で見るのをやめちゃうよ。私だって見たくない」と言って修正させました。「私の訓示の音声は流し続けていいけど、私の映像は要らない。訓示には、最初からBGMをかぶせて入れなさい。そして、私がしゃべっている内容に合わせて、自衛官をはじめ職員が現場で活動する場面の動画を入れなさい」とね。私が訓示で留学生に触れたら、留学生の諸君が頑張っている姿の映像を流す。厳しい訓練に言及した時は、訓練の映像に切り替える。世界での活躍に関しては、海外で活動している自衛隊の映像を次々に流していく。

そしてでき上がった動画を見て、さらに「ここはズームにしろ」とか、「ＰＫＯ（国連平和維持活動）で各国の子どもたちに接している姿がほしい」と言ってさらに直させました。その結果、その卒業式の動画は、防衛省始まって以来の再生回数を記録したのです。

その後は、防衛省も張り切って、いろいろな映像をためておくように心がけています。私のしゃべっている動画なんかより、自衛隊員が頑張っている姿の方が人の心を打つでしょう。

情報技術が発達したのだから、活用しない手はありません。政治家もただ仕事をしているだけでは、なかなか評価されない。見せ方を工夫し、イメージを大切にしていく必要があります。

謝辞

36時間にわたる安倍晋三さんのインタビューにあたって私たちが心がけたことは、「この問題についてはどうお考えですか」というような、いわゆる「御用聞き質問」はできるだけ避けることでした。多くの国民が疑問に思っていることや「安倍政治」への厳しい批判も踏まえながら、できるだけ率直に、直截にお聞きしました。安倍さんにとってはムッとするような質問が多々あったかもしれませんが、その方がより事実に近づくと考えたからです。それに対して、安倍さんは自分の記憶を思い起こすだけでなく、首脳会談の記録や新聞記事などを事前に丹念に調べて誠実に対応してくれました。

その間、北村滋前国家安全保障局長は、第1次内閣から蓄積してきた資料の提供や事前の安倍さんとの打ち合わせをはじめ、インタビューのすべてを支えてくれました。また事後的な原稿のチェックや掲載写真の選定もお願いしました。それがなければ、このような形で歴史的かつ実証的な回顧録が世に出ることは不可能だったと思います。安倍さん手持ちの300冊を優に超える膨大なスクラップ帳の作成に労を厭わず携わってくださった小野寺章さん、また、インタビューごとに主題に応じた資料の整理にあたってくださった斉木章さん、鈴木由佳子さんにも心よりお礼申し上げます。

『安倍晋三 回顧録』出版の最大の功労者が中央公論新社の中西恵子さんであることは、安倍さんも北村さんも私たちも等しく同意するところでした。安倍さんの回顧録がなぜ必要なのか、何が国民の関心事なのか、回顧録がこれからの政治家の指針になるようにするためには何が必要なのかも含めてすべて中西さんの導きでした。中西さんにとって中央公論の大先輩である故粕谷一希さんは、編集者として数々の名著を世に出し、「名伯楽」と呼ばれました。『安倍晋三 回顧録』にかけた中西さんの情熱と努力に接し、粕谷さんを思い出しました。

このように『安倍晋三 回顧録』はそれぞれの思いを乗せてでき上がったものです。多くの皆さんに読んでいただき、忌憚のないご批判を受けることによって、『安倍晋三 回顧録』はいっそう「たたかれて、たたかれて、鍛えられる鍛造品」になるに違いありません。

2023年1月

橋本五郎
尾山　宏

資料

安倍政権の歩み

※読売新聞をもとに作成

第1次安倍内閣

2006年	9月20日	安倍晋三官房長官が第21代自民党総裁に選出
	9月26日	衆参両院の本会議で、安倍総裁が第90代、57人目の首相に選出され、その後、新内閣が発足
	9月29日	安倍首相は衆参両院本会議で所信表明演説を行い、集団的自衛権の行使について、具体的な研究作業に着手する方針を表明
	12月15日	教育基本法を59年ぶりに改正
2007年	1月9日	防衛省が発足。初代防衛相に久間章生防衛長官
	1月26日	安倍首相が初の施政方針演説。国民投票法案の成立に期待感
	5月14日	憲法改正の手続きを定める国民投票法、参院で成立。改憲に必要な法的環境が整う
	5月18日	集団的自衛権に関する個別事例を研究する有識者会議の初会合
	5月28日	「事務所費」問題で追及を受けていた松岡利勝農相が自殺。31日、赤城徳彦衆院議員が後任に
	7月29日	第21回参院選、自民党は37議席、民主党は60議席獲得。新勢力分野は民主109、自民83。自民は参院第1党から初めての転落。衆参「ねじれ」状態に
	8月1日	安倍首相、赤城農相を更迭

2012年	8月27日	安倍改造内閣が発足
	9月12日	安倍首相、退陣の意向を表明。13日、「機能性胃腸症」と診断されて入院
	9月26日	自民党総裁選に出馬し、決選投票で石破茂氏に逆転勝利
	12月16日	第46回衆院選、自民党が圧倒的勝利を収めて過半数（241）を大きく上回り、294議席を獲得。3年3か月ぶりに政権を奪還。民主党は惨敗し、57議席に落ち込む

第2次安倍内閣

2012年	12月26日	野田佳彦内閣が総辞職。自民党の安倍総裁が第96代首相に就任。一度辞任した首相が復帰するのは吉田茂氏以来64年ぶり、戦後2人目
2013年	1月16日	アルジェリア人質事件
	1月22日	政府と日銀、2％のインフレ（物価上昇率）目標を明記した「共同声明」を発表
	3月15日	安倍首相、TPPへの交渉参加を正式に表明
	3月20日	日銀の新総裁に黒田東彦（はるひこ）元アジア開発銀総裁が就任
	4月29日	安倍首相、露でプーチン大統領と会談。北方領土問題の解決策を探る交渉の再スタート、加速で一致
	7月21日	第23回参院選、自民、公明両党が76議席を獲得。非改選議席を合わせ参院の過半数を確保し「ねじれ国会」は解消。民主党は結党以来最少の17議席と惨敗

2013年	8月8日	内閣法制局長官に小松一郎駐仏大使。集団的自衛権行使を可能にする憲法解釈見直しに前向き
	9月7日	国際オリンピック委員会（ＩＯＣ）総会の投票で、東京が20年夏季五輪・パラリンピックの開催都市に選ばれる。投票前の招致説明では、安倍首相が福島第一原発について「状況はコントロールされている」と懸念払拭に努めた
	12月6日	特定秘密保護法、参院で成立。安全保障の機密情報を漏らした公務員らへの罰則を強化
	12月26日	安倍首相、就任から1年にあたり、靖国神社を参拝
2014年	1月7日	日本版ＮＳＣの事務局「国家安全保障局」が発足。初代局長に谷内正太郎元外務次官
	4月1日	消費税率、8％に。増税は17年ぶり
	4月23～25日	オバマ米大統領が国賓として来日。両政府はＴＰＰ交渉で実質的に基本合意し、共同声明を発表。尖閣諸島に日米安保条約が適用されることや、集団的自衛権の行使容認に向けた安倍内閣の取り組みを米国が「歓迎し、支持する」考えも盛り込む
	5月30日	中央省庁の幹部人事を一元管理する「内閣人事局」が発足
	9月3日	第2次安倍改造内閣が発足。18閣僚のうち12人を交代、女性は過去最多に並ぶ５人を登用
	11月18日	安倍首相、消費税率10％への引き上げを17年4月に1年半先送りする考えを表明
	12月14日	第47回衆院選、自民、公明両党で３２５議席を獲得し、定数の3分の2（３１７）を上回る。民主党は73議席で海江田万里代表は落選

2014年	12月24日	第3次安倍内閣が発足
2015年	1月〜2月1日	イスラム国による日本人人質殺害事件
	4月29日	安倍首相、日本の首相では初めて、米議会の上下両院合同会議で演説。日米同盟を「希望の同盟」と位置づける
	8月14日	政府、戦後70年の安倍首相談話を閣議決定。先の大戦への「痛切な反省と心からのおわび」を表明した歴代内閣の立場は揺るぎないと強調
	9月8日	自民党総裁選、安倍首相が無投票再選
	9月19日	安全保障関連法、参院で成立。自衛隊による米軍への支援について地理的制約をなくし、公海など日本の領域外での活動を全面的に認めた。一方、国会周辺では反対デモが連日行われた。16年3月29日施行
	10月7日	第3次安倍改造内閣が発足。「未来へ挑戦する内閣」と位置づけ、新設の1億総活躍相に起用された加藤勝信・前官房副長官ら9人が初入閣
	12月8日	国際テロ情報収集ユニット（CTU－J）設置
	12月28日	日韓外相、慰安婦問題を巡って合意に到達。元慰安婦支援のための財団に日本政府が10億円程度を拠出。両外相は慰安婦問題が「最終的かつ不可逆的に解決される」と表明
2016年	1月28日	甘利明経済再生相、辞任を表明。自身や秘書が建設会社側から違法献金を受けたとの週刊誌報道を受け。後任に石原伸晃自民党元幹事長

2016年	5月26〜27日	三重県で伊勢志摩サミット
	5月27日	オバマ米大統領、現職米大統領として広島を初訪問。被爆者とも対話し「核兵器のない世界」を追求していく必要性を訴えた
	6月1日	安倍首相、17年4月の消費税率10％への引き上げを、19年10月まで2年半延期することを発表
	6月2日	政府、閣議で「ニッポン1億総活躍プラン」や「日本再興戦略」（成長戦略）などを決定
	7月10日	第24回参院選、自民、公明の与党が69議席を獲得して大勝。非改選も含め、憲法改正に前向きな勢力の合計議席は、参院での改正発議に必要な3分の2（162）以上に。この選挙で18、19歳が新たに有権者となる
	8月3日	第3次安倍再改造内閣が発足。安倍首相は「未来チャレンジ内閣」と命名
	8月8日	天皇陛下、国民に向けたビデオメッセージで退位の意向を示唆される。政府は9月23日、有識者会議を設置、具体的な検討に入る
	8月21日	リオデジャネイロ夏季五輪閉会式。安倍首相は次回開催国・日本を紹介するショーで、「スーパーマリオブラザーズ」の「マリオ」姿で登場
	11月17日	安倍首相、米NYでトランプ次期大統領と会談。首相は「信頼できる指導者」と評価
	12月15日	安倍首相、山口県長門市でプーチン露大統領と会談。北方領土での「共同経済活動」実施に向け、事務レベルで協議を始めることで合意

12月27日　首相とオバマ米大統領、米ハワイの真珠湾を訪れ、真珠湾攻撃の犠牲者を慰霊。首相は慰霊後の演説で「不戦の誓い」を表明

2017年

2月17日　安倍首相、衆院予算委で大阪府内の国有地が「森友学園」に鑑定評価額を約8億円下回る価格で売却されたことについて「関与していたら首相も国会議員も辞める」と発言

5月3日　安倍首相、自民党総裁として憲法改正を実現し、20年の施行を目指す方針を表明。戦争放棄などを定めた9条1項、2項を維持した上で、自衛隊に関する条文を追加することを最優先させる意向を示した

6月9日　天皇陛下の退位を実現する特例法、参院で成立

6月15日　改正組織犯罪処罰法、参院で成立。テロ等準備罪を創設

6月15日　文科省、「加計学園」獣医学部新設を巡り、内閣府が早期開設を「総理のご意向」と迫ったとする内部文書を確認したとの再調査結果を公表。内閣府は16日、そう発言した職員はいなかったとする調査報告書を公表

8月3日　第3次安倍・第3次改造内閣が発足。安倍首相は「仕事人内閣」と命名

9月25日　小池百合子都知事、国政新党「希望の党」を結成、自らが代表に就任すると発表

10月22日　第48回衆院選、自民党は追加公認を含めて284議席を獲得し圧勝。自民、公明で313議席となり、定数の3分の2を超えた。立憲民主は同55議席で野党第1党に

第4次安倍内閣

2017年

11月1日　第4次安倍内閣が発足

2017年	11月5日	トランプ米大統領が初来日、安倍首相と会談。北朝鮮に対し、圧力を最大限まで高めることで一致
	11月29日	北朝鮮、新型ＩＣＢＭを発射。高度は過去最高の推定４０００キロメートル超
2018年	3月9日	佐川宣寿（のぶひさ）国税庁長官が辞任。財務省理財局長当時の森友問題に関する答弁で国会を混乱させた責任で
	4月16日	防衛省、「存在しない」と説明してきた陸自イラク派遣時の日報を公開。「戦闘拡大」などの記述も
	6月4日	財務省、森友問題で佐川氏らを処分。改竄を実質指示と認定
	6月29日	働き方改革関連法、参院で成立。残業時間に罰則付きの上限、一部の専門職に脱時間給制度
	6月29日	ＴＰＰ関連法、参院で成立。国内の承認手続き終了
	7月20日	カジノを含むＩＲ実施法、参院で成立
	9月12日	プーチン露大統領、極東での東方経済フォーラムで、北方領土問題を棚上げして日露平和条約を締結することを安倍首相に提案
	9月20日	自民党総裁選、安倍首相が石破茂元幹事長を抑えて連続3選を果たす
	10月2日	第4次安倍改造内閣が発足。安倍内閣で最多の12人が初入閣
	10月25〜27日	安倍首相、中国を公式訪問し首脳会談。日中関係を「競争から協調」へと新段階に発展させることで一致
	11月14日	安倍首相、シンガポールでプーチン露大統領と会談。１９５６年の「日ソ共同宣言」を基礎に平和条約交渉を加速させることで合意

2019年

1月8日	厚労省、「毎月勤労統計」の調査手法に誤りがあったと発表。雇用保険などで約564億円の過少給付が発生、22日、次官ら計22人を処分
4月1日	政府、新元号を「令和」と決定
4月30日	天皇陛下（第125代、御名・明仁〔あきひと〕）、憲政史上初の退位で平成に幕。「国民に心から感謝」とお言葉
5月1日	皇太子徳仁（なるひと）親王殿下、第126代天皇に即位。令和がスタート
5月25〜28日	トランプ米大統領、令和初の国賓として来日。天皇、皇后両陛下と会見。安倍首相とは会談のほか、ゴルフや相撲観戦も
6月12〜14日	安倍首相、現職首相として41年ぶりにイランを訪問、ロハニ大統領と会談。最高指導者のハメネイ師との初会談では米国との対話を求めたがハメネイ師は拒否
6月28〜29日	大阪市で日本初開催のG20首脳会議
7月4日	政府、フッ化水素など3品目の対韓輸出管理の規制を強化
7月21日	第25回参院選、自民、公明が改選定数の過半数を超える計71議席を獲得。与党と改憲に前向きな勢力による、国会発議に必要な「定数の3分の2」（164）は維持できず
9月11日	第4次安倍再改造内閣が発足
10月1日	消費税率、10％に。軽減税率も導入
11月13日	例年4月開催の「桜を見る会」、20年度は中止に。安倍首相の後援会関係者が多数招待との指摘で

2019年	11月20日	安倍首相の通算在任日数、２８８７日に達して憲政史上最長に。戦前の政治家・桂太郎を抜く
2020年	1月15日	厚労省、国内初の新型コロナ感染者を確認。関東在住の中国人男性で中国・武漢市を訪れていた
	2月3日	新型コロナ感染者が乗船のクルーズ船「ダイヤモンド・プリンセス」が横浜港に帰港。厚労省は乗客ら約３７００人に検疫を実施
	2月27日	政府、全国の小中高校などに3月2日から春休みまでの臨時休校を要請
	3月13日	新型インフルエンザ等対策特別措置法公布
	3月24日	安倍首相、ＩＯＣのバッハ会長と電話会談、東京五輪・パラリンピックの1年延期で合意。大会組織委も聖火リレーの延期を明らかに
	4月1日	安倍首相、布製マスクを全世帯に2枚ずつ配布する方針を表明
	4月7日	安倍首相、東京都など7都府県に緊急事態宣言を発令。16日、対象を全国に拡大
	5月18日	検察官の定年を延長する検察庁法改正案、成立見送りに。「特例規定」を巡り世論の反発受け
	8月24日	安倍首相の連続在任日数、２７９９日となり、佐藤榮作元首相を抜いて単独で歴代最長に
	8月28日	安倍首相、辞任の意向表明。持病の潰瘍性大腸炎の再発で
	9月16日	安倍内閣が総辞職。安倍氏の在任日数は連続２８２２日、通算３１８８日でいずれも史上最長。自民党の菅義偉総裁は国会で首相指名を受け、第99代首相に就任

外国訪問先一覧

※外務省ホームページをもとに作成

第1次安倍内閣

2006年	10月8〜9日	中国、韓国訪問
	11月17〜20日	APEC首脳会議出席（ベトナム）及びベトナム公式訪問
	12月8〜10日	フィリピン訪問
2007年	1月9〜15日	欧州諸国（英、独、ベルギー、仏）訪問及び東アジア・サミット等出席（フィリピン）
	4月26日〜5月3日	米国及び中東諸国（サウジアラビア、アラブ首長国連邦、クウェート、カタール、エジプト）訪問
	6月5〜9日	日・EU定期首脳協議及びG8ハイリゲンダム・サミット出席（独）
	8月19〜25日	インドネシア、インド、マレーシア訪問
	9月7〜10日	APEC首脳会議出席（豪州）

第2次〜第4次安倍内閣

2013年	1月16〜19日	東南アジア訪問（ベトナム、タイ、インドネシア）
	2月21〜24日	米国訪問

2013年	3月30～31日	モンゴル訪問
	4月28日～5月4日	ロシア及び中東諸国（サウジアラビア、アラブ首長国連邦、トルコ）訪問
	5月24～26日	ミャンマー訪問
	6月15～20日	G8ロック・アーン・サミット出席及び欧州諸国訪問（ポーランド、アイルランド、英国）
	7月25～27日	マレーシア、シンガポール、フィリピン訪問
	8月24～29日	中東・アフリカ諸国訪問（バーレーン、クウェート、ジブチ、カタール）
	9月4～9日	G20サンクトペテルブルク・サミット及びIOC総会出席（ロシア・アルゼンチン）
	9月23～28日	カナダ訪問及び国連総会出席（米国）
	10月6～10日	APEC首脳会議等（インドネシア）及びASEAN関連首脳会議（ブルネイ）出席
	10月28～30日	トルコ訪問
	11月16～17日	カンボジア、ラオス訪問
2014年	1月9～15日	オマーン、コートジボワール、モザンビーク、エチオピア訪問
	1月21～23日	ダボス会議出席（スイス）
	1月25～27日	インド訪問

	2月7～9日	ソチ・オリンピック開会式出席等（ロシア）
	3月23～26日	核セキュリティサミット出席等（オランダ）
	4月29日～5月8日	ドイツ、英国、ポルトガル、スペイン、フランス及びベルギー訪問
	5月30～31日	シンガポール訪問
	6月3～7日	G7ブリュッセル・サミット出席（ベルギー）、イタリア及びバチカン訪問
	7月6～12日	ニュージーランド、豪州及びパプアニューギニア訪問
	7月25日～8月4日	中南米（メキシコ、トリニダード・トバゴ、コロンビア、チリ、ブラジル）訪問
	9月6～8日	バングラデシュ及びスリランカ訪問
	9月22～27日	第69回国連総会出席（米国）
	10月15～18日	第10回アジア欧州会合（ASEM）首脳会合出席（イタリア）
	11月9～17日	APEC首脳会議（中国）、ASEAN関連首脳会議（ミャンマー）及びG20首脳会合（豪州）出席
2015年	1月16～21日	中東（エジプト、ヨルダン、イスラエル、パレスチナ自治区）訪問
	3月29～30日	故リー・クァンユー元シンガポール首相国葬への参列
	4月21～23日	アジア・アフリカ会議60周年記念首脳会議出席（インドネシア）
	4月26日～5月3日	米国訪問

2015年	6月5〜9日	ウクライナ訪問及びG7エルマウ・サミット出席（ドイツ）
	9月26日〜10月2日	第70回国連総会出席（米国）及びジャマイカ訪問
	10月22〜28日	モンゴル及び中央アジア5か国訪問（トルクメニスタン、タジキスタン、ウズベキスタン、キルギス、カザフスタン）
	11月1〜2日	日中韓サミット出席（韓国）
	11月13〜17日	トルコ訪問及びG20アンタルヤ・サミット出席
	11月18〜23日	フィリピンAPEC首脳会議及びASEAN関連首脳会議（マレーシア）出席
	11月29日〜12月2日	COP21首脳会合出席（フランス）及びルクセンブルク訪問
	12月11〜13日	インド訪問
2016年	3月30日〜4月3日	米国核セキュリティ・サミット出席
	5月1〜7日	欧州（イタリア、フランス、ベルギー、ドイツ、英国）及びロシア訪問
	7月14〜16日	モンゴル訪問及び第11回アジア欧州会合（ASEM）首脳会合出席
	8月20〜23日	リオデジャネイロ・オリンピック閉会式出席（ブラジル）
	8月25〜29日	第6回アフリカ開発会議出席、ケニア訪問及びシンガポール訪問
	9月2〜3日	東方経済フォーラム出席（ロシア）

	9月4～9日	G20杭州サミット及びASEAN関連首脳会議出席（中国、ラオス）
	9月18～24日	第71回国連総会出席（米国）及びキューバ訪問
	11月17～23日	APEC首脳会議への出席（ペルー）、ペルー及びアルゼンチン公式訪問並びに米国立寄
	12月26～28日	ハワイ訪問（米国）
2017年	1月12～17日	東南アジア（フィリピン、インドネシア、ベトナム）及び豪州訪問
	2月9～13日	米国訪問
	3月19～22日	ドイツ、フランス、ベルギー及びイタリア訪問
	4月27～30日	ロシア及び英国訪問
	5月25～28日	G7タオルミーナ・サミット出席（イタリア）及びマルタ訪問
	7月5～11日	欧州訪問（ベルギー、スウェーデン、フィンランド、デンマーク）及びG20ハンブルク・サミット（ドイツ）出席
	9月6～8日	第3回東方経済フォーラム出席（ロシア）
	9月13～15日	インド訪問
	9月18～22日	第72回国連総会出席（米国）
	11月9～15日	ベトナムAPECダナン首脳会議及びASEAN関連首脳会議出席（フィリピン）
2018年	1月12～17日	欧州訪問（エストニア、ラトビア、リトアニア、ブルガリア、セルビア及びルーマニア）

2018年	2月9〜10日	平昌オリンピック開会式出席（韓国）
	4月17〜20日	米国訪問
	4月29日〜5月3日	中東訪問（アラブ首長国連邦、ヨルダン、イスラエル及びパレスチナ自治区）
	5月24〜27日	ロシア訪問
	6月6〜11日	米国訪問及びG7シャルルボワ・サミット（カナダ）出席
	9月10〜13日	第4回東方経済フォーラム出席（ロシア）
	9月23〜28日	第73回国連総会出席（米国）
	10月16〜20日	欧州訪問及び第12回ASEM首脳会合出席（スペイン、フランス、ベルギー）
	10月25〜27日	中国訪問
	11月14〜18日	ASEAN首脳会議出席（シンガポール）、豪州訪問及びPNG・APEC首脳会議出席（パプアニューギニア）
	11月29日〜12月4日	G20ブエノスアイレス・サミット出席、ウルグアイ及びパラグアイ訪問（アルゼンチン、ウルグアイ、パラグアイ）
2019年	1月9〜11日	オランダ及び英国訪問
	1月21〜24日	ロシア訪問及び世界経済フォーラム（WEF）年次総会2019（ダボス会議）出席（ロシア、スイス）
	4月22〜29日	欧州及び北米訪問（フランス、イタリア、スロバキア、ベルギー、米国、カナダ）

	6月12〜14日	イラン訪問
	8月23〜27日	G7ビアリッツ・サミット出席（フランス）
	9月4〜6日	第5回東方経済フォーラム出席（ロシア）
	9月23〜28日	第74回国連総会（米国）及び欧州連結性フォーラム（ベルギー）出席
	11月3〜5日	ASEAN関連首脳会議出席（タイ）
	12月23〜25日	日中韓サミット出席（中国）
2020年	1月11〜15日	中東諸国訪問（サウジアラビア、アラブ首長国連邦、オマーン）

※読売新聞社の全国世論調査に基づく。＊は面接方式、それ以外は電話方式。肩書は当時

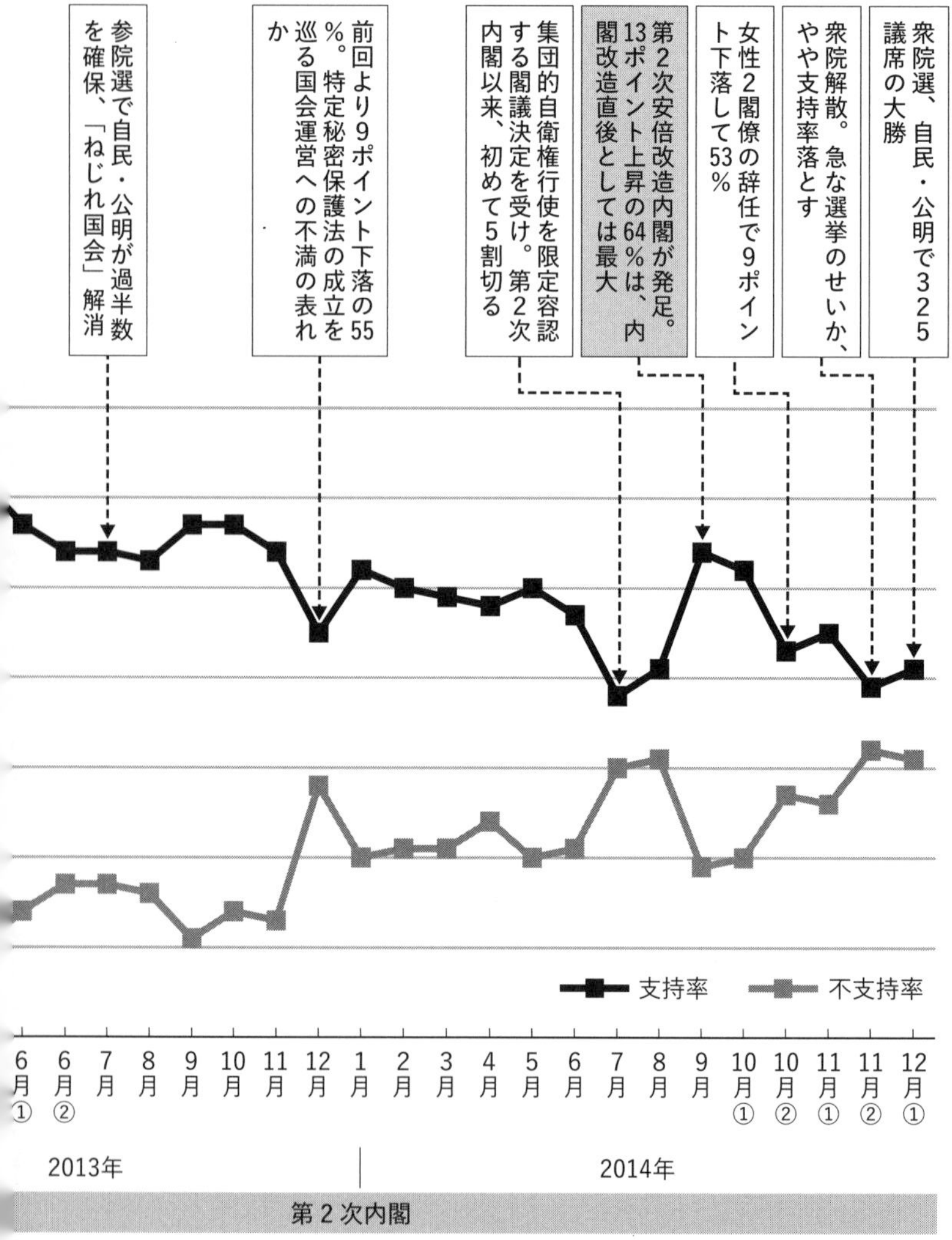
衆院選、自民・公明で325議席の大勝
衆院解散。急な選挙のせいか、やや支持率落とす
女性2閣僚の辞任で9ポイント下落して53％
第2次安倍改造内閣が発足。13ポイント上昇の64％は、内閣改造直後としては最大
集団的自衛権行使を限定容認する閣議決定を受け。第2次内閣以来、初めて5割切る
前回より9ポイント下落の55％。特定秘密保護法の成立を巡る国会運営への不満の表れか
参院選で自民・公明が過半数を確保、「ねじれ国会」解消
支持率
不支持率
6月①
6月②
7月
8月
9月
10月
11月
12月
1月
2月
3月
4月
5月
6月
7月
8月
9月
10月①
10月②
11月①
11月②
12月①
2013年
2014年
第2次内閣

安倍内閣支持率の推移［第1次、第2次］

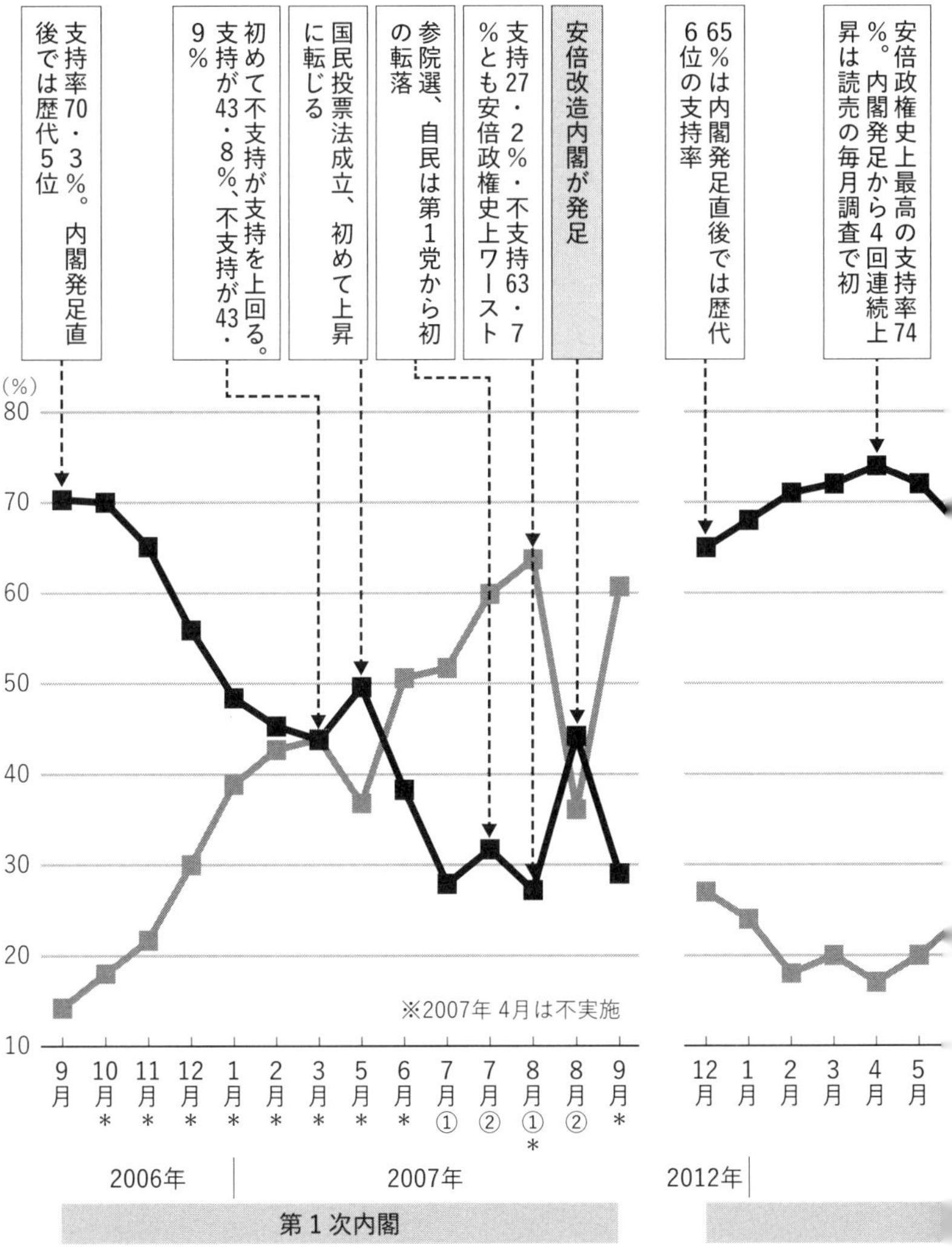

安倍内閣支持率の推移

※読売新聞社の全国世論調査に基づく。電話方式。肩書は当時

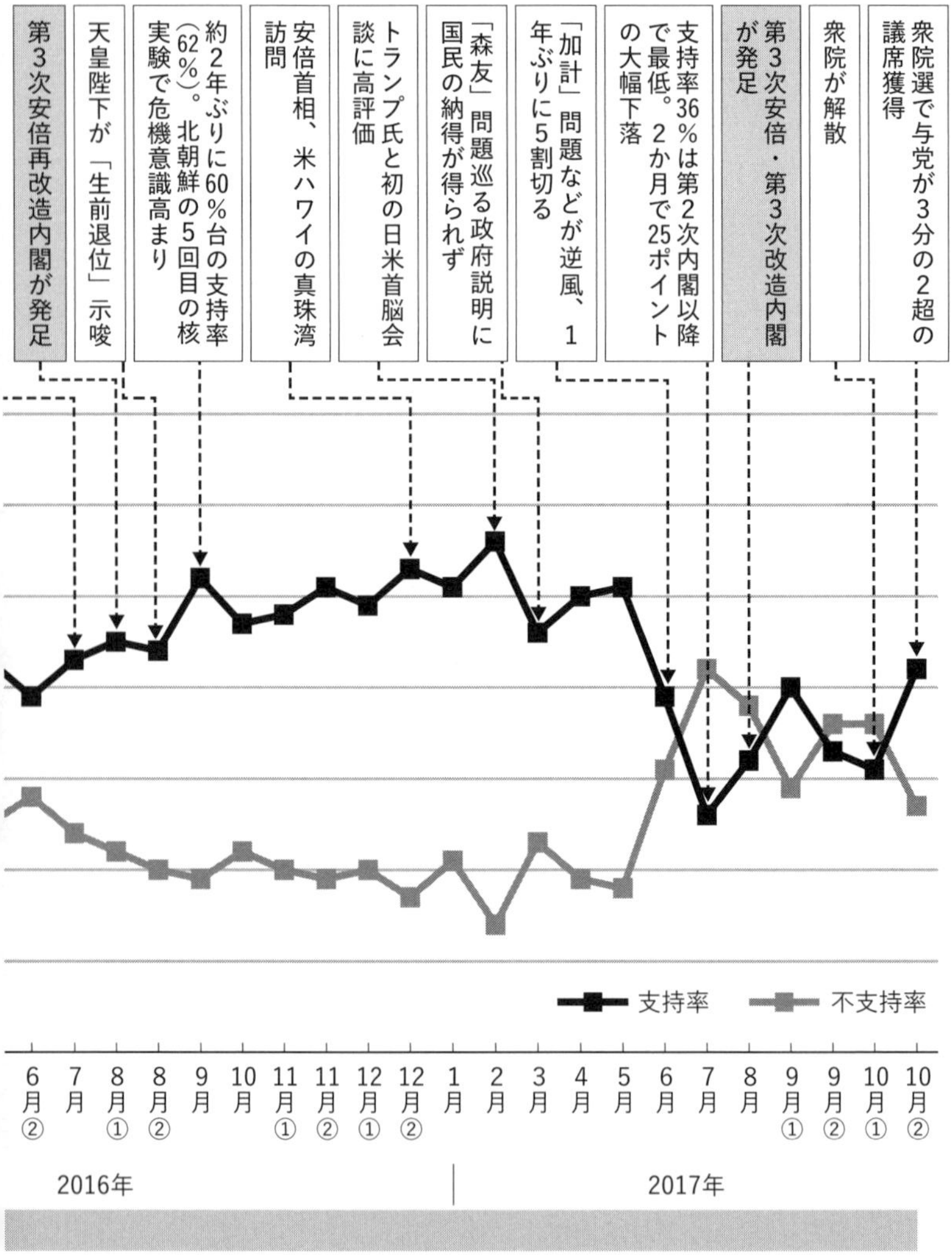

第3次安倍再改造内閣が発足
天皇陛下が「生前退位」示唆
約2年ぶりに60%台の支持率(62%)。北朝鮮の5回目の核実験で危機意識高まり
安倍首相、米ハワイの真珠湾訪問
トランプ氏と初の日米首脳会談に高評価
「森友」問題巡る政府説明に国民の納得が得られず
「加計」問題などが逆風、1年ぶりに5割切る
支持率36%は第2次内閣以降で最低。2か月で25ポイントの大幅下落
第3次安倍・第3次改造内閣が発足
衆院が解散
衆院選で与党が3分の2超の議席獲得
支持率
不支持率
6月② 7月 8月① 8月② 9月 10月 11月① 11月② 12月① 12月② 1月 2月 3月 4月 5月 6月 7月 8月 9月① 9月② 10月① 10月②
2016年
2017年

安倍内閣支持率の推移［第3次］

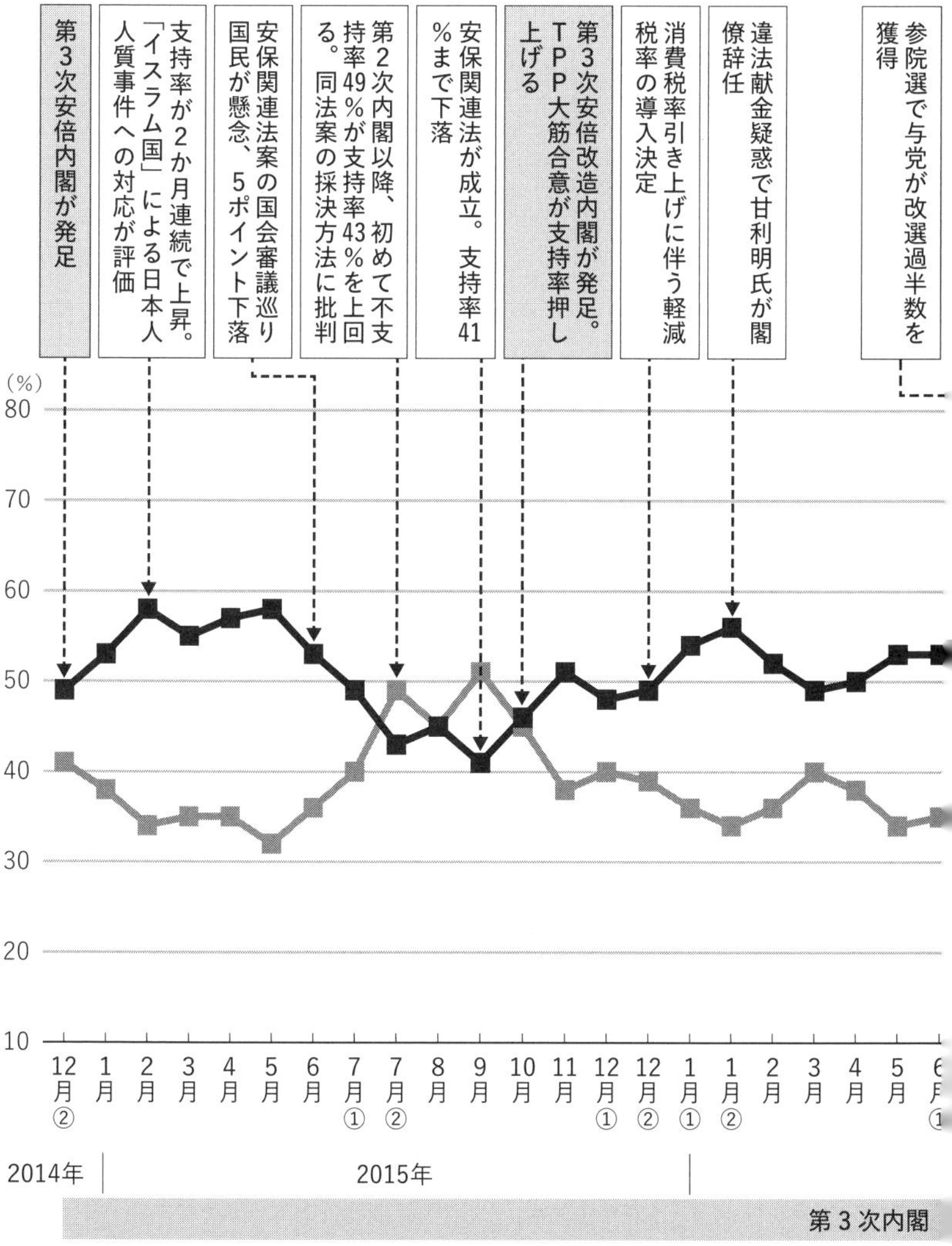

※読売新聞社の全国世論調査に基づく。電話方式。肩書は当時

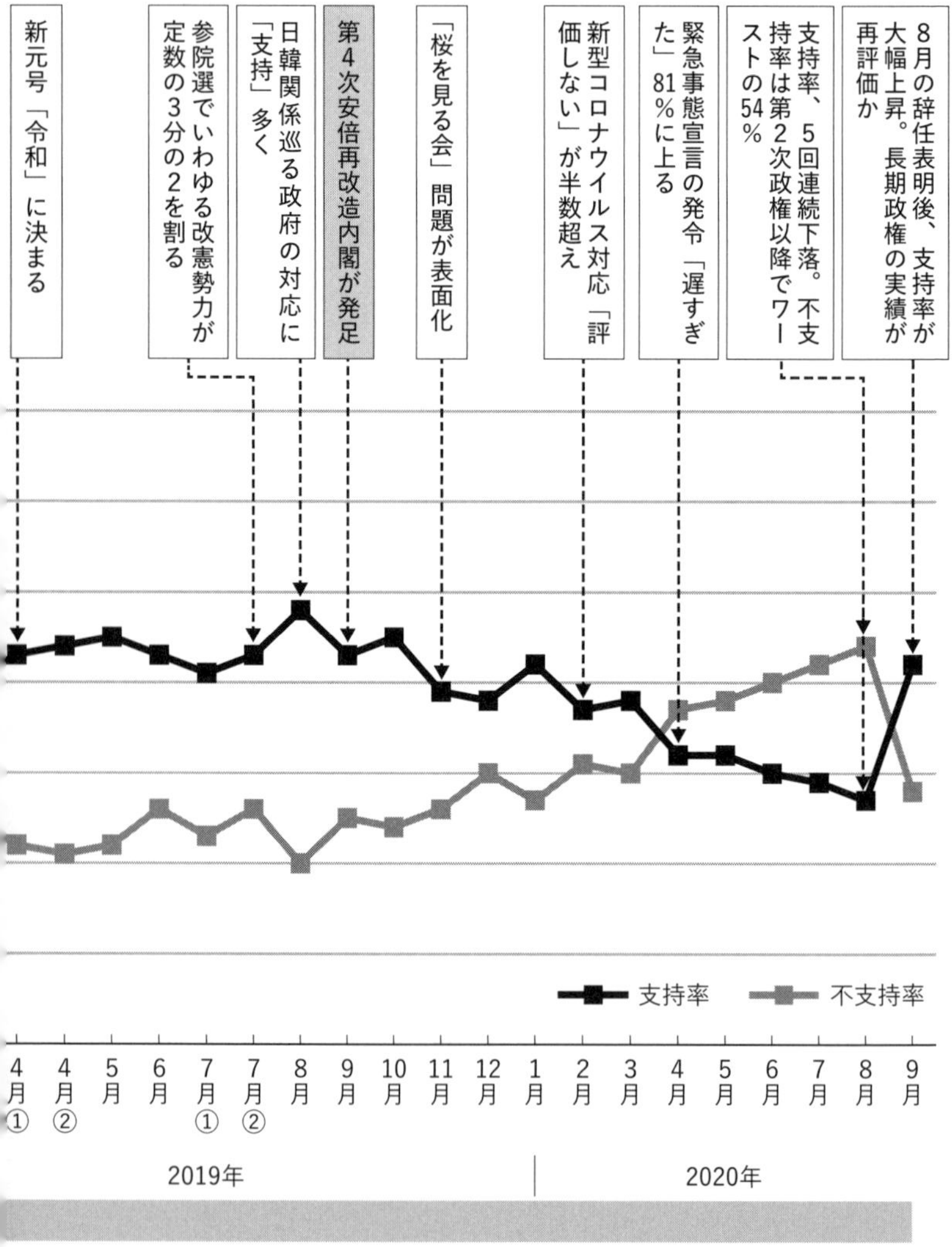
新元号「令和」に決まる
参院選でいわゆる改憲勢力が定数の3分の2を割る
日韓関係巡る政府の対応に「支持」多く
第4次安倍再改造内閣が発足
「桜を見る会」問題が表面化
新型コロナウイルス対応「評価しない」が半数超え
緊急事態宣言の発令「遅すぎた」81%に上る
支持率、5回連続下落。不支持率は第2次政権以降でワースト の54%
8月の辞任表明後、支持率が大幅上昇。長期政権の実績が再評価か
支持率
不支持率
4月①
4月②
5月
6月
7月①
7月②
8月
9月
10月
11月
12月
1月
2月
3月
4月
5月
6月
7月
8月
9月
2019年
2020年

安倍内閣支持率の推移［第４次］

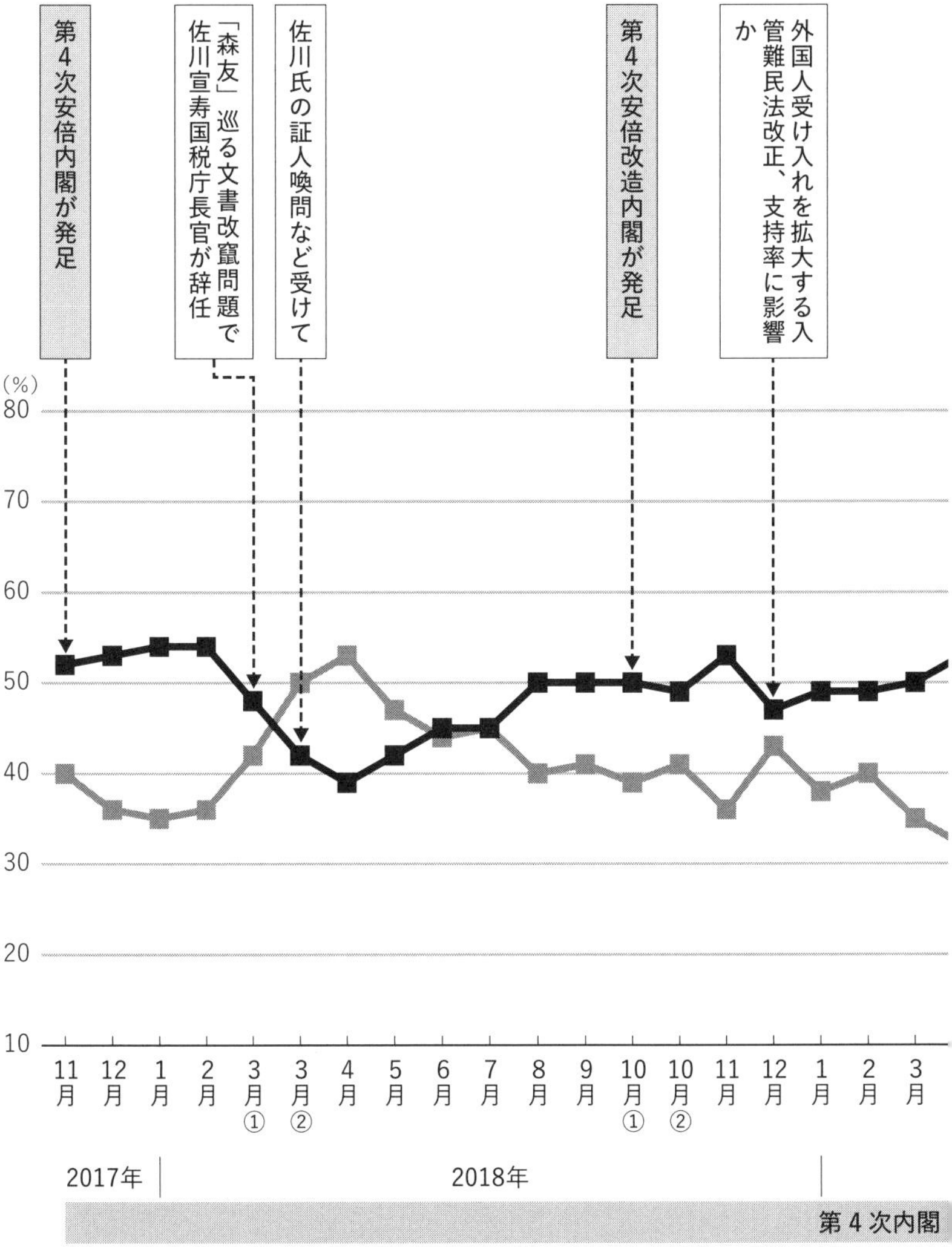

選挙結果［参議院］

※読売新聞社作成

2007年

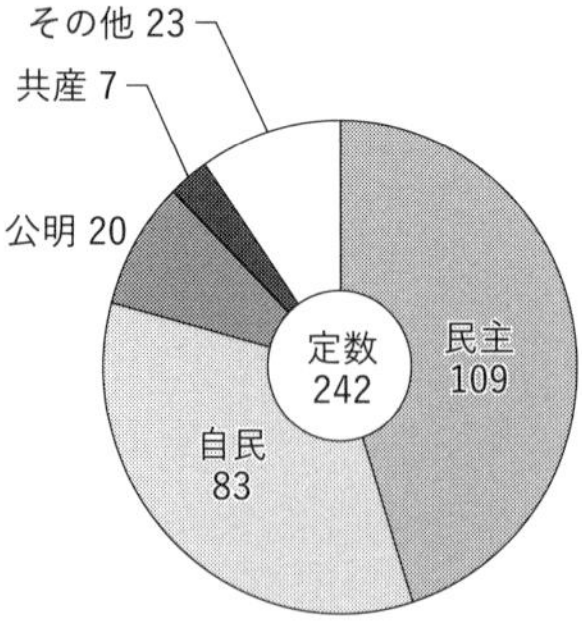

その他 内訳

社民	5
国民新党	4
新党日本	1
無所属	13

与党（自公など） 105（−29）
野党 137（+31）

2013年

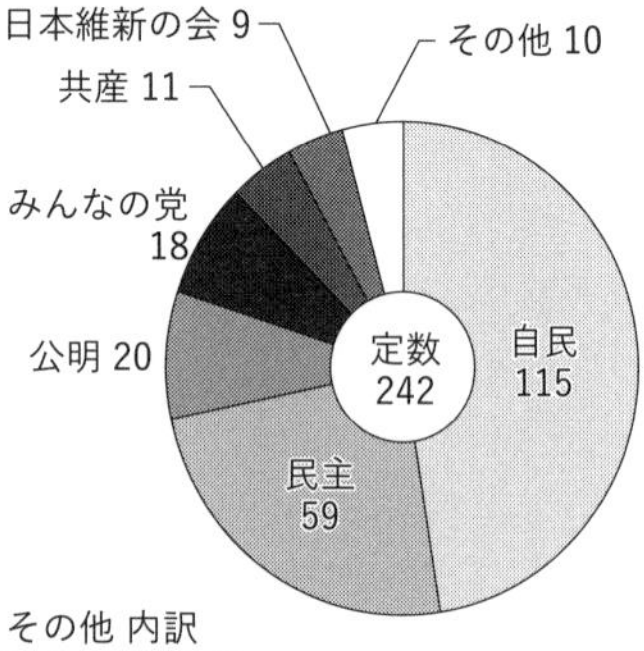

その他 内訳

社民	3
生活の党	2
新党改革	1
諸派	1
無所属	3

与党（自公） 135（+32）
野党 107（−27）

2016年

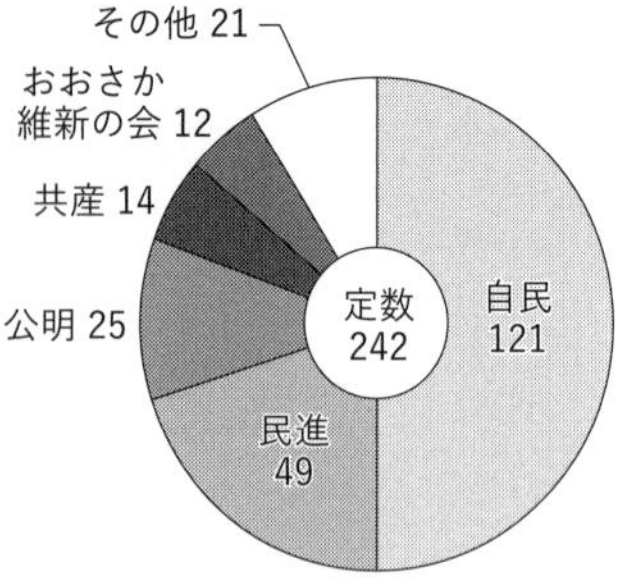

その他 内訳

日本のこころ	3
社民	2
生活の党	2
諸派	3
無所属	11

与党（自公） 146（+11）
野党 96（−10）

2019年

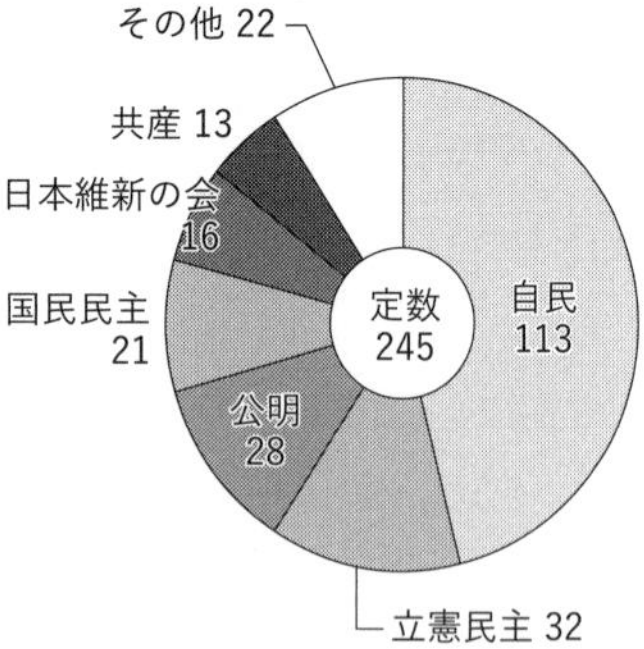

その他 内訳

社民	2
諸派	7
野党系無所属	13

与党（自公） 141（−6）
野党 97（+13）

選挙結果［衆議院］

※読売新聞社作成

2012年

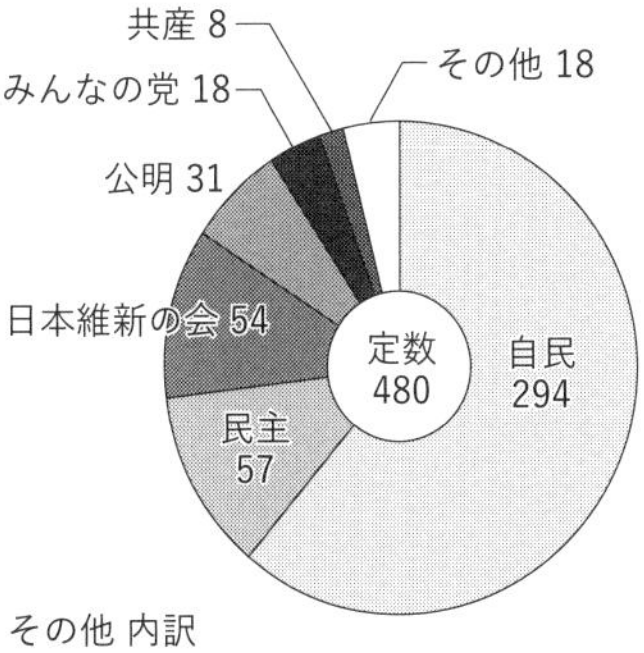

その他 内訳

日本未来の党	9
社民	2
国民新党	1
新党大地	1
無所属	5

自公	325（+186）
民主・国民	58（−175）
維新	54（+43）

2014年

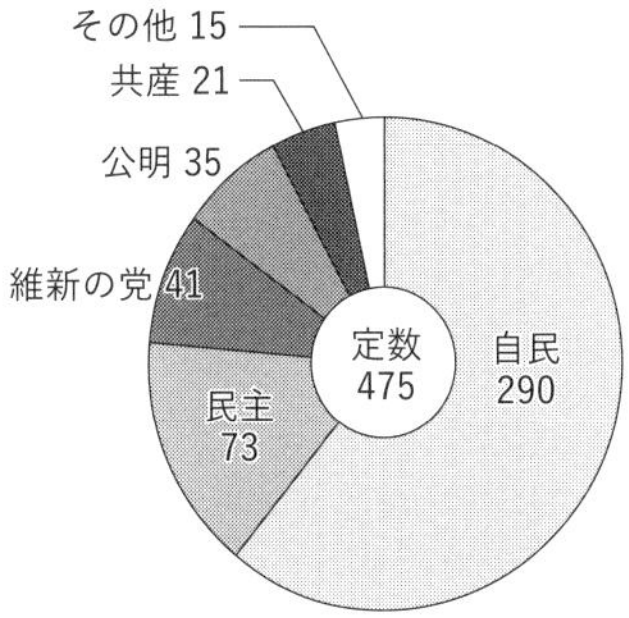

その他 内訳

次世代の党	2
社民	2
生活の党	2
無所属	9

自公	325（+1）
野党など	150（−5）

2017年

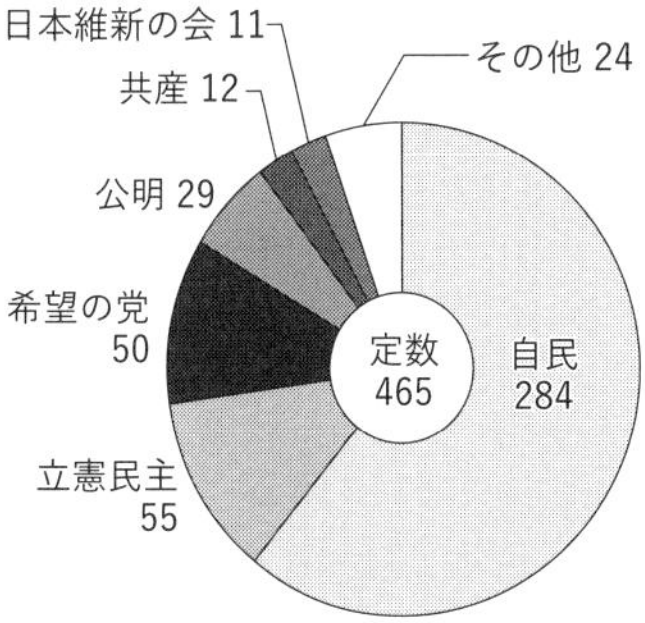

その他 内訳

社民	2
無所属	22

自公	313（−5）
立憲民主	55（+40）
希望の党	50（−7）

※（　）内は公示前勢力比

スピーチ

安倍晋三　施政方針演説

──［2014年1月24日　第186回国会衆参両院本会議］

1　はじめに

まず冒頭、海上自衛隊輸送艦おおすみと小型船の衝突事故について、亡くなられた方のご冥福をお祈りし、またお見舞いを申し上げます。徹底した原因究明と再発防止に全力を挙げてまいります。

「何事も、達成するまでは、不可能に思えるものである」

ネルソン・マンデラ（南アフリカ）元大統領の偉大な足跡は、私たちを勇気づけてくれます。誰もが不可能だと諦めかけていたアパルトヘイトの撤廃を、その不屈の精神で成し遂げました。

「不可能だ」と諦める心を打ち捨て、わずかでも「可能性」を信じて、行動を起こす。一人ひとりが、自信を持って、それぞれの持ち場で頑張ることが、世の中を変える大きな力になると信じます。

かつて日本は、東京五輪の1964年を目指し、大きく生まれ変わりました。新幹線、首都高速、ゴミのない美しい街並み。

やれば、できる。2020年の東京オリンピック・パラリンピック。その舞台は東京にとどまらず、北海道から沖縄まで、日本全体の祭典であります。

2020年、そしてその先の未来を見据えながら、日本が新しく生まれ変わる、大きなきっかけとしなければなりません。その思いを胸に、日本の中に眠る、ありとあらゆる「可能性」を開花させることが、安倍内閣の新たな国づくりです。

2　創造と可能性の地・東北

「創造と可能性の地」。2020年には、新たな東北の姿を、世界に向けて発信しましょう。

福島沖で運転を始めた浮体式洋上風力発電。宮城の大規模ハウスで栽培された甘いイチゴ。震災で多くが失われた東北を、世界最先端の新しい技術が芽吹く「先駆けの地」としてまいります。

3月末までに、岩手と宮城でがれきの処理が終了します。作付けを再開した水田、水揚げに沸く漁港、家族の笑顔であふれる公営住宅。

1年半前、見通しすらなかった高台移転や災害公営住宅の建設は、6割を超える事業がスタートしました。来年3月までに、200地区に及ぶ高台移転と1万戸を超える住宅の工事が完了する見込みです。やれば、できる。「住まいの復興工程表」を着実に実行し、一日も早い住まいの再建を進めてまいります。

福島の皆さんにも一日も早く故郷《ふるさと》に戻っていただきたい。除染や健康不安対策の強化に加え、使い勝手の良い交付金を新たに創設し、産業や生活インフラの再生を後押しします。新しい場所で生活を始める皆さんにも、十分な賠償を行い、コミュニティを支える拠点の整備を支援してまいります。

東京電力福島第一原発の廃炉・汚染水対策について万全を期すため、東京電力任せとすることなく、国も前面に立って、予防的・重層的な対策を進めてまいります。

力強いアーチ姿の永代橋《えいたい》。関東大震災から3年後、海外の最新工法を採り入れて建設されました。コストがかさむなどの反対を押し切って導入された、当時最先端の技術は、その後全国に広まり、日本の橋《きょう》梁《りょう》技術を大きく発展させました。

まもなく三度目の3月11日を迎えます。復興は、新たなものを創り出し、新たな可能性に挑戦するチャンスでもあります。日本ならできるはず。その確固たる自信を持って、「新たな創造と可能性の地」としての東北を、皆さん、ともに創り上げようではありませんか。

3　経済の好循環

（この道しかない）

日本経済も、三本の矢によって、長く続いたデフレで失われた「自信」を、取り戻しつつあります。4四半期連続でプラス成長。GDP500兆円の回復も視野に入ってきました。

リーマン・ショック後0・42倍まで落ち込んだ有効求人倍率は、6年1か月ぶりに1・0倍を回復。冬のボーナスは、連合の調査によると、平均で1年前より3万9000円増えました。

北海道から沖縄まですべての地域で、1年前と比べ、消費が拡大しています。中小企業の景況感も、先月、製造業で6年ぶり、非製造業で21年10か月ぶりに、プラスに転じました。

景気回復の裾野は、着実に広がっています。改めて申し上げます。

この道しかない。皆さん、ともに、この道を、進んで行こうではありませんか。

（好循環実現国会）

企業の収益を、雇用の拡大や所得の上昇につなげる。それが、消費の増加を通じて、更なる景気回復につながる。「経済の好循環」なくして、デフレ脱却はありません。

政府、労働界、経済界が、一致協力して、賃金の上昇、非正規雇用労働者のキャリアアップなど、具体的な取り組みを進めていく。政労使で、その認識を共有いたしました。

経済再生に向けた「チーム・ジャパン」。みんなで頑張れば、必ず実現できる。その自信を持って、政府も、規制改革をはじめ成長戦略を進化させ、力強く踏み出します。

国家戦略特区が、３月中に具体的な地域を指定し、動き出します。容積率規制や病床規制など長年実現しなかった規制緩和を行います。企業実証特例制度も今月からスタート。フロンティアに挑む企業には、あらゆる障害を取り除き、チャンスを広げます。設備投資減税や研究開発減税も拡充し、チャレンジ精神を持って新たな市場に踏み出す企業を応援してまいります。

利益を従業員に還元する企業を応援する税制を拡充します。復興財源を確保した上で、来年度から、復興特別法人税を廃止し、法人実効税率を２・４％引き下げます。キャリアアップ助成金を拡充し、正規雇用労働者へのステップアップを促進してまいります。

この国会に問われているのは、「経済の好循環」の実現です。景気回復の実感を、全国津々浦々にまで、皆さん、届けようではありませんか。

（財政健全化）

４月から消費税率が上がりますが、万全の転嫁対策を講ずることに加え、経済対策により持続的な経済成長を確保してまいります。

5兆5000億円に上る今年度補正予算の財源は、税収の上振れなどこの1年間の「成長の果実」です。国債の追加発行は行いません。来年度予算でも、基礎的財政収支が、中期財政計画の目標を大きく上回る、5兆2000億円改善します。

経済の再生なくして、財政再建なし。経済の好循環を創り上げ、国・地方の基礎的財政収支について、2015年度までに2010年度に比べ赤字の対GDP比の半減、2020年度までに黒字化、との財政健全化目標の実現を目指します。

独立行政法人の効率化、公務員制度改革をはじめ、行政改革にもしっかりと取り組んでまいります。

4　社会保障の強化

社会保障関係費が初めて30兆円を突破しました。少子高齢化の下、受益と負担の均衡がとれた制度へと、社会保障改革を不断に進めます。ジェネリック医薬品の普及を拡大します。生活習慣病の予防・健康管理なども進め、毎年1兆円以上増える医療費の適正化を図ってまいります。

その上で、消費税率引き上げによる税収は、全額、社会保障の充実・安定化に充てます。世界に冠たる国民皆保険、皆年金をしっかり次世代に引き渡してまいります。

年金財政を安定させ、将来にわたって安心できる年金制度を確立します。

所得が低い世帯の介護保険や国民健康保険などの保険料を軽減します。地域において、お年寄りの皆さんが必要としている、在宅での医療・介護サービスなどを充実してまいります。

全世代型の社会保障を目指し、子ども・子育て支援を充実します。この国から待機児童をなくすため、来年度までに20万人分、2017年度までに40万人分の保育の受け皿を整備してまいります。

昨年、一人の女の子から届いた手紙を、私は、今も忘れません。

今は中学生となった愛ちゃんは、生まれつき小腸が機能しない難病で、幼い頃から普通の食事はしたことがありません。iPS細胞（人工多能性幹細胞）の研究への期待を込め、手紙はこう結ばれていました。

「治療法が見つかれば、とっても未来が明るいです。そして、なんでも食べられるようになりたいです」

この小さな声に応え、未来への希望を創るのは、政治の仕事です。難病から回復して総理大臣となった私には、天命とも呼ぶべき責任があると考えます。

小児慢性特定疾患を含む難病対策を、大胆に強化します。医療費助成の対象を、子どもは600疾患、大人は300疾患へと大幅に拡大。難病の治療法や新薬開発のための研究も、これまで以上に加速してまいります。

病室を見舞った私に、愛ちゃんが、可愛らしい絵をくれました。

「私は絵をかくのが好きで、将来、絵本作家になって、たくさんの子どもを笑顔にしたいと思っています」

難病の皆さんが、将来に夢を抱き、その実現に向けて頑張ることができる社会を創りたい。私は、心から、そう願います。

2020年のパラリンピック。日本は、障害者の皆さんにとって、世界で最もいきいきと生活できる国にならねばなりません。

難病や障害のある皆さんの誰もが、生きがいを持って働ける環境を創る。その特性に応じて、職業訓練をはじめ、きめ細やかな支援体制を整え、就労のチャンスを拡大してまいります。

5　あらゆる人にチャンスを創る

元気で経験豊富な高齢者もたくさんいます。あらゆる人が、社会で活躍し、その「可能性」を発揮できるチャンスを創る。そうすれば、少子高齢化の下でも、日本は力強く成長できるはずです。

（女性が輝く日本）

すべての女性が活躍できる社会を創る。これは、安倍内閣の成長戦略の中核です。

仕事と子育てが両立しやすい環境を創ります。「小1のカベ」を突き破るべく、1次内閣で始めた放課後子どもプランを着実に実施してまいります。

家族の絆を大切にしつつ、男性の育児参加を促します。育休給付を半年間50％から67％に引き上げ、夫婦で半年ずつ取得すれば1年間割増給付が受けられるようにします。

子育てに専念したい方には、最大3年育休の選択肢を認めるよう経済界に要請しました。政府も休業中のキャリアアップ訓練を支援します。1年半でも2年でも子育てした後は、職場に復帰してほしいと願います。

子育ての経験を活《い》かし、20億円の市場を開拓した女性がいます。子育ても、一つのキャリア。家庭に専念してきた皆さんにも、その経験を社会で活かしてほしい。インターンシップや起業を支援します。

女性を積極的に登用します。2020年には、あらゆる分野で指導的地位の3割以上が女性となる社会を目指します。そのための情報公開を進めてまいります。まず隗《かい》より始めよ。国家公務員の採用は、再来年度から、全体で3割以上を女性にいたします。

すべての女性が、生き方に自信と誇りを持ち、持てる「可能性」を開花させる。「女性が輝く日本」を、皆さん、ともに創り上げようではありませんか。

（若者を伸ばす教育再生）

若者たちには、無限の「可能性」が眠っています。それを引き出す鍵は、教育の再生です。いじめで悩む子どもたちを守るのは、大人の責任です。

教育現場の問題に的確で速やかな対応を行えるよう、責任の所在が曖昧な現行の教育委員会制度を抜本的に改革します。

公共の精神や豊かな人間性を培うため、道徳を特別の教科として位置づけることとし、教員養成など準備を進めてまいります。

すべての子どもたちに必要な学力を保障するのも、公教育の重要な役割です。幼児教育の無償化を段階的に進めます。教科書の改善に向けた取り組みを進めてまいります。

「世界一の読解力」

15歳の子どもたちを対象とした国際的な学力調査で、日本の学力が過去最高となりました。改正教育基本法の下、全国学力テストを受けてきた世代です。1次内閣以来の公教育の再生が、確実に成果を上げています。

やれば、できる。2020年を目標に、中学校で英語を使って授業するなど英語教育を強化します。目指すは、コミュニケーションがとれる「使える」英語を身につけること。来年度から試験的に開始します。

「日本人はもっと自信を持って、自分の意見を言うべきだ」

立命館アジア太平洋大学でミャンマーからの留学生ミンさんがこう語ってくれました。教授も、学生も、半分近くが外国籍。文化の異なる人々との生活は、日本の若者たちに素晴らしい刺激となっています。

2020年を目標に、外国人留学生の受け入れ数を2倍以上の30万人へと拡大してまいります。国立の8大学では、今後3年間で外国人教員を倍増します。

外国人教員の積極採用、英語による授業の充実、国際スタンダードであるTOEFLを卒業の条件とするなど、グローバル化に向けた改革を断行する大学を支援してまいります。

意欲と能力のあるすべての若者に留学機会を実現します。学生の経済的負担を軽減する仕組みを創り、2020年に向けて日本人の海外留学の倍増を目指します。

「可能性」に満ちた若者たちを、グローバルな舞台で活躍できる人材へと育んでまいります。

6　オープンな世界で日本の可能性を活かす

世界に目を向けることで、日本の中に眠る様々な「可能性」に改めて気づかされます。オープンな世界は、日本が成長する大きなチャンスです。

（日本を売り込む）

急成長する新興国では、道路も鉄道も必要です。水道や電気のインフラを整え、災害に強い都市開発が課題です。アジアでは2020年までに8兆ドルものインフラ投資が見込まれています。

その世界のニーズに応える力が、日本にはあります。エネルギー不足や公害などの問題に取り組んできた経験があります。高い環境技術は、世界の温暖化対策にも貢献できるはずです。長年培ってきた経験や技術を、世界と惜しむことなく共有してまいります。

インフラ輸出機構を創設します。交通や都市開発といった分野で、海外市場に飛び込む事業者を支援し、官民一体となって成約につなげます。10兆円のインフラ売り上げを、2020年までに3倍の30兆円まで拡大してまいります。

昨年シンガポールで、日本専門チャンネル「Hello JAPAN」が開局。インドネシアでは、仮面ライダーが子どもたちのヒーローに加わりました。

日本のコンテンツやファッション、文化芸術・伝統の強みに、世界が注目しています。ここにも「可能性」があります。クールジャパン機構を活用し、コンテンツの海外展開や、地域ならではの産品の海外売り込みなどを支援してまいります。

（アジアの懸け橋）

成長センターであるアジア・太平洋に、一つの経済圏を創る。ＴＰＰ（環太平洋経済連携協定）は、大きなチャンスであり、まさに国家百年の計です。

企業活動の国境をなくす。関税だけでなく、知的財産、投資、政府調達など野心的なテーマについて、厳しい交渉を続けています。

同盟国でもあり経済大国でもある米国とともに、交渉をリードし、「攻めるべきは攻め、守るべきは守る」との原則の下、国益にかなう最善の判断をしてまいります。

アジアと日本をつなぐゲートウェイ。それは沖縄です。

「舟楫《しゅうしゅう》を以て万国の津梁《しんりょう》となし」

万国津梁の鐘にはこう刻まれています。古来、沖縄の人々は、自由な海を駆け回り、アジアの懸け橋となってきました。そして今、自由な空を舞台に、沖縄が21世紀のアジアの懸け橋となる時です。

アジアとの物流のハブであり、観光客を迎える玄関口として、那覇空港第2滑走路は日本の成長のために不可欠です。予定を前倒しし、今月から着工いたしました。工期を短縮し、２０１９年度末に供用を開始します。

高い出生率、豊富な若年労働力など、成長の「可能性」が満ちあふれる沖縄は、21世紀の成長モデル。

２０２１年度まで毎年３０００億円台の予算を確保し、沖縄の成長を後押ししてまいります。

沖縄科学技術大学院大学には、世界中から卓越した教授陣と学生たちが集まっています。更なる拡充に取り組み、沖縄の地に、世界一のイノベーション拠点を創り上げてまいります。

７　イノベーションによって新たな可能性を創り出す

ＩＴやロボットには、競争力を劇的に伸ばす力があります。メタンハイドレートは、日本を資源大国に変えるかもしれません。海洋や宇宙、加速器技術への挑戦は、未来を切り拓《ひら》きます。イノベーションによって、日本に新たな「可能性」を創り出す気概が必要です。

世界中から超一流の研究者を集めるため、研究者の処遇など世界最高の環境を備えた、新たな研究開発法人制度を創ります。経済社会を一変させる挑戦的な研究開発を大胆に支援します。年度にとらわれない予算執行を可能とし、長期にわたる腰を据えた研究が行える環境を保障します。

日本を「世界で最もイノベーションに適した国」としてまいります。


（中小・小規模事業者の底力）


「世界シェア３割」

誰にもまねのできない薄いメッキを作るイノベーションは、墨田区にある従業員９人の町工場から生まれました。

日本のイノベーションを支えてきたのは、大企業の厳しい要求に高い技術力で応える、こうした中小・

小規模事業者の底力です。

ものづくり補助金を大幅に拡充します。ものづくりのための設備だけでなく、新たな商業・サービスを展開するための設備に対する投資も支援してまいります。あわせて、「個人保証」偏重の慣行も改めてまいります。

ソニーもホンダも、ベンチャー精神あふれる小規模事業者からスタートしました。小規模事業者がどんどん活躍できる環境を創るための基本法を制定し、小規模事業者支援に本腰を入れて乗り出します。

（成長分野の可能性を引き出す）

iPS細胞をはじめ再生医療・創薬の分野で、日本は強みを持っています。しかし、未踏の技術開発には、リスクも高く、民間企業は二の足を踏みがちです。

日本版NIHを創設します。医療分野の研究開発の司令塔です。難病など不治の病に対し、官民一体で基礎研究から実用化まで一貫して取り組み、革新的な治療法、医薬品、医療機器を世界に先駆けて生み出してまいります。

電力システム改革を前進させ、電気の小売りを全面自由化します。すべての消費者が自由に電力会社を選べます。ベンチャー意欲の高い皆さんに参入してもらい、コスト高、供給不安といった課題を解決する、ダイナミックなイノベーションを起こしてほしいと願います。

これまでのエネルギー戦略をゼロベースで見直し、国民生活と経済活動を支える、責任あるエネルギー政策を構築します。原子力規制委員会が定めた世界で最も厳しい水準の安全規制を満たさない限り、原発の再稼働はありません。徹底した省エネルギー社会の実現と、再生可能エネルギーの最大限の導入を進め、原発依存度は可能な限り低減させてまいります。

8　地方が持つ大いなる可能性を開花させる

さて今年は、地方の活性化が、安倍内閣にとって最重要のテーマです。地方が持つ大いなる「可能性」を開花させてまいります。

（農政の大改革）

地方経済の中核は、農林水産業です。おいしくて安全な日本の農水産物は、世界中どこでも大人気。必ずや世界に羽ばたけるはずです。

農地集積バンクが動き出します。農地を集約して生産現場の構造改革を進めます。さらに、40年以上続いてきたコメの生産調整を見直します。いわゆる「減反」を廃止します。需要のある作物を振興し、農地のフル活用を図ります。

規模拡大に伴って負担が増す、水路や農道など多面的機能の維持のため、新たに日本型直接支払を創設します。農地の規模拡大を後押しし、美しい故郷を守ります。

経営マインドを持ったやる気ある担い手が、明日の農業を切り拓きます。彼らが安心と希望を持って活躍できる環境を整えることこそ、農業・農村全体の所得倍増を実現する道だと信じます。農林水産業を、若者に魅力のある、地方の農山漁村を支える成長産業とするため、食料・農業・農村基本計画を見直し、農政の大改革を進めてまいります。

（元気な地方を創る）

人口減少が進む中においても、元気な地方を創る。これは、大いなる挑戦であります。

自主性と自立性を高めることで、個性豊かな地方が生まれます。1次内閣で始めた第2次地方分権改革の集大成として、地方に対する権限移譲や規制緩和を進めます。

行政サービスの質と量を確保するため、人口20万人以上の地方中枢拠点都市と周辺市町村が柔軟に連携する、新たな広域連携の制度を創ります。中心市街地に生活機能を集約し、あわせて地方の公共交通を再生することにより、まち全体の活性化につなげてまいります。

中山間地や離島といった地方にお住まいの皆さんが、伝統ある故郷を守り、美しい日本を支えています。活力ある故郷の再生こそが、日本の元気につながります。こうした地域で、都道府県が、福祉やインフラの維持などを支援できる仕組みを整えます。都市に偏りがちな地方法人税収を再分配する仕組みを創り、過疎に直面する地方においても、財源を確保してまいります。

地方には、特色ある産品や伝統、観光資源などの「地域資源」があります。そこに成長の「可能性」があります。地域資源を活かして新たなビジネスにつなげようとする中小・小規模事業者を応援します。

（観光立国）

昨年、外国人観光客1000万人目標を達成いたしました。

北海道や沖縄では、昨年夏、外国人宿泊者が8割も増えました。観光立国は、地方にとって絶好のチャンスです。タイからの観光客は昨年夏ビザを免除したところ、前年比でほぼ倍増です。

やれば、できる。次は2000万人の高みを目指し、外国人旅行者に不便な規制や障害を徹底的に洗い出します。フランスには毎年8000万人の外国人観光客が訪れます。日本にもできるはず。2020年に向かって、目標を実現すべく努力を重ねてまいります。

「日本人のサービスは世界一」

1000万人目として、タイから来日したパパンさんの言葉です。日本のおもてなしの心は外国の皆さんにも伝わっています。昨年は富士山や和食がユネスコの世界遺産に登録されました。日本ブランドは、海外から高い信頼を得ています。

観光立国を進め、活力に満ちあふれる地方を、皆さん、創り上げようではありませんか。

9　安心を取り戻す

その日本ブランドが揺らぎかねない事態が、起きています。

ホテルなどで表示と異なる食材が使用されていた偽装問題については、不正表示への監視指導体制を強化します。悪質商法による高齢者被害の防止にも取り組み、消費者の安全・安心を確保してまいります。

日本を「世界一安全な国」にしていかなければなりません。近年多発するストーカー事案には、警察や婦人相談所などが連携して被害者の安全を守る体制を整え、加害者の再犯防止対策も実施します。社会を脅かす暴力団やテロ、サイバー空間の脅威への対策も進め、良好な治安を確保してまいります。

昨年は、自然災害により大きな被害が相次いで発生しました。災害から人命を守り、社会の機能を維持するため、危機管理を徹底するとともに、大規模建築物の耐震改修や治水対策、避難計画の作成や防災教育など、ハードとソフトの両面から、事前防災・減災、老朽化対策に取り組み、優先順位を付けながら国土強靭《きょうじん》化を進めます。

伊豆大島への災害派遣。活動中にご位牌《いはい》を発見した自衛隊員は、泥を自らの水筒の水で洗い、きれいに拭き取りました。その様子をテレビで見た方から自衛隊に手紙が寄せられました。

「本当に涙が出ました。あの過酷な条件の中で自衛隊員の心のやさしさに感動しました」

その手紙は、こう続きます。

「私はもう80歳になりますが、戦争を知っている世代としては最後の世代ではなかろうかと思います。このように逞《たくま》しく、また、心やさしい自衛隊員がおられる日本は安心です」

自衛隊は、何物にも代え難い国民の信頼を勝ち得ています。黙々と任務を果たす彼らは、私の誇りです。

10 積極的平和主義

海を挟んだ隣国フィリピンの台風被害でも、1200人規模の自衛隊員が緊急支援を行いました。避難する方々を乗せたC−130輸送機は、マニラ到着とともに、乗客の大きな拍手に包まれました。「サンキュー、サンキュー」子どもたちは何度もそう言いながら、隊員たちに握手を求めてきたそうです。

日本の自衛隊を日本だけでなく、世界が頼りにしています。世界のコンテナの2割が通過するアデン湾でも海賊対処行動に当たる自衛隊、海上保安庁は、世界から高い評価を受けています。

今年はODA60周年。日本は、戦後間もない頃から、世界に支援の手を差し伸べてきました。医療・保健分野などで生活水準の向上にも貢献してきました。女性の活躍をはじめ人間の安全保障への取り組みを先頭に立って進めています。

シリアでは化学兵器の廃棄に協力しています。イランの核問題では平和的解決に向けた独自の働きかけを行っています。

こうした活動のすべてが、世界の平和と安定に貢献します。これが、積極的平和主義です。我が国初の国家安全保障戦略を貫く基本思想です。その司令塔が国家安全保障会議です。戦後68年間守り続けてきた我が国の平和国家としての歩みは、今後とも、変わることはありません。集団的自衛権や集団安全保障などについては、「安全保障の法的基盤の再構築に関する懇談会」の報告を踏まえ、対応を検討してまいります。

先月東京で開催した日・ASEAN特別首脳会議では、多くの国々から積極的平和主義について支持を得ました。ASEANは、繁栄のパートナーであるとともに、平和と安定のパートナーです。

中国が、一方的に「防空識別区」を設定しました。尖閣諸島周辺では、領海侵入が繰り返されています。力による現状変更の試みは、決して受け入れることはできません。引き続き毅然《きぜん》かつ冷静に対応してまいります。

新たな防衛大綱の下、南西地域をはじめ、我が国周辺の広い海、そして空において、安全を確保するため、防衛態勢を強化してまいります。

自由な海や空がなければ、人々が行き交い、活発な貿易は期待できません。民主的な空気が、人々の「可能性」を開花させ、イノベーションを生み出します。

私は、自由や民主主義、人権、法の支配の原則こそが、世界に繁栄をもたらす基盤である、と信じます。日本が、そして世界が、これからも成長していくために、こうした基本的な価値を共有する国々と、連携を深めてまいります。

その基軸が日米同盟であることは、言うまでもありません。

「世界の市民同胞の皆さん、米国があなたのために何をするかを問うのではなく、われわれが人類の自由のために、一緒に何ができるかを問うてほしい」

昨年着任されたキャロライン・ケネディ米国大使の父、ケネディ元大統領は、就任に当たって、世界にこう呼びかけました。

半世紀以上を経て、日本は、この呼びかけに応えたい。国際協調主義に基づく積極的平和主義の下、日本は、米国と手を携え、世界の平和と安定のために、より一層積極的な役割を果たしてまいります。

在日米軍再編については、抑止力を維持しつつ、基地負担の軽減に向けて、全力で進めてまいります。特に、学校や住宅に近く、市街地の真ん中にある普天間飛行場については、名護市辺野古沖の埋め立て申請が承認されたことを受け、速やかな返還に向けて取り組みます。同時に、移設までの間の危険性除去が極めて重要な課題であり、オスプレイの訓練移転など沖縄県外における努力を十二分に行います。

沖縄の方々の気持ちに寄り添いながら、「できることはすべて行う」との姿勢で取り組んでまいります。

11 地球儀を俯瞰《ふかん》する視点でのトップ外交

さて、総理就任から1年ほどで、15回海外に出かけ、30か国を訪問し、延べ150回以上の首脳会談を行いました。

ロシアのプーチン大統領とは、四度首脳会談を行い、外務・防衛閣僚協議も開催されました。個人的な信頼関係の下で、安全保障・経済をはじめとする協力を進めるとともに、平和条約締結に向けた交渉にしっかり取り組み、アジア・太平洋地域のパートナーとしてふさわしい関係を構築してまいります。

トルコのエルドアン首相とは、三度の首脳会談を通じ、地下鉄、橋などの交通システム、原子力、科学技術分野における人材育成など、多岐にわたる協力で合意し、戦略的パートナーシップは着実に前進しています。

直接会って信頼関係を築きながら、一つひとつ前に進む。いかなる課題があっても、首脳同士が膝詰めで話をすることで物事が大きく動く。昨年は、トップ外交の重要性を改めて実感しました。

今年も、地球儀を俯瞰する視点で、戦略的なトップ外交を展開してまいります。

中国とは、残念ながら、いまだに首脳会談が実現していません。しかし、私の対話のドアは、常にオープンであります。課題が解決されない限り対話をしないという姿勢ではなく、課題があるからこそ対話をすべきです。

日本と中国は、切っても切れない関係。「戦略的互恵関係」の原点に立ち戻るよう求めるとともに、関係改善に向け努力を重ねてまいります。

韓国は、基本的な価値や利益を共有する、最も重要な隣国です。日韓の良好な関係は、両国のみならず、東アジアの平和と繁栄にとって不可欠であり、大局的な観点から協力関係の構築に努めてまいります。

北朝鮮には、拉致、核、ミサイルの諸懸案の包括的な解決に向けて具体的な行動を取るよう、強く求めます。

拉致問題については、すべての拉致被害者のご家族がご自身の手で肉親を抱きしめる日が訪れるまで、私の使命は終わりません。北朝鮮に「対話と圧力」の方針を貫き、すべての拉致被害者の安全確保及び即時帰国、拉致に関する真相究明、拉致実行犯の引き渡しの三点に向けて、全力を尽くしてまいります。

12 おわりに

今月、アフリカ3か国を訪問しました。力強く成長するアフリカは、日本外交の新たなフロンティアです。日本は、インフラ、人材育成といった分野で、アフリカの人々のため一層の貢献をしてまいります。

アフリカの人々のため。87年前、アフリカに渡った一人の日本人がいました。野口英世博士です。

「志を得ざれば再び此地《この》を踏まず」

故郷・福島から世界に羽ばたき、黄熱病研究のため周囲の反対を押し切ってガーナに渡り、そしてその地で黄熱病により殉職。人生の最期の瞬間まで、医学に対する熱い初心を貫きました。

我々が国会議員となったのも、「志を得る」ため。「この国を良くしたい」「国民のために力を尽くしたい」との思いからであったはずです。改めて申し上げます。

すべては国家、国民のため、互いに寛容の心を持って、建設的な議論を行い、結果を出していくことが、私たち国会議員に課せられた使命であります。

1年前、私は、この場所でこう申し上げました。今や、自由民主党と公明党による連立与党は、衆参両院で多数を持っております。しかし、私の信念は、今なお変わることはありません。

私たち連立与党は、政策の実現を目指す「責任野党」とは、柔軟かつ真摯《しんし》に、政策協議を行ってまいります。

そうした努力を積み重ねることで、定数削減を含む選挙制度改革も、国会改革も、そして憲法改正も、必ずや、前に進んで行くことができると信じております。

皆さん、ぜひとも国会議員となった時の熱い初心を思い出していただき、建設的な議論を行っていこうではありませんか。

最後に、こうお願いいたして、私の施政方針演説といたします。ご清聴ありがとうございました。

安倍晋三 首相辞任会見――［2020年8月28日 首相官邸］

猛暑が続く中、国民の皆様にはコロナウイルス対策、そして熱中症対策、ダブルの対策に万全を期していただいておりますこと、国や地方自治体から様々な要請に対して、自治体の様々な要請に対してご協力をいただいておりますことに心から感謝申し上げます。

コロナウイルス対策につきましては、今年の1月から正体不明の敵と悪戦苦闘する中、少しでも感染を抑え、極力重症化を防ぎ、そして国民の命を守るため、その時々の知見の中で最善の努力を重ねてきたつもりであります。それでも、残念ながら多くの方々が新型コロナウイルスにより命を落とされました。お亡くなりになられた方々のご冥福を心よりお祈り申し上げます。

今この瞬間も患者の治療に全力を尽くしてくださっている医療従事者の皆様にも、重ねて御礼申し上げます。

本日、夏から秋、そして冬の到来を見据えた今後のコロナ対策を決定いたしました。この半年で多くのことが分かってきました。3密を徹底的に回避するといった予防策により、社会経済活動との両立は十分に可能であります。レムデシビルなど、症状に応じた治療法も進歩し、今、40代以下の若い世代の致死率は0・1％を下回ります。他方、お亡くなりになった方の半分以上は80代以上の世代です。重症化リスクが高いのは高齢者や基礎疾患のある方々であり、一人でも多くの命を守るためには、こうした皆さんへの対策が最大の鍵となります。

冬に向けてはコロナに加え、インフルエンザなどの流行で発熱患者の増加が予想されます。医療の負担軽減のため、重症化リスクの高い方々に重点を置いた対策へ今から転換する必要があります。まずは検査能力を抜本的に拡充することです。冬までにインフルエンザとの同時検査が可能となるよう、1日20万件の検査体制を目指します。特に重症化リスクの高い方がおられる高齢者施設や病院では、地域の感染状況などを考慮し、職員の皆さんに対して定期的に一斉検査を行うようにし、高齢者や基礎疾患のある方々への集団感染を防止します。医療支援も高齢者の方々など、重症化リスクの高い皆さんに重点化する方針です。

新型コロナウイルス感染症については、感染症法上、結核やSARS（重症急性呼吸器症候群）、MERS（中東呼吸器症候群）といった2類感染症以上の扱いをしてまいりました。これまでの知見を踏まえ、今後は政令改正を含め、運用を見直します。軽症者や無症状者は宿泊施設や自宅での療養を徹底し、保健所や医療機関の負担軽減を図ってまいります。コロナ患者を受け入れている医療機関、大学病院などでは大幅な減収となっており、国民のために日夜ご尽力いただいているにもかかわらず、大変な経営上のご苦労をおかけしております。経営上の懸念を払拭する万全の支援を行います。インフルエンザ流行期にも十分な医療提供体制を必ず確保いたします。以上の対策について順次、予備費によって措置を行い、ただちに実行に移してまいります。

コロナ対策と並んで一時の空白も許されないのが、我が国を取り巻く厳しい安全保障環境への対応であります。北朝鮮は弾道ミサイル能力を大きく向上させています。これに対し、迎撃能力を向上させるだけで本当に国民の命と平和な暮らしを守り抜くことができるのか。一昨日の国家安全保障会議では、現下の厳しい安全保障環境を踏まえ、ミサイル阻止に関する安全保障政策の新たな方針を協議いたしました。今後速やかに与党調整に入り、その具体化を進めます。

以上、二つのことを国民の皆様にご報告させていただいた上で、私自身の健康上の問題についてお話をさせていただきたいと思います。

13年前、私の持病である潰瘍性大腸炎が悪化をし、わずか1年で突然、総理の職を辞することとなり、国民の皆様には大変なご迷惑をおかけいたしました。その後幸い新しい薬が効いて、体調は万全となり、そして国民の皆様からご支持をいただき、再び総理大臣の重責を担うこととなりました。この8年近くの間、しっかりと持病をコントロールしながら、何ら支障なく総理大臣の仕事に毎日、日々、全力投球することができました。

しかし、本年6月の定期検診で再発の兆候が見られると指摘を受けました。その後も薬を使いながら全力で職務に当たってまいりましたが、先月中頃から体調に異変が生じ、体力をかなり消耗する状況となりました。そして、8月上旬には潰瘍性大腸炎の再発が確認されました。今後の治療として、現在の薬に加えましてさらに新しい薬の投与を行うことといたしました。今週初めの再検診においては、投薬の効果があるということは確認されたものの、この投薬はある程度継続的な処方が必要であり、予断は許しません。政治においては、最も重要なことは結果を出すことである。私は、政権発足以来、そう申し上げ、この7年8か月、結果を出すために全身全霊を傾けてまいりました。病気と治療を抱え、体力が万全でないという苦痛の中、大切な政治判断を誤ること、結果を出せないことがあってはなりません。国民の皆様の負託に自信を持って応えられる状態でなくなった以上、総理大臣の地位にあり続けるべきではないと判断いたしました。

総理大臣の職を辞することといたします。

現下の最大の課題であるコロナ対応に障害が生じるようなことはできる限り避けなければならない。この1か月程度、その一心でありました。悩みに悩みましたが、この足元において、7月以降の感染拡大が減少傾向へと転じたこと、そして、冬を見据えて実施すべき対応策を取りまとめることができたことから、新体制に移行するのであればこのタイミングしかないと判断いたしました。

この7年8か月、様々な課題にチャレンジしてまいりました。残された課題も残念ながら多々ありますが、同時に、様々な課題に挑戦する中で、達成できたこと、実現できたこともあります。すべては国政選挙のたびに力強い信任を与えてくださった、背中を押していただいた国民の皆様のおかげであります。本当にありがとうございました。

そうしたご支援をいただいたにもかかわらず、任期をあと1年、まだ1年を残し、他の様々な政策が実現途上にある中、コロナ禍の中、職を辞することとなったことについて、国民の皆様に心よりおわびを申し上げます。

拉致問題をこの手で解決できなかったことは痛恨の極みであります。ロシアとの平和条約、また、憲法改正、志半ばで職を去ることは断腸の思いであります。しかし、いずれも自民党として国民の皆様にお約束をした政策であり、新たな強力な体制の下、更なる政策推進力を得て、実現に向けて進んでいくものと確信しております。もとより、次の総理が任命されるまでの間、最後までしっかりとその責任を果たしてまいります。そして、治療によって何とか体調を万全とし、新体制を一議員として支えてまいりたいと考えております。

国民の皆様、8年近くにわたりまして、本当にありがとうございました。

弔辞

岸田文雄首相——［2022年9月27日　国葬］

従一位、大勲位菊花章頸飾《だいくんいきっかしょうけいしょく》、安倍晋三元内閣総理大臣の国葬儀が執り行われるに当たり、ここに政府を代表し、謹んで追悼の言葉をささげます。

7月8日、選挙戦が最終盤を迎える中、安倍さん、あなたは、いつもの通り、この国の進むべき道を聴衆の前で熱く語りかけておられた。

そして突然、それは、暴力によってさえぎられた。あってはならないことが起きてしまいました。いったい誰が、こんな日が来ることを寸毫《すんごう》なりとも予知することができたでしょうか。安倍さん、あなたは、まだまだ長く生きていてもらわなければならない人でした。

日本と世界の行く末を示す羅針盤として、この先も、10年、いや20年、力を尽くしてくださるものと私は確信しておりました。

私ばかりではありません。本日ここに、日本の各界各層から世界中の国と地域から、あなたを惜しむ方々が、参列してくださいました。みな、同じ思いをもって、あなたの姿にまなざしを注いでいるはずです。

しかしそれは、もはや、かなうことはない。残念でなりません。痛恨の極みであります。

29年前、第40回衆議院議員総選挙にあなたと私は初めて当選し、ともに政治の世界へ飛び込みました。私は同期の一人として、安全保障、外交について、さらには経済、社会保障に関しても、勉強と研鑽《けんさん》にたゆみなかったあなたの姿をつぶさに見てまいりました。

何よりも、北朝鮮が日本国民を連れ去った拉致事件について、あなたは、まだ議会に席を得るはるか前から強い憤りを持ち、並々ならぬ正義感をもって、関心を深めておられた姿を私は知っています。

被害者の方々を、ついに連れ戻すことができなかったことは、さぞかし無念であったでしょう。私は、あなたの遺志を継ぎ、一日千秋の思いで待つご家族のもとに、拉致被害者が帰ってくることができるよう、全力を尽くす所存です。

平成18年、あなたは52歳で内閣総理大臣になりました。戦後に生を受けた人として、初めての例でした。私たち世代の旗手として、当時、あなたが、戦後置き去りにされた国家の根幹的な課題に、次々とチャレンジされるのを、期待と興奮をもって眺めたことを、今、思い起こしております。

私たちの国日本は、美しい自然に恵まれた、長い歴史と独自の文化を持つ国だ。まだまだ大いなる可能性を秘めている。それを引き出すのは、私たちの勇気と英知と努力である。日本人であることを誇りに思い、日本の明日のために何をなすべきかを語り合おうではないか。

戦後最も若い総理大臣が発した国民へのメッセージは、シンプルで明快でした。

戦後レジームからの脱却――。防衛庁を独自の予算編成ができる防衛省に昇格させ、国民投票法を制定して憲法改正に向けた大きな橋を架けられました。

教育基本法を約60年ぶりに改めて、新しい日本のアイデンティティの種をまきました。

インドの国会に立ったあなたは、「二つの海の交わり」を説いて、「インド太平洋」という概念を初めて打ち出しました。

これらはすべて、今日に連なる礎です。

その頃、あなたは、国会で、「総理大臣とはどういうものか」との質問を受け、「溶けた鉄を鋳型に流し込めばそれでできる鋳造品ではない」と答えています。

たたかれて、たたかれて、やっと形をなす鍛造品。それが総理というものだと、そう言っています。鉄鋼マンとして世に出た人らしいたとえです。

そんなあなたにとって、わずか1年で総理の職務に自ら終止符を打たねばならなかったことくらい、つらいことはなかったでありましょう。しかし私たちはもう、よく承知しています。

平成24年の暮れ、もう一度総理の座につくまでに、あなたは自らをいっそう強い鍛造品として鍛えていたのです。

「二つの海の交わり」を説いたあなたはさらに考えを深め、「自由で開かれたインド太平洋」という、たくさんの国、多くの人々を包摂する枠組みへと育てました。

米国との関係を格段に強化し、日米の抑止力を飛躍的に強くした上に、年来の主張に基づき、インド、オーストラリアとの連携を充実させて、「QUAD」の枠組みをつくりました。

あなたの重層的な外交は、世界のどの地域とも良好な関係を築かれた。

欧州との経済連携協定と戦略的パートナーシップ協定の締結、そして、アジア地域、ユーラシア地域、中東、アフリカ、中南米地域と、これまでにない果断で率直な外交を展開され、次々と深い協力関係を築かれていった。

平和安全法制、特定秘密保護法など苦しい経過を乗り切って、あなたは成就させ、ために、我が国の安全は、より一層保てるようになりました。

日本と地域、さらには世界の安全を支える頼もしい屋根をかけ、自由、民主主義、人権と法の支配を重んじる開かれた国際秩序の維持増進に、世界の誰より力を尽くしたのは、安倍晋三その人でした。

私は、外務大臣として、その同じ時代を生きてきた盟友として、あなたの内閣に加わり、日本外交の地平を広げる仕事に、一意専心取り組むことができたことを、一生の誇りとすることでしょう。

国内にあっては、あなたは若い人々を、とりわけ女性を励ましました。子育ての負担を少しでも和らげることで、希望出生率をかなえようと努力をされた。

消費税を上げる代わりに、増える歳入を、保育費や学費を下げる途《みち》に用いる決断をしたのは、その途の先に、自信を取り戻した日本の若者が、新しい何かを生み出して日本を前に進めてくれるに違いないと信じていたからです。

あなたは、我が国憲政史上最も長く政権にありましたが、歴史は、その長さよりも、達成した事績によって、あなたを記憶することでしょう。

「勇とは義《ただ》しき事をなすことなり」という新渡戸稲造の言葉を、あなたは、一度、防衛大学校の卒業式で使っています。

Courage is doing what is right.

安倍さん。あなたこそ、勇気の人でありました。

一途《いちず》な誠の人、熱い情けの人であって、友人をこよなく大切にし、昭恵夫人を深く愛したよき夫でもあったあなたのことを、私は、いつまでも懐かしく思い出すだろうと思います。

そして、日本の、世界中の多くの人たちが、「安倍総理の頃」「安倍総理の時代」などとあなたを懐かしむに違いありません。

あなたが敷いた土台の上に、持続的で、すべての人が輝く包摂的な日本を、地域を、世界をつくっていくことを誓いとしてここに述べ、追悼の辞といたします。

安倍さん、安倍総理。

お疲れさまでした。そして、本当にありがとうございました。どうか、安らかにおやすみください。

菅義偉前首相

［2022年9月27日　国葬］

7月の、8日でした。

信じられない一報を耳にし、とにかく一命をとりとめてほしい。あなたにお目にかかりたい。同じ空間で、同じ空気をともにしたい。

その一心で現地に向かい、そして、あなたならではの、あたたかな、ほほえみに、最後の一瞬、接することができました。

あの、運命の日から、80日がたってしまいました。

あれからも、朝は来て、日は、暮れていきます。やかましかったセミは、いつのまにか鳴りをひそめ、高い空には、秋の雲がたなびくようになりました。

季節は、歩みを進めます。あなたという人がいないのに、時は過ぎる。無情にも過ぎていくことに、私は、いまだに、許せないものを覚えます。

天はなぜ、よりにもよって、このような悲劇を現実にし、いのちを失ってはならない人から、生命を、召し上げてしまったのか。

口惜しくてなりません。哀《かな》しみと、怒りを、交互に感じながら、今日の、この日を、迎えました。

しかし、安倍総理……と、お呼びしますが、ご覧になれますか。

ここ、武道館の周りには、花をささげよう、国葬儀に立ちあおうと、たくさんの人が集まってくれています。

20代、30代の人たちが、少なくないようです。明日を担う若者たちが大勢、あなたを慕い、あなたを見送りに来ています。

総理、あなたは、今日よりも、明日の方が良くなる日本を創りたい。若い人たちに希望を持たせたいという、強い信念を持ち、毎日、毎日、国民に語りかけておられた。

そして、日本よ、日本人よ、世界の真ん中で咲きほこれ。——これが、あなたの口癖でした。次の時代を担う人々が、未来を明るく思い描いて、初めて、経済も成長するのだと。

いま、あなたを惜しむ若い人たちがこんなにもたくさんいるということは、歩みをともにした者として、これ以上にうれしいことはありません。報われた思いであります。

平成12年、日本政府は、北朝鮮にコメを送ろうとしておりました。

私は、当選まだ2回の議員でしたが、「草の根の国民に届くなら良いが、その保証がない限り、軍部を肥やすようなことはすべきでない」と言って、自民党総務会で、大反対の意見をぶちましたところ、これが、新聞に載りました。

すると、記事を見たあなたは、「会いたい」と、電話をかけてくれました。

「菅さんの言っていることは正しい。北朝鮮が拉致した日本人を取り戻すため、一緒に行動してくれればうれしい」と、そういうお話でした。

信念と迫力に満ちた、あの時のあなたの言葉は、その後の私自身の政治活動の糧となりました。

そのまっすぐな目、信念を貫こうとする姿勢に打たれ、私は、直感いたしました。この人こそは、いつか総理になる人、ならねばならない人なのだと、確信をしたのであります。

私が生涯誇りとするのは、この確信において、一度として揺るがなかったことであります。

総理、あなたは一度、持病が悪くなって、総理の座をしりぞきました。そのことを負い目に思って、二度目の自民党総裁選出馬を、ずいぶんと迷っておられました。

最後には、2人で、銀座の焼き鳥屋に行き、私は、一生懸命、あなたを口説きました。それが使命だと思ったからです。

3時間後には、ようやく、首をタテに振ってくれた。私はこのことを、菅義偉生涯最大の達成として、いつまでも、誇らしく思うであろうと思います。

総理が官邸にいる時は、欠かさず、一日に一度、気兼ねのない話をしました。いまでも、ふと、ひとりになると、そうした日々の様子が、まざまざと、よみがえってまいります。

TPP交渉に入るのを、私は、できれば時間をかけた方がいいという立場でした。総理は、「タイミングを失してはならない。やるなら早い方がいい」という意見で、どちらが正しかったかは、もはや歴史が証明済みです。

一歩後退すると、勢いを失う。前進してこそ、活路が開けると思っていたのでしょう。総理、あなたの判断はいつも正しかった。

安倍総理。日本国は、あなたという歴史上かけがえのないリーダーをいただいたからこそ、特定秘密保護法、一連の平和安全法制、改正組織犯罪処罰法など、難しかった法案を、すべて成立をさせることができました。

どの一つを欠いても、我が国の安全は、確固たるものにはならない。あなたの信念、そして決意に、私たちはとこしえの感謝をささげるものであります。

国難を突破し、強い日本を創る。そして、真の平和国家日本を希求し、日本を、あらゆる分野で世界に貢献できる国にする。

そんな、覚悟と、決断の毎日が続く中にあっても、総理、あなたは、常に笑顔を絶やさなかった。いつも、まわりの人たちに心を配り、優しさを降り注いだ。

総理大臣官邸でともに過ごし、あらゆる苦楽をともにした7年8か月。私は本当に幸せでした。

私だけではなく、すべてのスタッフたちが、あの厳しい日々の中で、明るく、生き生きと働いていたことを思い起こします。何度でも申し上げます。安倍総理、あなたは、我が国、日本にとっての、真のリーダーでした。

衆議院第1会館、1212号室の、あなたの机には、読みかけの本が1冊、ありました。岡義武著『山県有朋』です。

ここまで読んだ、という、最後のページは、端を折ってありました。そしてそのページには、マーカーペンで、線を引いたところがありました。
しるしをつけた箇所にあったのは、いみじくも、山県有朋が、長年の盟友、伊藤博文に先立たれ、故人を偲《しの》んで詠んだ歌でありました。
総理、いま、この歌くらい、私自身の思いをよく詠んだ一首はありません。
かたりあひて　尽しゝ人は　先立ちぬ　今より後の　世をいかにせむ
かたりあひて　尽しゝ人は　先立ちぬ　今より後の　世をいかにせむ
深い哀しみと、寂しさを覚えます。総理、本当に、ありがとうございました。どうか安らかに、お休みください。

麻生太郎元首相

［2022年7月12日　葬儀］

安倍先生、今日はどういう言葉を申し上げればよいのか、何も見つけられないまま、この日を迎えてしまいました。参院選の街頭遊説のさなかに凶弾に倒れた。いくら何でもそれはなかろう。この事態は私にとって、到底受け入れられるものではありませんでした。そしてまた、多くの国民もやり場のない怒りや悲しみに暮れております。誰もがどうお悔やみを申し上げればよいのか、その言葉すら知りません。ただただ、ご冥福《めいふく》をお祈りするばかりであります。

振り返りますと、先生と私は随分長い時間、お付き合いをさせていただいたことになります。時に官房副長官と政調会長、時に総理と幹事長、時に総理と副総理として、先生とは政策、また政局において様々な課題に取り組んで参りました。そこにありましたのは、先生との信頼関係。いかなる局面においても、日本という国、及び国益を最優先する信念、先生と私をつなぐ一番の絆であることを確信しております。

少々、かっこよく言い過ぎたのかも知れません。普段はお酒を酌み交わし、ゴルフ場で冗談を言いながら回る。むしろ、そんないつもの光景の、そこにあった安倍先生の笑顔が目を閉じれば浮かんでまいります。

総理としてのご功績は今更私が申し上げるまでもなく、多くの方々の知るところであります。内政はもちろんのこと、外交において、間違いなく、戦後の日本が生んだ最も優れた政治家ではなかったか、そう確信するものであります。

戦後最長となられた在任期間を通じ、積極的な安倍外交は、あなたの持ち前のセンスと、守るべき一線は譲らない類まれなる胆力によって、各国の首脳からも一目置かれ、日本のプレゼンス、存在を飛躍的に高めたと確信しております。

あなたが総理を退任された後も、ことあるごとに「安倍は何と言っている」と、各国首脳が漏らしたことに私は日本人として誇らしい気持ちを持ったものであります。

世界が今、大きな変革の下に、各国が歩むべき王道を迷い、見失い、進むべき羅針盤を必要とする今この時に、あなたを失ってしまったことは日本という国家の大きな損失にほかならず、痛恨の極みであります。

先生はこれから、（父親の）晋太郎先生の下に旅立たれますが、今まで成し遂げられたことを胸を張ってご報告をしていただければと思います。そして、（祖父の）岸信介先生も加われるでしょうが、政治談議に花を咲かせられるのではないかとも思っております。

ただ先生と苦楽を共にされて、最後まで一番近くで支えて来られた昭恵夫人、またご親族の皆様もどうかいつまでも温かく見守っていただければと思います。そのことをまた、家族ぐるみのお付き合いをさせていただきました友人の一人として心からお願いを申し上げる次第であります。

まだまだ安倍先生に申し上げたいことがたくさんあるのですが、私もそのうちそちらに参りますので、その時はこれまで以上に冗談を言いながら、楽しく語り合えるのを楽しみにしております。正直申し上げて、私の弔辞を安倍先生に話していただくつもりでした。無念です。

追悼演説

野田佳彦元首相（立憲民主党）――【2022年10月25日　第210回国会衆議院本会議】

本院議員、安倍晋三元内閣総理大臣は、去る7月8日、参院選候補者の応援に訪れた奈良県内で、演説中に背後から銃撃されました。搬送先の病院で全力の救命措置が施され、日本中の回復を願う痛切な祈りもむなしく、あなたは不帰の客となられました。

享年67歳。あまりにも突然の悲劇でした。

政治家としてやり残した仕事。次の世代へと伝えたかった想《おも》い。そして、いつか引退後に昭恵夫人とともに過ごすはずであった穏やかな日々。

すべては、一瞬にして奪われました。

政治家の握るマイクは、単なる言葉を通す道具ではありません。人々の暮らしや命がかかっています。マイクを握り日本の未来について前を向いて訴えている時に、後ろから襲われた無念さはいかばかりであったか。改めて、この暴挙に対して激しい憤りを禁じ得ません。

私は、生前のあなたと、政治的な立場を同じくするものではありませんでした。しかしながら、私は、前任者として、あなたに内閣総理大臣のバトンを渡した当人であります。

我が国の憲政史には、１０１代64名の内閣総理大臣が名を連ねます。先人たちが味わってきた「重圧」と「孤独」を我が身に体したことのある一人として、あなたの非業の死を悼み、哀悼の誠を捧げたい。

そうした一念のもとに、ここに、皆様のご賛同を得て、議員一同を代表し、謹んで追悼の言葉を申し述べます。

安倍晋三さん。あなたは、昭和29年９月、後に外務大臣などを歴任された安倍晋太郎氏、洋子様ご夫妻の次男として、東京都に生まれました。

父方の祖父は衆議院議員、母方の祖父と大叔父は後の内閣総理大臣という政治家一族です。「幼い頃から身近に政治がある」という環境の下、公のために身を尽くす覚悟と気概を学んでこられたに違いありません。

成蹊大学法学部政治学科を卒業され、いったんは神戸製鋼所に勤務したあと、外務大臣に就任していた父君の秘書官を務めながら、政治への志を確かなものとされていきました。そして、父晋太郎氏の急逝後、平成５年、当時の山口１区から衆議院選挙に出馬し、見事に初陣を飾られました。38歳の青年政治家の誕生であります。

私も、同期当選です。初登院の日、国会議事堂の正面玄関には、あなたの周りを取り囲む、ひときわ大きな人垣ができていたのを鮮明に覚えています。そこには、フラッシュの閃光《せんこう》を浴びながら、インタビューに答えるあなたの姿がありました。私には、その輝きがただ、まぶしく見えるばかりでした。

その後のあなたが政治家としての階段をまたたく間に駆け上がっていったのは、周知のごとくであります。

内閣官房副長官として北朝鮮による拉致問題の解決に向けて力を尽くされ、自由民主党幹事長、内閣官房長官といった要職を若くして歴任したのち、あなたは、平成18年9月、第90代の内閣総理大臣に就任されました。戦後生まれで初。齢《よわい》52、最年少でした。

大きな期待を受けて船出した第1次安倍政権でしたが、翌年9月、あなたは、激務が続く中で持病を悪化させ、1年あまりで退陣を余儀なくされました。順風満帆の政治家人生を歩んでいたあなたにとっては、初めての大きな挫折でした。「もう二度と政治的に立ち上がれないのではないか」と思い詰めた日々が続いたことでしょう。

しかし、あなたは、そこで心折れ、諦めてしまうことはありませんでした。最愛の昭恵夫人に支えられて体調の回復に努め、思いを寄せる雨天の友たちや地元の皆様の温かいご支援にも助けられながら、反省点を日々ノートに書きとめ、捲土重来《けんどちょうらい》を期します。挫折から学ぶ力とどん底から這《は》い上がっていく執念で、あなたは、人間として、政治家として、より大きく成長を遂げていくのであります。

かつて「再チャレンジ」という言葉で、たとえ失敗しても何度でもやり直せる社会を提唱したあなたは、その言葉を自ら実践してみせました。ここに、あなたの政治家としての真骨頂があったのではないでしょうか。あなたは、「諦めない」「失敗を恐れない」ということを説得力もって語れる政治家でした。若い人たちに伝えたいことがいっぱいあったはずです。その機会が奪われたことは誠に残念でなりません。

5年の雌伏を経て平成24年、再び自民党総裁に選ばれたあなたは、当時内閣総理大臣の職にあった私と、以降、国会で対峙《たいじ》することとなります。最も鮮烈な印象を残すのは、平成24年11月14日の党首討論でした。

私は、議員定数と議員歳費の削減を条件に、衆議院の解散期日を明言しました。あなたの少し驚いたような表情。その後の丁々発止。それら一瞬一瞬を決して忘れることができません。それらは、与党と野党第1党の党首同士が、互いの持てるすべてを賭けた、火花散らす真剣勝負であったからです。

安倍さん。あなたは、いつの時も、手強《てごわ》い論敵でした。いや、私にとっては、仇《かたき》のような政敵でした。

攻守を代えて、第96代内閣総理大臣に返り咲いたあなたとの主戦場は、本会議場や予算委員会の第1委員室でした。

少しでも隙を見せれば、容赦なく切りつけられる。張り詰めた緊張感。激しくぶつかり合う言葉と言葉。それは、一対一の「果たし合い」の場でした。激論を交わした場面の数々が、ただ懐かしく思い起こされます。

残念ながら、再戦を挑むべき相手は、もうこの議場には現れません。

安倍さん。あなたは議場では「闘う政治家」でしたが、国会を離れ、ひとたび兜《かぶと》を脱ぐと、心優しい気遣いの人でもありました。


それは、忘れもしない、平成24年12月26日のことです。解散総選挙に敗れ敗軍の将となった私は、皇居で、あなたの親任式に、前総理として立ち会いました。

同じ党内での引き継ぎであれば談笑が絶えないであろう控室は、勝者と敗者の2人だけが同室となれば、シーンと静まりかえって、気まずい沈黙だけが支配します。その重苦しい雰囲気を最初に変えようとしたのは、安倍さんの方でした。あなたは私のすぐ隣に歩み寄り、「お疲れ様でした」と明るい声で話しかけてこられたのです。

「野田さんは安定感がありましたよ」

「あの『ねじれ国会』でよく頑張り抜きましたね」

「自分は5年で返り咲きました。あなたにも、いずれそういう日がやって来ますよ」温かい言葉を次々と口にしながら、総選挙の敗北に打ちのめされたままの私をひたすらに慰め、励まそうとしてくれるのです。

その場は、あたかも、傷ついた人を癒やすカウンセリングルームのようでした。

残念ながら、その時の私には、あなたの優しさを素直に受け止める心の余裕はありませんでした。でも、今なら分かる気がします。安倍さんのあの時の優しさが、どこから注ぎ込まれてきたのかを。

第1次政権の終わりに、失意の中であなたは、入院先の慶應病院から、傷ついた心と体にまさに鞭《むち》打って、福田康夫新総理の親任式に駆けつけました。わずか1年で辞任を余儀なくされたことは、誇り高い政治家にとって耐え難い屈辱であったはずです。あなたもまた、絶望に沈む心で、控室での苦しい待ち時間を過ごした経験があったのですね。

あなたの再チャレンジの力強さとそれを包む優しさは、思うに任せぬ人生の悲哀を味わい、どん底の惨めさを知り尽くせばこそであったのだと思うのです。

安倍さん。あなたには、謝らなければならないことがあります。

それは、平成24年暮れの選挙戦、私が大阪の寝屋川で遊説をしていた際の出来事です。

「総理大臣たるには胆力が必要だ。途中でお腹《なか》が痛くなってはダメだ」

私は、あろうことか、高揚した気持ちの勢いに任せるがまま、聴衆の前で、そんな言葉を口走ってしまいました。他人の身体的な特徴や病を抱えている苦しさを揶揄《やゆ》することは許されません。語るも恥ずかしい、大失言です。

謝罪の機会を持てぬまま、時が過ぎていったのは、永遠の後悔です。いま改めて、天上のあなたに、深く、深くおわびを申し上げます。

私からバトンを引き継いだあなたは、7年8か月あまり、内閣総理大臣の職責を果たし続けました。

あなたの仕事がどれだけの激務であったか。私には、よく分かります。分刻みのスケジュール。海外出張の高速移動と時差で疲労は蓄積。その毎日は、政治責任を伴う果てなき決断の連続です。容赦ない批判の言葉の刃《やいば》を投げつけられます。在任中、真の意味で心休まる時などなかったはずです。

第1次政権から数え、通算在職日数3188日。延べ196の国や地域を訪れ、こなした首脳会談は1187回。最高責任者としての重圧と孤独に耐えながら、日本一のハードワークを誰よりも長く続けたあなたに、ただただ心からの敬意を表します。

首脳外交の主役として特筆すべきは、あなたが全くタイプの異なる2人の米国大統領と親密な関係を取り結んだことです。理知的なバラク・オバマ大統領を巧みに説得して広島にいざない、被爆者との対話を実現に導く。かたや、強烈な個性を放つドナルド・トランプ大統領の懐に飛び込んで、ファーストネームで呼び合う関係を築いてしまう。

あなたに日米同盟こそ日本外交の基軸であるという確信がなければ、こうした信頼関係は生まれなかったでしょう。ただ、それだけではなかった。あなたには、人と人との距離感を縮める天性の才があったことは間違いありません。

安倍さん。あなたが後任の内閣総理大臣となってから、一度だけ、総理公邸の一室で、密《ひそ》かにお会いしたことがありましたね。平成29年1月20日、通常国会が召集され政府4演説が行われた夜でした。

前年に、天皇陛下の象徴としてのお務めについて「おことば」が発せられ、あなたは野党との距離感を推し量ろうとされていたのでしょう。

2人きりで、陛下の生前退位に向けた環境整備について、1時間あまり、語らいました。お互いの立場は大きく異なりましたが、腹を割ったざっくばらんな議論は次第に真剣な熱を帯びました。

そして、「政争の具にしてはならない。国論を二分することのないよう、立法府の総意をつくるべきだ」という点で意見が一致したのです。国論が大きく分かれる重要課題は、政府だけで決めきるのではなく、国会で各党が関与した形で協議を進める。それは、皇室典範特例法へと大きく流れが変わる潮目でした。

私が目の前で対峙した安倍晋三という政治家は、確固たる主義主張を持ちながらも、合意して前に進めていくためであれば、大きな構えで物事を捉え、飲み込むべきことは飲み込む。冷静沈着なリアリストとして、柔軟な一面をあわせ持っておられました。

あなたとなら、国を背負った経験を持つ者同士、天下国家のありようを腹蔵なく論じあっていけるのではないか。立場の違いを乗り越え、どこかに一致点を見出《みいだ》せるのではないか。

以来、私は、そうした期待をずっと胸に秘めてきました。

憲政の神様、尾崎咢堂《がくどう》は、当選同期で長年の盟友であった犬養木堂《ぼくどう》を5・15事件の凶弾で喪《うしな》いました。失意の中で、自らを鼓舞するかのような天啓を受け、かの名言を残しました。

「人生の本舞台は常に将来に向けて在り」

安倍さん。

あなたの政治人生の本舞台は、まだまだ、これから先の将来に在ったはずではなかったのですか。

再びこの議場で、あなたと、言葉と言葉、魂と魂をぶつけ合い、火花散るような真剣勝負を戦いたかった。

勝ちっ放しはないでしょう、安倍さん。

耐え難き寂寞《せきばく》の念だけが胸を締め付けます。

この寂しさは、決して私だけのものではないはずです。どんなに政治的な立場や考えが違っていても、この時代を生きた日本人の心の中に、あなたの在りし日の存在感は、いま大きな空隙《くうげき》となって、とどまり続けています。

その上で、申し上げたい。

長く国家の舵《かじ》取りに力を尽くしたあなたは、歴史の法廷に、永遠に立ち続けなければならない運命《さだめ》です。安倍晋三とはいったい、何者であったのか。あなたがこの国に遺《のこ》したものは何だったのか。そうした「問い」だけが、いまだ宙ぶらりんの状態のまま、日本中をこだましています。

その「答え」は、長い時間をかけて、遠い未来の歴史の審判に委ねるしかないのかもしれません。

そうであったとしても、私はあなたのことを問い続けたい。

国の宰相としてあなたが遺した事績をたどり、あなたが放った強烈な光も、その先に伸びた影も、この議場に集う同僚議員たちとともに、言葉の限りを尽くして、問い続けたい。

問い続けなければならないのです。

なぜなら、あなたの命を理不尽に奪った暴力の狂気に打ち勝つ力は、言葉にのみ宿るからです。

暴力やテロに、民主主義が屈することは、絶対にあってはなりません。

あなたの無念に思いを致せばこそ、私たちは、言論の力を頼りに、不完全かもしれない民主主義を、少しても、よりよきものへと鍛え続けていくしかないのです。

最後に、議員各位に訴えます。

政治家の握るマイクには、人々の暮らしや命がかかっています。

暴力に怯《ひる》まず、臆さず、街頭に立つ勇気を持ち続けようではありませんか。

民主主義の基である、自由な言論を守り抜いていこうではありませんか。

真摯《しんし》な言葉で、建設的な議論を尽くし、民主主義をより健全で強靭なものへと育てていこうではありませんか。

こうした誓いこそが、マイクを握りながら、不意の凶弾に斃《たお》れた故人へ、私たち国会議員が捧げられる、何よりの追悼の誠である。

私はそう信じます。

この国のために、「重圧」と「孤独」を長く背負い、人生の本舞台へ続く道の途上で天に召された、安倍晋三元内閣総理大臣。

闘い続けた心優しき一人の政治家の御霊《みたま》に、この決意を届け、私の追悼の言葉に代えさせていただきます。

安倍さん、どうか安らかにお眠りください。

【ワ行】

【マ行】

【ヤ行】

【ラ行】

【タ行】

【カ行】

【サ行】

人名索引

本書は、２０２０年10月から21年10月まで、衆議院第一議員会館１２１２号室で、計18回、36時間にわたって行われた未公開のインタビューを書籍化したものです。

本文中における肩書、データ、名称などは各インタビュー時点のものです。

聞き手　橋本五郎（はしもと・ごろう）

1946年秋田県生まれ。読売新聞特別編集委員。慶應義塾大学法学部政治学科卒。読売新聞論説委員、政治部長、編集局次長を歴任。2006年より現職。日本テレビ「スッキリ」、読売テレビ「情報ライブ　ミヤネ屋」「ウェークアップ」などに出演。主な著書に『総理の器量』『総理の覚悟』（以上中公新書ラクレ）、『範は歴史にあり』『宿命に生き　運命に挑む』『「二回半」読む』（以上藤原書店）など。14年度日本記者クラブ賞受賞。

聞き手・構成　尾山　宏（おやま・ひろし）

1966年東京都生まれ。読売新聞論説副委員長。早稲田大学法学部卒。92年読売新聞社入社。政治部次長、論説委員、編集委員を歴任。2022年より現職。02年8月に安倍晋三官房副長官の担当となって以降、安倍氏の取材に携わってきた。主な共著に『安倍晋三　逆転復活の300日』『安倍官邸VS習近平』（以上新潮社）、『安全保障関連法』（信山社）、『時代を動かす政治のことば』（東信堂）など。

監修　北村　滋（きたむら・しげる）

1956年東京都出身。読売国際経済懇話会理事長。日本テレビホールディングス（株）及び日本テレビ放送網（株）監査役。東京大学法学部を経て、80年4月警察庁入庁。2006年9月内閣総理大臣秘書官、12年12月内閣情報官、19年9月国家安全保障局長・内閣特別顧問（いずれも安倍内閣）。20年12月米国政府から国防総省特別功労章を受章。著書に『情報と国家』『経済安全保障』（以上中央公論新社）など。

装幀　岩郷重力＋K.N.

安倍晋三（あべ・しんぞう）

1954年東京都生まれ。成蹊大学法学部政治学科卒業後、神戸製鋼所勤務、父・安倍晋太郎外相の秘書官を経て、93年衆議院議員初当選を果たす。2003年自由民主党幹事長、05年内閣官房長官（第3次小泉改造内閣）などを歴任。06年第90代内閣総理大臣に就任し、翌07年9月に持病の潰瘍性大腸炎を理由に退陣。12年12月に第96代内閣総理大臣に就任し、再登板を果たした。その後の国政選挙で勝利を重ね、党総裁選でも3選を実現して「安倍一強」と呼ばれる安定した長期政権を築いた。20年9月に持病の悪化で首相を退くまでの連続在任2822日と、第1次内閣を含めた通算在任3188日は、いずれも戦前を含めて歴代最長。第2次内閣以降はデフレ脱却を訴えて経済政策「アベノミクス」を推進。14年7月に憲法解釈を変更し、15年9月に限定的な集団的自衛権の行使を可能にする安全保障関連法を成立させた。対外関係では、「地球儀 俯瞰外交」や「自由で開かれたインド太平洋」などを掲げ、首脳外交に尽力した。日米同盟強化や日米豪印4か国の枠組みなど、現在の日本の安全保障に欠かせない米欧諸国との連携の礎を築いた。2022年7月8日奈良市で参院選の街頭演説中に銃撃され死去した。享年67。

2014年４月、安倍首相の蝶ネクタイを直す昭恵夫人
（写真　内閣広報室）

安倍晋三《あべしんぞう》 回顧録《かいころく》

2023年２月10日　初版発行
2023年２月25日　３版発行

著　者　安倍晋三《あべしんぞう》
聞き手　橋本五郎《はしもとごろう》　聞き手・構成　尾山　宏《おやまひろし》　監修　北村　滋《きたむらしげる》
発行者　安部順一
発行所　中央公論新社
〒100-8152　東京都千代田区大手町 1-7-1
電話　販売 03-5299-1730　編集 03-5299-1740
URL https://www.chuko.co.jp/

ＤＴＰ　市川真樹子
印　刷　大日本印刷
製　本　大口製本印刷

Published by CHUOKORON-SHINSHA, INC.
Printed in Japan　ISBN978-4-12-005634-5 C0031